U0500770

祖辈的荣光

四川百家姓故事

封面新闻　编

四川文艺出版社

图书在版编目（CIP）数据

祖辈的荣光：四川百家姓故事 / 封面新闻编. — 成都：四川文艺出版社, 2020.7（2022.7重印）

（《宽窄巷》人文书系）

ISBN 978-7-5411-5763-9

Ⅰ. ①祖… Ⅱ. ①封… Ⅲ. ①家族—史料—四川—文集 Ⅳ. ①K820.9-53

中国版本图书馆CIP数据核字(2020)第126563号

ZUBEI DE RONGGUANG: SICHUAN BAIJIAXING GUSHI

祖辈的荣光：四川百家姓故事

封面新闻　编

黄勇　著

出 品 人	张庆宁
责任编辑	燕啸波
封面设计	叶 茂
内文设计	史小燕
责任校对	蓝 海
责任印制	崔 娜

出版发行　四川文艺出版社（成都市锦江区三色路238号）

网　　址　www.scwys.com

电　　话　028-86361802（发行部）　028-86361781（编辑部）

排　　版　四川胜翔数码印务设计有限公司

印　　刷　四川五洲彩印有限责任公司

成品尺寸　170mm×240mm　　　开　本　16开

印　　张　17　　　　　　　　　字　数　280千

版　　次　2020年7月第一版　　印　次　2022年7月第四次印刷

书　　号　ISBN 978-7-5411-5763-9

定　　价　46.00元

版权所有·侵权必究。如有质量问题，请与出版社联系更换。028-86361795

《宽窄巷》人文书系编撰委员会

主编

陈岚　李鹏

副主编

方堃　赵晓梦

编委

谢梦　杨莉　吴德玉　黄勇

李贵平　仲伟　叶红

丛书编辑

封面新闻

丛书总序

何开四

文化盛宴
宽窄风流
——序《〈宽窄巷〉人文书系》

何开四

　　成都有两个宽窄巷，一个在青羊区，一个在媒体。媒体云何？《华西都市报》是也。四川日报报业集团旗下的《华西都市报》是中国都市报系的开山鼻祖。二十多年来，该报一直秉承改革开放的精神，桴鼓大潮，锐意创新，引领风流。其品牌副刊《宽窄巷》就是一个经典的案例。大凡报纸都有副刊。一般而言，副刊只是"配菜"而已，并非主角，而副刊不副，直做到满汉全席的饕餮大宴，与新闻平分秋色而入云端，则是《华西都市报》的发明。

　　当然，这也有一个发展的过程。20世纪90年代《华西都市报》创刊时，就辟有以"大众化、通俗化、生活化"为主旨的《老街坊》的副刊，它虽然延续和拓展了传统副刊的内涵，但依然未脱出传统的窠臼。随着市场经济向纵深发展，它的式微不可避免，到2000年后，都市报基本上取消了副刊而衍化为专刊。《华西都市报》的专刊在最鼎盛时期，一天曾出版过一百五十多个版面。然而三十年河东，三十年河西，时代的急遽变化令人目眩。21世纪以来，随着互联网的横空问世、电脑和手机的普及，移动阅读成为时尚和不可阻挡的潮流，人们的生存方式和思维方式发生了巨大的变化，获取信息的手段由传统的历时性而变为现代的即时性，跋胡疐尾，纸媒处于一种尴尬的境地。

信息社会，信息爆炸，信息过载，而新闻的滞后和同质化，已经成为传统报纸的致命伤。如何化危为机，突出重围？这时人们开始重新思考副刊在纸媒中的地位和作用。而在这一点上，华西报人高瞻周览，可谓得风气之先。2014年初，华西都市报社开始深化"大众化高级报纸"办报理念，编委会审时度势重新重磅打造副刊，定位为"办一份有文化品位的副刊"，并取名为《宽窄巷》。2017年新年伊始，《华西都市报》再次改版。本轮改版最为抢眼的是，在报纸版面大幅减少不可逆的背景下，《宽窄巷》逆势大幅扩版，从周末两天的八个版，扩为每天四个整版。对此，华西都市报社负责人认为："报纸，尤其是区域报纸，是记录区域文化最好的载体之一。媒体的文化价值和都市话语体系表达，使其能面向基层群众，不管是对历史的记载还是对当下的反映，都是不可或缺的。所以一定要做文化副刊，记录城市的文化，这也是文化副刊能够有所作为的地方。""在移动互联碎片化阅读时代，追求人文价值弥足珍贵。华西都市报社提出做报纸要有做艺术品的追求，就是要用工匠精神打造精品报纸，因为人工智能时代，思想和情感不可替代。"这两段话讲得十分精辟，有战略预判的眼光，特别是其所强调的在高科技勃兴的时候"思想和情感不可替代"更是振聋发聩。

但这仅仅是问题的一个方面。子曰："工欲善其事，必先利其器。"在互联网、人工智能高度发达的今天，纸媒大刀长矛的冷兵器确实已成明日黄花。如果抱残守缺，就是死路一条。如何与时俱进，蜕变更新，让传统媒体搭上高科技的快车，进而将传统媒体和新媒体融合，开创一个崭新局面？在这一点上，华西都市报社再次承续了其黑马雄风的本色，勇于开拓，大胆创新，又一次在业界引领风流，一个颠覆性的变革和转型在华西都市报社启动了。2015年10月28日，由四川日报报业集团打造，承载《华西都市报》融合转型使命的封面传媒成立，致力建设一流互联网科技传媒文化企业。2016年5月4日，封面传媒旗舰产品——封面新闻客户端上线，以"亿万年轻人的生活方式"为定位，为互联网空间提供正能量、年轻态、视频化的信息。封面新闻突出技术驱动，坚持内容为王，强化资本支撑，打造"智能+智慧+智库"的智媒体。作为中国第一智媒体，封面传媒以"引领人工智能时代的泛内容生态平台"为愿景，秉承用户至上理念，深化开放合作，依托大数据、人工智能和区块链等前沿技术，构建跨媒体、电商和文娱的产业链，推动"影响、资本、产业"三环联动跨越发展，实现"重新连接世界"的使命。封面传媒的横空出世和封面新闻APP的上线，使华西都市报社的媒体融合发展之路高歌猛进，封面新闻以人工智能技术重构新闻信息生产与传播的全流程，打造"封面大脑"，建设"智能编辑部"和智媒云，《华西都市报》与封面新闻从相加到相融，至2018年底《华西都市报》整体并入封面新闻，报纸成为封面新闻24小时传播环节中的一环。业界称这是媒体融合"颠覆性变革"案例。

借助媒体融合大潮和插上封面新闻新媒体传播翅膀，《华西都市报·宽窄巷》"天天文化副刊"实现了"纸与端齐飞"的线上和线下同频共振，以端为先的内容生产方式又一次刷新了读者对人文副刊的认识。如今，封面新闻已构建起了全国一流的人文频道矩阵，《宽窄》《读书》《历史》《地理》《千面》《文娱》《新知》等七个人文频道，与《华西都市报》每天五个版的《宽窄巷》人文副刊，是全国唯一每天报端齐头并进的独特人文品牌，在全国媒体界引起瞩目，获得广泛赞誉。这抹与其他传统报纸迥然不同的亮丽色彩在于，当你翻开《华西都市报》，也就打开了封面新闻的一个入口。报纸副刊《宽窄巷》上的每一个二维码都指向连接云端的"封面"，相关海量的资讯扑面而来。另一方面，《宽窄巷》所有的稿件都来源于封面新闻，拓宽和提高了报纸的视野、深度，使得《华西都市报》的传播力、影响力持续增强。每天千万乃至上亿的阅读量，令人咋舌！这是足以载入中国报业史的辉煌篇章。开山鼻祖就是开山鼻祖，排头兵就是排头兵，《华西都市报》就是《华西都市报》！

反者，道之动。这是事物运行的规律。反是相反，是否定；反也是返，是回归。中国文字的这种歧出分训而又同时合训生动地诠释了辩证法的正反合。《华西都市报》的副刊创新之路，由《老街坊》到《周末专刊》再到《宽窄巷》，从纸端到云端再到智媒体的融合正是这一规律的生动体现。于是，我们在纸端和云端的《宽窄巷》上看到了一出前所未有、五彩缤纷的大戏！"名人堂""四川发现""城市笔记""口述历史""身边档案""当代书评""蜀境""华西坝""语闻成都""百家姓""图博志""浣花溪""阅微堂""大历史""看新知"等名牌栏目和版面次第上演，打通中西，勾连古今。它们独具风姿，化堆垛为烟云，化腐朽为神奇，以有思想、有情感、有温度的文化品位吸引了广大读者。尤其是对蜀地文化的爬罗剔抉、取精用宏，更是赢得了读者的青睐。这是对四川文化的深度挖掘和巡礼，也是有利于四川历史文化的大普及。它使昔日的高头讲章、象牙塔中的幽深玄奥不再小众而平易近人，让昔时王谢堂前燕，飞入寻常百姓家。

为顺应读者需求，由陈岚、李鹏主编，封面新闻编辑的"《宽窄巷》人文书系"一套五本出版问世，无疑是读书界的一件盛事。它荟萃了《宽窄巷》副刊的菁华，琳琅满目，美不胜收。其主旨就是要弘扬四川人文精神、传承文化遗产；同时它抢救性地留下本土文化的文脉，也是蜀中文化的一个积累性成果。这套人文书系图文并茂，装帧精美，蔚为大观。应邀作序，我不妨作一简评，有话则长，无话则短，管窥锥指，抛砖引玉而已。

《蜀地文心：四川文艺大家口述历史》

这是一本饶有文化底蕴的书，称之为"蜀地文心"，看得出它的分量。它囊括了蜀地文学、川剧、曲艺、导演、音乐界的众多代表人物，称得上是当代四川的艺文志、当代四川文艺大家的人物画廊。综核名实，有两点给人留下了深刻的印象。

首先，它采用了口述历史的方式，使人物的景深大大扩展。现代口述史中有一句名言："人人都是自己的历史学家。"这里的历史，在我看来是文含二义，它既是个体的私人历史，讲的是自己的故事，也蕴含了社会历史的内容。书中四川文艺大家们丰富的人生履历无不有血有肉、丰富多彩，而折射出的则是四川本土的人文精神内核和风云色变的社会变迁。如《马识途：我的生命当中，没有投降二字》一文，就回肠荡气，感人至深。马老是革命家，也是文学家。他的经历富于传奇的色彩，一生的跌宕起伏，波澜壮阔，无不牵连着风云色变的时代。共和国的百年剧变，历历在目。读之令人神往，消去鄙吝的心。

其次，正因为它采用了口述历史的叙事方式，以非虚构类报道为历史留档，彰显了文本的艺术特色。既然是口述历史，就蕴含了对话的主客体，在这种叙事语境中，虽然内容是前尘往事，但却有现场感。历史的过去时和口述的现在进行时，交替融合产生了奇妙的效果，这是单纯的历史教科书所不能比拟的。读《王火：名字是火，气质如水》，你就有温馨之感。老作家蔼然仁者的音容笑貌，春风风人、夏雨雨人的君子之风，跃然纸上，极具画面感，令人感佩不已。其他如《白航：诗意洒人生，掌舵〈星星诗刊〉》《阿来："乡村之子"攀登文学高峰》《张新泉：从铁匠到鲁奖诗人》等，也都是优美的篇什，值得反复玩味。

以上我仅仅选择的是文学大家的个案，但管中窥豹，可见一斑。其他艺术门类的人物也同样精彩，魏明伦、许倩云、沈伐、李伯清、金乃凡、黄虎威等等，群星荟萃，都是看点。

《你不知道的成都：一个城市的风物志》

这是一本当代的成都风物志。成都的风流偶傥，成都的风花雪月，成都的温柔富贵，早已享誉海内外。张艺谋的成都宣传片中"成都是一个来了就不想走的城市"、时下传唱的赵雷的《成都》，都是这个城市的真实写照。本书文章选自《宽窄巷》副刊"语闻成都""城市笔记"等品牌栏目，浓墨重彩讲述了成都新兴的人文生活方式，聚焦于本土特色人物和有个性、有品质的成都式人文生活样本，生动地反映了当下多元化社会所带来的不同生活类型、别样生活态度、趣味生活圈子等，活脱脱地通过城市与人的故事，从不同角度展示出城市文化生活、普通市民生活图景和新旧地域文化，真实细致而又活色生香地描摹出成都这座新一线网红城市的迷人魅力和城市文化的立体形象。对于这本书我不想作具体的评述，而是提供一种比较阅读方式。观今宜鉴古，无古不成今，从古代的成都看今日的成都。

古代典籍中描绘成都市井风流和成都物候的著作当推元代费著写的《岁华纪丽谱》。费著是成都人，该作即成都人写成都。姑引其开篇，以概其胜：

> 成都游赏之盛，甲于西蜀。盖地大物繁，而俗好娱乐。凡太守岁时宴集，骑从杂沓，车服鲜华，倡优鼓吹，出入拥导，四方奇技，幻怪百变，序进于前，以从民乐。岁率有期，谓之故事。及期，则士女栉比，轻裘丫服，扶老携幼，阗道嬉游。

这种繁庶燕乐之境，在书中得到淋漓尽致的展现。不唯如此，《岁华纪丽谱》还把成都的游赏之盛和成都的物候季节相融，以元日为始次第其事，而终于冬至。一年四季，春花秋月，无不扫而包之。凡事都有其源，万物都有其根。探源溯流，对认识今日成都大有裨益。有趣的是，该书的主要内容"成都人的风花雪月"及"成都物候记"，和《岁华纪丽谱》并无二致，风流繁华，古今一揆。然"吾犹昔，非昔人也"。今日成都的风花雪月是现代都市的风采，已为古人所不及；何况本书还有《岁华纪丽谱》不可能有的内容，如"老外蓉漂系列"等。但总的来说，把《你不知道的成都：一个城市的风物志》和《岁华纪丽谱》参照阅读，你一定兴味多多，别有一番风趣。

《历史的注脚：档案里的四川秘史》

这是一本丰富多彩、兴味无穷的奇书。四川从来就是一个神奇的地方。复杂的地形地貌、瑰丽的民族文化、扑朔迷离的古蜀文明、虚无缥缈的仙道文化、沧桑巨变的历史演化，说不完，道不尽。其中蕴含了众多的不解之谜。行走天下，破解未知，是人类的天性，也是认知的重要内驱力。所以密中有奇，奇中有智，于人大有裨益。

书中所述，主要来源于《宽窄巷》副刊的"身边档案"和"四川发现"两个栏目，包括了"蜀地宝藏""老成都记忆""大师云集的华西坝""晚清十大四川总督""老照片背后的故事""大西王谜档"等系列报道中本土文化历史的内容。在我看来，既是四川秘史，也是四川的探奇觅胜和四川的揭秘、解密。以下试做分析。

本书的"黄虎秘档"部分，颇能吸睛万千。张献忠是家喻户晓的历史人物，历来为人们关注，传说多多。其内容包含了《张献忠的百亿财富谜局》《为张献忠造天球仪的洋人》等。这些内容包含了很多以前为人所不知的信息，颇能满足人们猎奇的心理，全可作茶余饭后，消痰化食的谈资。但是我认为最有价值的则是《神经大王随心所欲的杀人哲学》一节。它对张献忠作了理性的分析。作者从权力的异化导致的人的疑心病、黄虎性格的极端性、幻觉的妄想症及多重病态作了弗洛伊德式的精神解析，真正从心理上挖掘了张献忠的行为动机和行为方式，洞烛了张献忠的内心世界，可谓别开生面。

类似的文章还很多，也同样令人兴味盎然。如《十节玉琮 三千年前的"进口古董"》《东汉养老画像砖的蜀风汉韵》《二十四伎乐 雕像里的亡国之音》《骆秉章与石达开的生死赌局》《朱自清的背影 消失在成都》，这些文章值得向读者推荐。其故事的神秘性和解读的科学性，既有妙笔生花的文学斑斓，也有逻辑缜密的条分缕析，皆有可观者。

《人文蜀地：一份记者的行走笔记》

人文地理学是当今的显学，它有众多的分支。在我看来，本书大略可归为区域人文地理学。它关注的是人文现象的地域分布空间，以及与地理环境的相互关系。自古江山不负人，四川历来山水甲于天下，人文鼎盛古今，有得天独厚的人文地理资源。随便行走，三里有奥迹，五里见奇踪。散布川中的古镇子、古战场、古村落、古驿道、古宅院、古碉楼、古官寨、古作坊、古寺院星罗棋布，触目皆是。这些深深烙上"四川人文地理"元素的地方，既是远足的胜地，也是发思古之幽情，寻觅江山代谢、人事兴衰、商业沉浮和众多人类文化遗产的重要场所。《人文蜀地：一份记者的行走笔记》据此发扬，广采博收而匠心独运，融以百花而自成一味，虽然都是蜀中的文化景观，但是作者能以一方而窥天下之大，形成宏大的历史气象，蔚为泱泱大观之势，读之有开拓心胸、益人神智之慨。我略加理董，拈出两点略做评述。

此书有独特的学术品位。它破除了单纯的"以书考地"的路径，把古文字、历史文献、古器物、现场勘探融为一体，交互对照印证，还包括了民俗学、民族学和人类学的内容。在一定意义上而言，契合了徐中舒先生的多重论据法和任乃强先生的比较研究法，并非牛溲马勃，拉杂成篇，看得出作者是下足了功夫。像书中的《郫江：巴蜀古国的另一"高地"》《德格印经院的雕琢时光》《马湖有个孟获岛》《巴塘关帝庙：汉藏交融"大庙会"》等篇什都是典型的代表，其学术性由此可见。

另一方面，此书又具有很强的文学性。如果是一本正儿八经的历史人文地理学专著，它固然也有相应的读者，但圈子很小，不可能走进千家万户。而本书则以游记出之，进入了文学的范畴。文学是思想和情感的体现，具有感性的色彩，它有温度，有画面，有感受。在审美观照下，万物都焕发出异样的光彩。本书的四十篇深度游记，图文并茂，文笔优美，视角独特，有我之境与无我之境兼而有之，既有金戈铁马的铿锵之声，又有散文小品的灵秀和隽永，发人深省，耐人寻味。科学认知和艺术熏陶如"水中盐，蜜中花，沦瀣融合，无分彼此"，是值得一读的作品。

《祖辈的荣光：四川百家姓故事》

"百家姓"是《宽窄巷》的一个名牌栏目，长期连载，至今不辍，现在结集成书，可喜可贺。人是符号的动物，人类构建的符号系统是人类最伟大的成就之一。如果没有这个系统，人类早就崩溃了。钱锺书先生甚至提出"未名若无"的观念，可谓发唱惊挺。圆颅方趾的人类，千奇百怪，形形色色，但都有一个共同的特征，就是每个人都有姓有名。没有姓名的世界，只能是蛮荒混沌。而姓名对于中国人尤其重要。中国拥有世界上最悠久的姓氏文化，这是因为农耕文明是以血亲为纽带，瓜瓞绵绵就靠此维系。所以姓氏家谱与方志、正史构成了完整的中国历史，成为中国珍贵文化遗产的不可或缺的部分。四川是一个移民的省份，五方杂处，八面来风，很容易数典忘祖。现在好了，一册《祖辈的荣光：四川百家姓故事》在手，四川的赵钱孙李周吴郑王们都可以心满意足。移民的后裔是怎么修撰家谱的？蜀中如今现存的宗祠、老宅院，背后都有着怎样的故事？吾蜀历史上有哪些著名的名门望族和名人？他们对历史有着怎样的贡献？都可以在书中找到答案。所以此书服务大众，是有功德存焉。如果略做评述，以下三个方面不妨注意。

一是本书有完备的编排，有一定的系统性。它从移民有谱、宗祠宅院、名门望族、蜀地名贤四个方面着手，梳理出了四川百家姓的脉络和空间分布，线索清楚，便于查检。就陋见所及，也许是四川姓氏文化全方位概述的第一次，有开创之功。

二是它讲好了四川百家姓的故事。当然，四川百家姓的故事也是中国故事，算是满满的正能量。如《资阳黄氏宗祠：祠堂藏着族人迁徙密码》《新都刘氏宗祠：鼓励子孙读书，先祖立毒誓》《青白江刘家老屋：两百年老祠堂是座土墙房》《龙泉驿刘氏宗元祠：家训家风融在字辈中》等，都是叙事有方，行文波澜起伏，颇能引人入胜。而在"名门望族""蜀地名贤"两个栏目中，更是把祖辈的荣光发扬踔厉，为后昆树立了学习的榜样。

三是作者探赜索隐，钩深致远，发掘出了不少众所不知而又非常重要的文史资料和饶有情趣的人物行状。如大家都知道历史上的湖广填四川，却不知道历史上的四川"填山东"。而明朝初期，"四川曾经'填山东'"和"四川填山东移民传说中的'铁碓臼'真相"两节文字就生动地还原了这一深埋的历史。至于人物行状的发掘在书中更占据了相当的篇幅。如《何武：西汉政权职能改革"第一人"》《赵抃：铁面御史四次入川治蜀》《蒲宗孟：备受争议的北宋另类名臣》《清初移民傅荣沐：四川烟草引种第一人》等等，不胜枚举，相信读者在阅读中都会有浓浓的兴趣。

现在，正是我们民族文化复兴的伟大时代。"《宽窄巷》人文书系"为我们的价值阅读提供了一个范本。中国历来重视历史文化的传承，甚至提高到了治国经邦的高度。清代诗人龚自珍在《定庵续集》里说："欲知大原，必先为史，灭人之国，必先去其史。"这句话至今令人警醒。这里的"史"，其外延也包含了文化，可见历史文化对我们的重要性。历史文化就是我们的根系，就是我们的精神家园，就是我们民族生生不息的凝聚力。由是"《宽窄巷》人文书系"的出版不仅适得其时，而且很有意义。枕藉观之，不亦宜乎，不亦乐乎！末了，还有几点建议，这套书系应该继续出版下去，品牌报纸，品牌书系，一定会得到读者的长久欢迎。另外，它还可以作为乡土教材或课外读物进入学校。再者，在文创事业勃兴的当下，它应该衍生出自己的产业链。

我是《华西都市报》和封面新闻的老读者和老作者，我对这张报纸和新闻客户端深有感情。谨祝《宽窄巷》副刊越办越好，更上层楼！谨祝《华西都市报》永葆青春，其命维强，其命维新！

2020年5月28日　成都

目 录

第一编

移民有谱

尝考五宗之法，其迁者固百世，不迁者亦流传无穷。尊尊亲亲，未尝紊者，而子孙代代相传，生生不已，欲溯源清流，则赖有谱焉。

——南宋·朱熹

清初移民傅荣沐：四川烟草引种第一人

烟草业如今是四川的一大经济产业。但谁能想到，三百多年前，如果您在四川人面前说起"烟草"二字，对方绝对是一头雾水：什么是烟草？会冒烟的草？在清初湖广填四川那场持续一百多年的移民运动中，现在大家习以为常的烟草与甘蔗、红苕、玉米等一起，跟随福建、广东等地的移民进入了四川。

让四川烟草真正广泛种植并传到云南、贵州等地的最大功臣，当属福建龙岩人傅荣沐，他被称为"四川烟草引种第一人""四川烟草大王"。如今，在成都北边和西北边一些消失了的和还存在的地名，如北玉局、上下傅家碾、傅家村等，都和傅荣沐家族有关。

向往四川，傅荣沐也想入川

在湖广填四川移民运动中，绝大部分移民或移民家族都有一部辛酸奋斗史，傅荣沐及其家族也不例外。

1919年，成都北玉局傅氏族人中的傅泰圻等新修了《傅氏宗谱》，记载了入川始迁祖傅荣沐及家世的情况。

北玉局傅氏尊奉傅元香为始祖。元顺帝元统年间，傅元香从今福建上杭县蛟洋镇，迁徙到今福建龙岩市新罗区江山镇铜钵村（一说村美村），世代农耕。后裔按"元永成德，均仁道廷；尚嘉士文，应义智兴；位正有和，肇世绵昌"二十四字排辈。

清朝顺治年间，傅元香第十世孙傅嘉祥（字兆升），年仅十多岁，迁居到"江西赣州府瑞金县上陶前地"。傅嘉祥在瑞金做什么呢？种植并制造旱烟。

历史学家吴晗考证，烟草是在明朝万历末期（17世纪初）传入中国的。最初由往返于东南亚一带的福建水手从吕宋（今菲律宾）带回烟草种子，在福建、广东一带种植，后来逐渐向其他地方推广传播。

由此可知，傅嘉祥到江西种植旱烟时，江西一带已经开始出现了旱烟。但傅嘉祥为什么会跑到江西去种植旱烟，则是一个谜。

从傅荣沐后来举家迁徙入川可以推断，傅嘉祥在江西种植旱烟，不是当地主，而是在给人打工。康熙四十五年（1706），傅嘉祥在瑞金去世，享年六十七岁（虚岁，下同），葬在当地。

傅嘉祥娶妻林氏，生有两个儿子：傅士和（字荣睦，即傅荣沐）、傅士盛（即傅荣遂）。傅嘉祥去世后，傅家人又在瑞金生活了二十多年。

其间，傅荣沐看到周围不少人响应朝廷号召移民四川，也听说了四川的土地气候和移民入川后的情况，心中甚为向往，也想入川。

入川艰辛，卖掉"冠缨"换来路费

因为入川之路异常艰辛，而且前途未卜，当时林氏已经七十岁了，傅荣沐犹豫不定。

对此，林氏说了一番非常励志又豪气的话："株守岂男儿事哉！察汝子皆足佐汝起家，早决计，余惟汝是从。"好男儿志在四方，岂能死守在老家？你

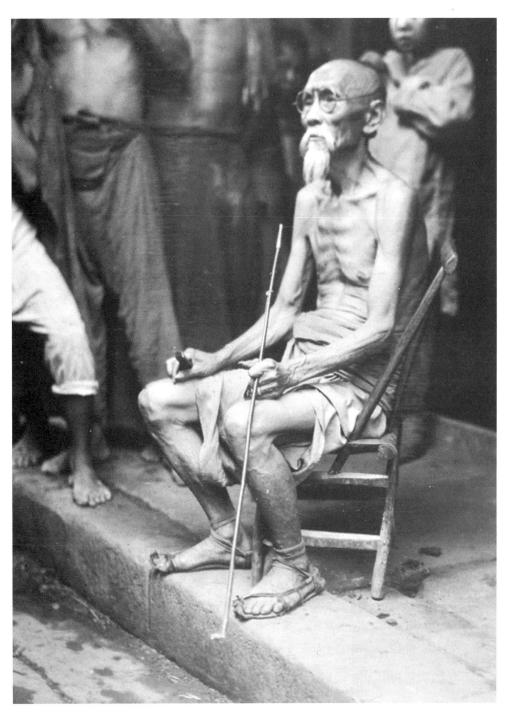

老人抽烟用的长烟杆 【美】西德尼·戴维·甘博摄于1917—1919年

那几个儿子都很成器，你要去四川，莫得问题，我支持得很！你莫看我年岁高，我也一样能和你们到外面去闯出一番天地。

林氏这番巾帼不让须眉的话，让傅荣沐最终下定决心：带着一家人，离开瑞金，向四川进发！不过，弟弟傅荣遂一家没跟着他走。

雍正七年（1729），傅荣沐夫妇带着老妈和七个儿子、十多个孙子，一大家人浩浩荡荡地出发了。傅荣沐没有忘记他的老本行，在行囊中带上了一些烟草种子。正是他这一举动，入川后很快改变了家族的命运。

入川的过程是艰辛的。那时没有汽车、火车、飞机，只有靠坐船和两条腿往前走。一大家人，有老有小，行程自然更慢。

好不容易走到湖南湘潭，危机出现了：资金紧张，林氏生病。如果照这样走下去，大家都没办法走到四川。但入川的决心是不能动摇的，得尽快入川，晚了就没地可插占了。如果打道回府的话，瑞金的房子、土地都没了，而且在乡人面前也很没面子。

傅荣沐再次做出决定：全家兵分两路，把年龄尚小的两个儿子和两个孙子留下来侍候林氏，他带着其他人先行一步，到四川安定下来后，再来接林氏等人。

傅荣沐一行继续向四川进发。很不幸的是，还没到四川，钱财就用完了。万般无奈下，傅荣沐不得不"鬻冠缨"，把帽子拿去卖掉，换来路费。经过半年艰难跋涉，傅荣沐一家走到了金堂县，落脚在赵家渡（今金堂县赵镇）。

傅荣沐卖掉的"冠缨"是什么样的？为什么那么值钱？目前所有的资料都没有详细透露，估计应该是家传的宝贝。一般来说，一个人除非是遇到过不去的坎儿，是不会把家传的东西拿去卖的。由此可见，傅荣沐当时是真的走到绝境了。

再说林氏。林氏凭着一股豪气，和儿孙们一起走到湘潭。毕竟岁数大了，怎么能经得住这般舟车劳顿的折腾，她病倒了，很快就撒手西去。目前的资料有两种说法：一是傅荣沐走后，林氏才去世的；一是傅荣沐还没走，林氏就去世了，然后"权行殡葬毕，即起程入川"。这里采用第一种说法。

在金堂落脚后，傅荣沐一家在新家园开始了新生活。

种植烟草，傅荣沐家族迅速致富

傅荣沐一家最初"自为贸易并佃田力农"。

那时的金堂，已被先傅荣沐一步的移民把土地插占完了，傅荣沐只能从别人手里租佃田地耕种，同时做点小生意养家糊口。

过了几年，傅荣沐举家迁到简州（今简阳市）易家坝，在金堂五凤溪古镇河对面。

傅荣沐把带来的烟草种子种在家门前，有多少地就种多少。

金堂一带水网密集，农田适合种植水稻。当时的人都种植水稻，傅荣沐不种水稻反而种没见过的烟草，大家觉得他"不务正业"，暗地里不知道嘲笑了多少次。傅荣沐不管别人的冷嘲热讽，坚持种烟草。

到了收获季节，一大家人忙不过来，他雇用了数十人，按老家的传统工艺，把烟草叶子加工成烟丝，运到今天成都北边的簸箕街，寄放在商家的店铺里出售。

在成都的满城里，驻扎着八旗兵。八旗兵大都喜欢抽烟，而当时的四川没有什么人种烟草，成都基本上买不到烟丝。为买到烟丝，八旗兵不惜重金到外地购买。

成都的烟草田 【美】西德尼·戴维·甘博摄于1917-1919年

切烟叶 【美】西德尼·戴维·甘博摄于1917—1919年

簸箕街有烟丝卖了！这个消息传出后，八旗兵们蜂拥而至，争相抢购。傅荣沐的烟丝质量好、价格公道，一时间成了抢手货，供不应求。

折算下来，种一亩烟草所得的利润，是种水稻等农作物利润的数倍。种植烟草，让傅荣沐出了名。那些售卖烟丝的店铺尝到了甜头，纷纷提前预购。很快，傅家成为远近闻名的富庶之家。

傅荣沐种烟草发了家致了富，按常理，他会继续独家种烟草，保住丰厚的利润来源。但傅荣沐没那么做，他把种植烟草的技术在傅氏族人中广泛传授。

傅荣沐这么做，是一个非常聪明的举动。

垄断经营，往往容易出问题，尤其是这种以种植为主的经济作物。他在傅氏族人中传授种植技术，让更多人种植烟草，不但降低了"木秀于林，风必摧之"的风险，还让其他族人跟着富裕起来，提高了自身的地位。

傅氏族人跟着傅荣沐种烟草，很快也都富裕起来。

一个家族之间，是一张密集的血缘网，落业在金堂的傅氏移民，在四川其他地方还有亲人。经过七八年的发展，烟草逐渐从金堂通过傅氏族人移种到了四川其他地方。后来，烟草又传到了云南、贵州。

据说，如今云南、贵州等地的烟草栽培技术，仍保持着傅荣沐所传的传统种植办法。由此可见，傅荣沐在西南烟草行业中的重要地位和作用。他被称为"四川烟草引种第一人""四川烟草大王"，毫不夸张。

傅氏族人种植烟草富裕了，其他外姓人看着眼馋。傅氏族人没有拒绝，带动大家一起种植。在此后的100年里，四川各地的田地里都出现了烟草，有力地推动了当时的农耕经济的发展，成为四川农民获取经济收入的一大来源。

傅荣沐在入川前往行囊里装烟草种子时绝对不会想到，他带来的烟草种子，会在四川遍地种植，四川的烟叶更是畅销全国，有的甚至远销东南亚等海外市场。

傅荣沐的眼光没有只放在烟草业上，他又搞起了蔗糖业，"发贩四方，获资盖厚"。一二十年里，他购置了六百多亩田产。

迁居成都，把先辈遗骸迁葬四川

傅荣沐因种植烟草和煎熬蔗糖而身家倍增。为更好地做烟草生意，乾隆七年（1742），傅荣沐举家迁徙到成都县玉局巷（今成都市火车北站市场一带）。

玉局巷的得名来自玉局观，玉局观如今已经消失，说起来还有个传说故事。

东汉末年，张道陵跟随李老君一起来到成都北门传道。李老君席地而坐，"有局脚玉床自地自出"，李老君坐在玉床上，讲说《南北斗经》。讲经结束，玉床隐入地中，那地塌陷成一个洞。据说这洞深不见底，与青城山的天师洞相连。人们把这里叫作玉局，修建了玉局观。玉局观外的路，被称为玉局巷。

后蜀皇帝孟知祥曾下诏整修玉局观，设置道场。到了宋朝，玉局观形成贸易市场，每年农历九月九日的成都药市在这里举行。新中国成立初期修建火车北站，拆除了玉局观和玉局巷。因玉局巷和玉局观在成都北面，这一带被统称

田间晾晒烟叶 【美】西德尼·戴维·甘博摄于1917-1919年

为北玉局。

　　傅荣沐发达后，没有忘记先祖，他在北玉局修建了傅氏宗祠。想到父母和祖父母的遗骸还在他乡，他决定将其迁到成都来安葬。

　　乾隆六年（1741），傅荣沐派三儿子傅文华回福建、江西，准备把祖父傅如仁和祖母郑氏以及在江西瑞金的父亲傅嘉祥的遗骸迁到成都。结果，傅文华空手而归。

　　乾隆八年（1743），傅荣沐再次派五儿子傅文清跟着傅文华一起前往福建、江西，终于把祖父、祖母和父亲的遗骸迁到了成都合葬。在这次迁葬中，傅荣遂一家也跟着到了四川。

　　乾隆十八年（1753），傅荣沐又派傅文清到湖南湘潭，把林氏的遗骸迁葬到金堂云顶山的慈云寺。

　　至此，傅荣沐终于了却了长期以来的一桩心病。

傅氏聚居，在成都形成多个地名

傅荣沐举家搬到成都北玉局后，他的子孙"袭前遗业，加倍勤奋，而事业益裕"。

到道光年间，傅氏家族成为"名重锦城的巨族"。

受傅荣沐家族的影响，其他地方的福建傅氏移民族人，也纷纷向傅荣沐家族靠拢聚居。傅氏族人散居在北玉局一带方圆几公里的地方，形成了以"傅"为头的多个地名。

在洞子口，有上、下傅家碾，傅家祠堂，傅家大院，傅家堰；五块石有傅家上槽坝、下槽坝，傅家桂花树、黄葛树；营门口有傅家大林盘，傅家油坊，傅家堰埂子等。如今的金牛区金泉街道富家社区，就是原来的傅家村。

傅氏家族的老人回忆说，以前北玉局是烟叶大市场，农历每个月的每旬三、六、九日是逢场天。来自各地买卖烟叶的人成千上万，一点也不比如今的大市场逊色。北玉局的傅氏宗祠，每年都要举行清明会。凡是来自福建的四川客家傅姓人，都要派代表参加。清明会前后两天，举行流水席式的宴会，总计上千桌。清明会上，傅氏族人要祭祀先祖，缅怀移民先祖迁徙入川的艰辛以及在四川创业打拼的艰难历程。然后，大家聚在一起，商谈烟叶生意。傅氏族人的清明会，无形中也是一个商贸洽谈会。

傅氏宗祠一直到修建火车北站时，才与玉局观和玉局巷一起被拆掉。

如今，成都北玉局傅氏族人已经发展到三四万人，分散居住在成都及各地。"四川烟草大王"傅荣沐的移民创业故事，至今仍被傅氏族人津津乐道，也是老成都故事的重要组成部分。

（本文原载于2016年6月18日《华西都市报》）

明朝初期，四川曾经『填山东』

　　四川（含重庆）是移民大省。公元前316年，秦国灭巴蜀。两年后，秦国任命张若为蜀守，"移秦民万家实之"。秦灭六国后，又迁六国豪富入蜀。这是四川历史上的第一次大移民。

　　此后，四川又在西晋末年、北宋初、元末明初、清初、抗战等时期，经历了多次大移民运动，尤其以元末明初和清初的两次"湖广填四川"最为有名。由此，给人以一种直觉：四川只是移民迁入地。事实上，四川还有一段在明朝正史中几乎没有记载的史实：明朝初年，四川曾经"填山东"。

　　明初，北方曾有一次涉及百万人以上的山西洪洞大槐树移民。四川经过宋末和元末战争后，人口锐减，朱元璋都要调动湖广人往四川移民，为何还让数万川人不远千里移民到北方的山东去？这里面藏着什么不为人知的秘密？

明玉珍占据四川，建立大夏政权

这事儿，还得从元末的红巾军起义说起。

至正十一年（1351）爆发的红巾军起义，队伍主要分为两支：一支领导人是韩山童、刘福通；一支领导人是徐寿辉、彭莹玉。此后又出现了方国珍、张士诚、郭子兴等多路起义军。

韩山童战死后，儿子韩林儿被刘福通等迎到亳州（今安徽亳州市），立为皇帝，称为小明王。至正二十六年（1366），已经成长起来的朱元璋，派大将廖永忠把已失势的韩林儿

明玉珍塑像

迎接到应天府（今江苏南京市）。韩林儿的船行驶到瓜步（今南京市六合区东南）时，船离奇地沉入江中，韩林儿被淹死。

朱元璋本是郭子兴起义军的将领，曾接受过韩林儿的官职、封号。因善于经营，手下又有一帮能人，整个高管团队强大无比，逐渐在群雄中脱颖而出。

徐寿辉能力一般，但手下将领都很厉害，如陈友谅、明玉珍以及后来跟随朱元璋的傅友德等人。陈友谅心很大，不甘心屈居徐寿辉手下，把徐寿辉杀死，自己当上了老大。

至正二十三年（1363），陈友谅与朱元璋会战于鄱阳湖。经过三十六天血战，陈友谅中箭身亡。第二年，陈友谅的儿子陈理向朱元璋投降，朱元璋在成功的道路上向前迈进了一大步。

湖北随县人明玉珍，至正十七年（1357）奉徐寿辉筹集粮草的命令，率领水军攻进四川。经过一番征战，明玉珍在四川站稳了脚跟。陈友谅杀死徐寿辉后自立为帝，明玉珍大怒，与陈友谅断绝往来，自称陇蜀王。

明玉珍在四川开展了一系列军事行动，击溃青巾军主力、肃清元朝在川残

余势力、会兵三峡讨伐陈友谅、出兵汉中攻取陕右等，进一步巩固了在川的统治地位。

在疆土日渐开拓、四川局面日益稳定的情况下，至正二十二年（1362），明玉珍称帝，国号大夏，建元大统，定都重庆。

在内政上，明玉珍为巴蜀地区营造了一个短暂的和平安宁局面。他推行休养生息政策，实行"十取其一"的赋税制度，采取一系列措施兴文办学、恢复科举、招贤纳才等。

可惜，至正二十六年（1366），三十八岁的明玉珍去世。年仅十岁的太子明昇即位，改元开熙，皇后彭氏垂帘听政。

面对雄心勃勃的朱元璋，大夏政权迎来了巨大挑战。

朱元璋攻取四川，大夏政权灭亡

明玉珍生前与朱元璋交情不错，尽管各自为战，但逢年过节书信问候不断。明昇即位后，继承了父亲与朱元璋的友好关系。

洪武元年（1368），朱元璋攻克元朝都城，明昇派人送信表示热烈祝贺。第二年，朱元璋派人到四川征求木材，明昇非常慷慨地把巴蜀两地的特产都送了过去。

同年冬天，朱元璋派人叫明昇去他那里"复命"，明昇这下不干了。原因很简单，大夏政权和明朝都是王朝，如果去朱元璋那里"复命"，岂不是表明归顺朱元璋了？

两家关系开始走向冰冻，但朱元璋还有耐心。

洪武三年（1370），朱元璋又派人来找明昇说，大侄子啊，我要征伐云南，希望能从四川"借个路"，行个方便呗。

"借路"的说辞，听起来非常熟悉。春秋战国时，诸侯国之间经常打着"借路"的幌子把对方吃掉。大夏左丞相戴寿坚决不同意，明昇也不傻，再次拒绝了朱元璋。

一再被拒，朱元璋不想与明昇友好地玩下去了，索性撕破了脸皮。

洪武四年（1371）正月，朱元璋叫汤和、周德兴、廖永忠等东路大军从瞿塘峡水路进攻重庆，傅友德等北路大军从陕西陆路攻打成都。

大夏军在瞿塘峡严密防守，导致汤和等进展不顺。傅友德却出奇兵翻过秦岭，一路攻克江油、绵州（今绵阳市），包围汉州（今广汉市）。戴寿急援汉州，结果与傅友德交战几次都大败，只得退守成都。

这时，廖永忠已攻破瞿塘关，攻下夔州（今重庆奉节县），驻扎在铜锣峡。

明昇着急了，右丞相刘仁劝他退到成都去。这时，关键人物彭太后站了出来，坚决反对退守成都。彭太后非常明白地看到，即使到成都去，也只能暂缓大夏政权的寿命。天下大势已定，与趋势作对，只有死路一条。与其因无效抵抗而损伤军民性命，不如早点投降，让大家都好过一些。

于是，明昇向汤和投降。

廖永忠秉承朱元璋的旨意，好言好语安抚明昇。在成都的戴寿见大势已去，也向傅友德投降。明昇被押送到南京，朱元璋封他为归义侯。

朱元璋平定四川后，历史似乎在此告一段落。

但树欲静而风不止，看似逐渐风平浪静的四川，却暗流涌动，让朱元璋吃不香、睡不安。

大夏政权的士卒，被收集入明军

具有雄才大略的朱元璋，不仅打江山有本事，坐江山也很有一套。

战争对所在区域社会经济的杀伤力是巨大的。朱元璋平定某地后，就会从他处迁徙人口到遭受战争重创的地方，以尽快恢复社会经济。北方的山西洪洞大槐树移民运动就是这样。

同时，针对被打败的群雄部众，朱元璋也有一套办法。陈友谅拥兵六十万，虽然被朱元璋干掉了，但被打散的部众数量让朱元璋背心发凉。很显然，把陈友谅的旧部都抓起来杀掉是绝对的傻瓜行为。再说了，也杀不完，一点也不现实。

朱元璋制定了"降其兵、为我用"的方针，叫徐达收集陈友谅旧部，编入明军中，为己所用。对陈友谅旧部降而复叛的，一律毫不手软，把带头的抓起

大夏政权成都旧部移徙示意图　李潇雪绘图

来杀掉，其他的强行分散到明军中，带出去打仗。

此后，朱元璋在打败张士诚、方国珍后，也把他们的部将、支持他们的地方富豪迁徙到有重兵把守的老家安徽凤阳，防止他们东山再起，同时也让凤阳的经济得到迅速恢复。毕竟，有钱的富人聚集在一起，穷山沟都会很快变成繁华都市。

大夏政权军队原来大约有二十万人，除部分归降明朝外，其余大部分沦为乱兵溃卒，散落在民间。这些人大都是明玉珍从湖北拖家带口带到四川的，很多人在四川扎下了根，成了四川人。

对朱元璋来说，这些人绝对是一堆随时都可能引爆的、威力巨大的炸弹。

朱元璋故技重演，首先在成都建立了四川境内的第一个卫所——成都前卫（卫是明朝的一种军队编制体系，下辖约5600人）。然后，叫傅友德、汤和收集大夏政权的"溃亡士卒"，分别安置到卫所中去。

有三个数字值得关注：洪武五年（1372），收集大夏将校兵卒2660人；洪武六年（1373），收集大夏旧部4756人；洪武十一年（1378），再次收集大夏将校兵卒，计有6500多人。3个数字相加，接近1.4万人，更不用说散落在民间还没被征集的人数了。

明初的军队制度规定，编入军籍的各个卫所的军士，将随着驻防地变动而移徙。如洪武六年收集到的大夏旧部4756人，被移防到了南京；大夏将领丁世贞的旧部，"西征"到了山西、陕西、甘肃敦煌。

对大夏官庄的23000多庄户，处置方式是：每户人家里有3个男丁的，要抽一个当兵，没有的就地为民。那些被抽中入伍的庄丁，与被收编的大夏散兵一起，被远徙他乡。

朱元璋处置降官，杀的杀用的用

对归降的大夏高官，朱元璋也有的是办法：大棒、胡萝卜一起上，原则是："处我官属之间，日相亲近，然后用之，可无后患。"

戴寿因为曾识破朱元璋"借道"征伐云南的司马昭之心，后来驰援汉州与明军大战几场，退守成都后又与傅友德多次交战，使得明军损失惨重，让朱元璋的心头一直堵得慌。

虽然戴寿最终归降，但朱元璋仍不想宽恕他。洪武五年（1372）正月，朱元璋在诏谕云南时，不忘提及戴寿的罪过："戴寿等凭恃险隘，扼绝中道，致使朕意不达尔土。"就这一罪，也够戴寿吃不了兜着走。

明军班师回南京，把戴寿与大夏重臣向大亨、莫仁寿等一起带走，而且走的是水路。走到夔门时，正史中说，戴寿与向大亨、莫仁寿等人"凿舟自沉死"。

从官面上说，戴寿等人自知死罪难逃，干脆先自我了结算事，似乎也说得过去。

但仔细分析，其中疑云重重。

首先，下定决心要自行了断，直接跳进长江，不是更简单的事情吗？干嘛非要劳神费力地"凿舟自沉"？对戴寿等这些大夏重臣的看守，难道就那么松懈？真要是看守松懈的话，自知"罪孽深重"的戴寿等人早就跑了。

其次，当时那一片水域的管辖人是廖永忠。廖永忠是谁啊？大家还记得韩林儿之死吗？历史是可以重演的，方式方法也可以重复使用，只要能达到效果就行。何况，廖永忠干这事也不是第一次了，轻车熟路，保质保量。

戴寿必须死。

但戴寿是归降的，又是大夏高官，真要判死罪，天下人尤其是大量藏匿在四川民间的大夏政权旧部未必同意。若戴寿不死，以其威望和影响力，加上四川那些旧部，随时都有可能发生让朱元璋不愿意看到的事情。

所以，朱元璋很为难。领导有难，下属有责。善解人意的廖永忠，帮领导把这个问题解决了。

大夏右丞相刘仁的命运比戴寿好多了，朱元璋任命他做了应天府尹（相当于南京市长）。其他人"授职有差"，保有富贵，不至于再去干那种提着脑袋吃饭的事情。

对一直坚持抵抗的大夏官员，如镇守保宁府（今阆中市）的大夏平章（相当于副丞相）吴友仁被擒获后，朱元璋叫人把他"枷械"到南京，亲自训斥说："寇汉中，起兵端，致明氏失国者，吴友仁也！"把吴友仁公开问斩。吴友仁的部属，也被"发戍徐州"。

做完这些，朱元璋还不放心，找了个借口，把明昇远徙到了高丽（今朝鲜半岛）。如今，韩国还有明昇的后裔。

朱元璋满以为可以睡个安稳觉了，殊不知四川还是闹出了乱子。

白莲教反明，波及十四个州县

古代四川是一个民间宗教信仰较为浓厚的地方。尤其从元朝后，白莲教在四川有着深厚的民间基础。明玉珍在重庆建立大夏政权后，以弥勒教为国教，白莲教在四川民间发展得更为深广。

虽然明昇归降了朱元璋，但并不代表拥护大夏政权的所有人都愿意归顺明朝。尤其是朱元璋在四川推行的一系列瓦解大夏旧政权的措施，让大夏旧部对明朝心怀不满。

利用宗教的名义反抗明朝，成了他们最有效的方式。

洪武六年（1373），重庆王元保率先起来反明，被明朝将领顾成平息。又过了六年，即洪武十二年（1379）四月六日，一场以宗教为旗号的反明活动再次在眉山爆发。领导者是白莲教首领彭普贵。

彭普贵有元末红巾军的背景。徐寿辉起义军中的将士，大多按白莲教规定，以"普觉妙道"四字命名，彭普贵是"普"字，显示其身份地位较高。彭普贵以"妖言"作为舆论工具，经过多年组织酝酿，发动了这次反明行动。

此前，全国范围内发生了多起弥勒教反明事件，如四川广安"山民有称弥勒佛者，集众惑人"，湖广蕲州王玉二"聚众烧香谋为乱"，湖北罗田王佛儿"自称弥勒佛降生，传写佛号惑人，欲聚众为乱"等。其中，王玉二的真实身份是"陈友谅余孽"。受到内外形势的鼓舞，隐匿在四川民间的大夏政权旧部自然也不甘寂寞。

彭普贵的反明声势很大，"诱众作乱，劫掠居民，转攻州县"。眉山知县顾师胜带兵前往镇压，反被彭普贵所杀。嘉定府（今乐山市）、忠州（今重庆忠州区）等地的"土民"受到鼓舞，纷纷起来响应彭普贵，"乘隙为乱，燔掠城池，势甚猖獗"。

朱元璋派四川都指挥音亮征剿，结果被多次打败。

彭普贵反明运动在四川波及川南嘉定，川北广安，川东的重庆、忠州等十四个州县。

朱元璋连忙派镇守在松州（今松潘县）的右御史大夫丁玉前往征剿。丁玉杀死彭普贵后，到同年七月二十二日，终于把历时三个多月的彭普贵反明运动镇压了下去。

大夏旧部隐患大，必须调离四川

除彭普贵反明外，四川还有大夏政权旧部的反明运动。

据重庆长寿区狮子滩《袁氏族谱·旧序》记载，其先祖本姓杨，号安珠，是大夏政权的将领。

明昇归降明朝之际，杨安珠与次妻所生长子杨宗、次子杨创一同遇害。只有"正妻徐氏长子杨荣、次子杨昭，掘浮图关地道而逃，至乐温县（今重庆长寿区）奶子山"。

为躲避明朝追捕，杨荣改姓名为甘玉珍，落业在邻水县。杨昭改姓名为袁自伦，落业在铁江河下马西岸的石板丘。袁自伦生有袁景祥、袁景福两个儿子。

袁景祥经常对子侄们说明家族渊源真相，并说这样隐姓埋名并不情愿，"尔等有志，其共勉之"，反明决心很强烈。于是，袁景祥招兵买马，积草屯粮，等待时机起来反明。

官府察觉到后，派"健将殷国公以兵相拒"，双方交战数十次，互有胜负。最后，明朝廷派人来招安，"遂封（袁）景祥为万户侯"。

大夏政权有的旧部虽然没有起来反明，但在民间的影响力非常大。

清光绪版《井研县志》记载，明玉珍的女婿吴正常，是大夏平章吴友仁的族人。大夏政权灭亡以及吴友仁被诛杀后，"以门望选为驸马"的吴正常幸运地成了"漏网之鱼"，带着儿子吴仲富藏匿到了井研县。

民国版《南溪县志》记载说，明玉珍有个重要的谋士叫刘桢，泸州人，元末进士，因战乱而弃官归家隐居。

至正二十一年（1361）春，明玉珍率军征讨嘉定府时，途经泸州，经人介绍，结识了刘桢。明玉珍非常看重刘桢的才干，让刘桢当他的顾问，"朝夕侍讲，裁决政事"。

明玉珍在重庆称王，刘桢多次劝他抓住时机称帝。明玉珍称帝后，封刘桢为宗伯，掌管礼部工作。刘桢竭尽全力为大夏政权效力，设置行政机构，大兴教育，轻徭役、薄赋敛，使得大夏政权"纲纪法度，卓然有绪"。

明玉珍病逝后，刘桢出任丞相。4年后，刘桢去世。

明昇归降朱元璋后，泸州一带士人非常仰慕刘桢，"志功名，尚风节"，对大夏政权保存着深深的怀念之情。明朝在收集大夏旧部时，一次性在泸州当地收集了2660人，说明泸州这个地方作为"旧日明氏伪宫人等"赖以生存的基础，民间力量不容小觑。

四川的大夏旧部反叛和民间力量的巨大，让朱元璋再次意识到了问题的严重性。他在《谕曹国公李文忠敕》中说："今四川土人以妖惑众而起，延及旧日明氏伪宫人等，皆乘时为乱。"

　　在《谕御史大夫丁玉敕》中，朱元璋暗自庆幸地说，不甘心失败的"旧日明氏伪宫人等"，借助起义事件"乘时为乱"。大夏部将丁世贞的"旧日土兵"幸亏已经奉命出境"西征"，如留居蜀中，卷入"作乱"，不知要乱成什么样子。

　　因此，朱元璋痛下决心，把此前收编还留在四川的大夏"溃卒"和降而复叛的"叛军余孽"数万人，统统迁离四川。

　　那么，往哪里迁呢？朱元璋用手往地图上一指：山东！

（本文原载于2017年2月19日《华西都市报》，
得到移民研究专家、四川社科院研究员陈世松的大力支持）

四川填山东移民传说中的『铁碓臼』真相

朱元璋为什么要把大夏政权旧部"余孽"迁徙到山东？北方山西洪洞大槐树移民运动，已经足以把遭受战乱重创的山东社会经济迅速恢复起来。如果是为了惩罚带有"罪孽"的大夏政权旧部，把他们迁徙到人口稀少的"蛮荒之地"，岂不是更好？

这些大夏政权旧部，最终被朱元璋迁徙到了山东的哪些地方？如今他们的后裔生存情况如何？在当地有什么影响？被迁到山东的大夏政权旧部中，为什么会有云南少数民族中的乌撒人？

在山东的川籍移民后裔回忆祖籍地时，都说他们祖上是来自四川成都府铁碓臼，又有奉节铁碓臼、丰都铁碓臼、南溪铁碓臼、绵竹铁碓臼、隆昌铁碓臼、峨眉铁碓臼等说法。为什么都带有铁碓臼这个名字？铁碓臼究竟意味着什么？是不是像明初和清初两次湖广填四川移民运动中的"湖广麻城县孝感乡"一样，只是一个地名符号的指代？

各种史料表明，胶东半岛移民最多

明朝山东胶东半岛的莱州府，府治在掖县（今莱州市）。莱州府的东边，是登州府，府治在蓬莱县（今烟台市蓬莱区）。

今莱州区程郭镇五佛蒋家村的蒋氏族谱记载，其先祖蒋兴、蒋旺两兄弟在明朝初年时从四川迁居而来，如今已传到30多代人。另外，该区夏丘镇燕窝蒋家村、沙河镇蒋家村的蒋姓人，其先祖也是明初从四川移民迁居来的。

山东龙口市《东莱赵氏家乘》中记载，其先祖是原籍"四川成都府红花市内"的赵守义，"明初任金州卫经历，以防御海寇，功擢佥事，因家东莱"。

在民国版《莱州志》中，有当地不少家族始祖在明初从四川迁来的记载。

如杜氏"明初由蜀迁莱，世居掖西，聚族为村"，赵氏"其先四川成都人，永乐时徙……各别为族者，皆于明徙"，潍县"李、徐、庄、梁、齐、刘、魏诸姓氏始祖，于明初由四川成都府迁居潍县"等。并在考证当地方言风俗时证实："查掖民多迁自蜀，故沿其旧音。"

明朝中后期的莱州人吕时望说："掖人来四川者十有八九，唯我吕氏系东莱故家。"这是目前所见到的最早追溯山东川籍移民祖籍来源的文本资料。

清乾隆十年（1745），出身于莱州望族的毛赞，在他私修的地方史志《识小录》中，追溯本地族姓源流时说："掖自金元兵燹后，土著者少……余多成都人。"

据《莱州市地名志》《招远市地名志》《莱西县地名志》统计，在莱州市1068个村中，四川移民村有751个，占全市村落总数的70.52%；在招远市724个村中，四川移民村有33个，占村落总数的10.36%；在莱西市839个村中，四川移民村有33个；在昌邑市812个村中，四川移民村有129个，占村落总数的15.9%。

以上族谱和史料记载以及看似枯燥但又极其重要的数字表明，明初，大夏政权旧部被迁徙到了山东胶东半岛的莱州府和登州府一带。这些川籍移民的后裔，如今广泛分布在莱州市、招远市、莱西市和昌邑市等地，并且还保留有四川方言等风俗习惯。

另外，川籍移民迁徙到山东，并非是一次，而是多次，并持续了多年，从朱元璋的洪武年间一直到明成祖朱棣的永乐年间。

当然，不可否认的是，永乐年间的川籍移民，不排除换防的可能性。但在最初的移民运动中，肯定是朱元璋出于对大夏旧部的清算行为。

那么，朱元璋为什么要把大夏旧部迁徙到山东呢？

山东倭患严重，大夏降卒前去镇防

四川省社科院研究员陈世松教授在《明初胶东半岛川滇移民由来考》中认为，以大夏政权降卒叛军为主要对象的川籍移民，较之于一般经济性质的移民、军户遣戍换防屯垦的移民，以及罪徒流徙的移民，具有更为突出的军事性和强制性。

很显然，大夏旧部移民到山东，带有强烈的事前精心策划的印记和统一布局的意图，这是其他移民运动难以见到的。

一个很明显的例子是，朱元璋在攻克北平（今北京市）后，即将出兵征讨大夏政权前，精心策划了一个强制性的移民行动：把旧政权的降卒部署到即将展开的巴蜀前线去，让他们为自己打天下。

所以，朱元璋把大夏旧部迁到山东，并不是一时心血来潮，而是与将要开展的战事和将要实现的政治、军事目标联系在一起，是朱元璋在明初全国棋盘上落下的一枚重要棋子。

朱元璋建立明朝后，北方有些被他打败的人，并没有顺从新的政权，而是逃亡到海边的小岛上，成为海盗。他们与日本的倭寇勾结，经常侵扰山东"滨海州县"，让当地苦不堪言。

洪武五年（1372）三月，朱元璋设置胶州守卫千户所。第二年，朱元璋任命名将於显为总兵官，出海打击倭寇。没想到，倭寇疯狂报复，加大了对莱州府和登州府的侵扰。

洪武七年（1374）正月，朱元璋命令靖海侯吴祯为总兵、於显为副总兵，率领江阴、广洋、横海、水军四个卫的官兵、水师出海打击倭寇。吴祯、於显一口气把倭寇追到了琉球。

洪武十四年（1381），朱元璋做了一个梦："太阴有象，主胡兵入寇。"

梦醒后，他想到山东沿海一带还存在的倭患，觉得迟早有一天，倭寇还会大规模侵扰。于是，他下令沿海各大卫所严加防范。

正在这时，四川的卫所里有一大批大夏旧部等待着"分配"工作，何不让那些人到山东的卫所去？

一方面，以四川兵强大的战斗力，可以加强山东沿海一带的防御能力；另一方面，也能对大夏政权残余势力起到分化瓦解的作用，从而稳定四川的社会秩序和政治局势。

由此，一批又一批的大夏旧部将士，奉命开赴山东莱州府、登州府等地的卫所中。当然，那些大夏将士并非洪武十四年后才到的山东。在吴祯、於显远征倭寇后，就已有一些人移防到了山东，只是规模没有后来那么大。

迁徙到山东的大夏旧部有多少人呢？目前没有准确的统计数字，但估计在数万人，不仅有将士，还有他们的家属。

明朝中期前，实行的是军户制度，即士兵及家属的户籍隶属于军府，军户子弟世袭为兵，未经准许不得脱离军籍。也就是说，只要属于军户人家，就世代都是当兵的。

所以，被迁徙到山东的大夏旧部将士，除以男丁为主外，还有父子、兄弟、亲戚等同行的，甚至有"姊妹五人"从四川迁去的。

他们驻扎在当地，形成了许多自然村落。那些村落的名字，由军营长官姓氏或村中大姓命名，如前述的蒋家村等。有的村落名字，则由军户人员的职业取名，如原是大夏政权盐场灶户的，就取名皂户（灶户）村等。

迁到山东的人，成都府移民占一半

迁徙到山东的大夏旧部，籍贯构成又是怎样的呢？

学者刘德增统计，在莱州市751个川籍移民村中，来自成都府的移民村有88个，占川籍移民村总数的11.72%。

除成都府外，还有祖籍来自成都府辖县的，如成都、华阳、新都、郫县、广汉、金堂、内江、资阳等；也有来自成都府属州辖县的，如绵竹、德阳等；

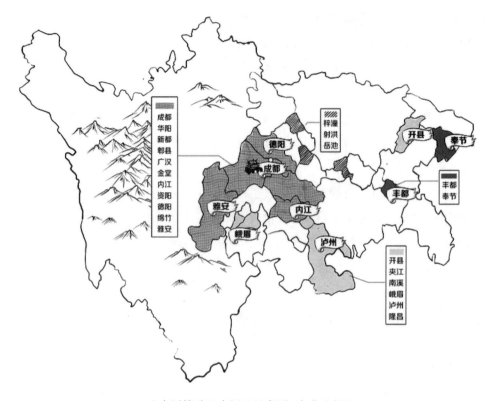

山东川籍移民来源地示意图　李潇雪制图

更有来自成都府以外各县的，如川西片区的雅安，川北片区的梓潼、岳池、射洪，川南片区的永宁、夹江、南溪、峨眉、泸州、隆昌，川东片区的丰都、奉节等。

　　算下来，原籍成都府的人占了一半多。为什么成都府的移民那么多？

　　以成都平原为中心的川西地区，历来是四川人口密度较高、经济较为发达的地区。明玉珍虽然是在重庆建都，但他对以成都为中心的川西地区也非常重视，派出重臣戴寿经略成都。

　　川西地区，也以其丰富的兵源和雄厚的经济基础，为大夏政权提供了重要的保障。大夏灭亡后，驻守在成都的三万将士归降明朝，并聚集在当地。三万具有战斗力的将士可不是小数，再加上其背后的家属群体，更是让朱元璋不可忽视。所以，朱元璋对他们采取强制移徙措施势在必行。

川北片区，是成都平原的外围地区，扼守着通往成都平原的险关要道。明军在征讨大夏政权中，夏军凭借着险要地势，与明军激烈交战，让明军损兵折将，代价惨重。战争结束后，这些曾经的"敌人"怎么可能受到朱元璋的善待呢？朱元璋对他们进行清算，把他们远徙到山东，合情合理。

川南片区，是元、大夏、明初湖广移民的叠压汇聚地。从元朝中后期起，大量湖广人利用邻近巴蜀的地理优势，源源不断地进入川南地区，开创了楚人迁川的先河。

明玉珍占据四川，建立大夏政权，定都在重庆。他的部众及家属、乡邻纷纷跟随入川依附聚集，大都分布在靠近重庆的川南地区。大夏政权灭亡后，大夏旧部四处溃逃，回原籍湖广显然行不通，只有回到在川南地区的落脚点。彭普贵起兵反明，就是依靠这一社会基础积蓄了力量。

明朝平定彭普贵反叛后，作为大夏旧势力复辟的温床与土壤的川南地区，自然成为清洗的重点区域。

相比川西、川北和川南片区，籍贯在川东地区的移民却很少，这又是什么原因呢？

大夏政权的都城在川东地区的中心城市重庆，明昇归降明朝后，除少数在川西和川北的重要大臣和将领如戴寿、向大亨、吴友仁等外，在重庆的大夏大部分重臣和将士也都跟着归降。

从某种角度上来说，明朝几乎把大夏政权的政治、军事核心力量都一网打尽了。然后，明朝对大夏政权的重要人物分散迁徙，如把明昇迁到南京，让刘仁到应天府做府尹，其他人"授职有差"等。又在重庆设置守卫千户所，把大夏降卒分散到卫所中，与汤和的将士混在一起留镇重庆。

所以，川东的大夏旧部没有参与后来的反明运动，也基本上没有迁往其他地方。在迁徙到山东的大夏旧部中，就鲜有川东籍的人了。

有一个现象非常值得注意：在如今胶东半岛的一些居民中，还广泛流传着他们的先祖来自云南、"小云南"和乌撒卫的传说。这又是怎么回事呢？

山东川籍移民，其中有云南人

这事说起来，还与大夏政权一段远征云南的历史有关。

天统二年（1364）二月，明玉珍为拓宽疆土，派遣部将万胜带兵征讨云南。万胜带领号称三万的人马，兵分三路：中路军由万胜带领，从界首（今叙永县境内）进入；另外两路由建昌（今西昌市）和宁番（今冕宁县）进入。

万胜所向披靡，攻陷中庆城（今昆明市），元梁王与云南行省官员弃城逃奔到威楚（今楚雄市）。万胜孤军深入到大理时，遭到大理国与元梁王的联合抵抗。万胜接连遭受失败，最终因孤军深悬、寡不敌众而撤退。大夏政权征讨云南，告一段落。

万胜出兵的界首，在元朝属于永宁路管辖，毗邻乌蒙山区。生活在乌蒙山区的，有云南大理国管辖的彝族乌蒙、亦奚不薜、乌撒等部。大夏政权在今叙永县东城设立永宁镇边都元帅府，与川、滇、黔边境地区的少数民族极力搞好关系。

当万胜出征云南途经那一片地区时，得到当地各部首领的全力配合和支持。粮草自然不在话下，行军有人带路，安营有人指点。更为重要的是，当地还提供了不少兵源。

大夏军从云南撤回四川，也没有空手而归。他们带回了产自云南的各种战利品，如大象和良马。万胜进入云南打了第一个胜仗后，就派侍中杨源向明玉珍报喜，把缴获的大象献给明玉珍。这里的大象，不是我们今天在动物园看到的观赏性动物大象，而是用于战争的象兵。

喜欢玩古代战争游戏的人知道，象兵是一种战斗力巨大的兵种，主要出自少数民族的战斗部队。万胜把象兵安置在成都。在明朝征讨大夏时，戴寿退守成都，把象兵派上了用场。

《明太祖实录》中记载，当傅友德的军队围困成都并与守城大夏军队交战时，遭受到了象兵的攻击。大夏军队"以象戴甲士，列于阵前"，双方交战，象兵冲入明军阵营，大象用脚踩踏、用象牙挑捅明军，大象身上的士兵用长矛刺杀明军，战况的惨烈程度，可见一斑。

当戴寿在成都投降明朝时，他统领的"士马三万"也一起投诚。那些来自云南少数民族的士卒，不可能拍拍衣服站起来回老家，也被聚集在一起等候发落。毕竟，他们也是大夏军队的重要组成部分。

戴寿蹊跷死后，作为戴寿旧部的降卒，要么被明朝遣散处置，要么远徙到异地他乡。那批云南少数民族士卒，成了以成都为中转站的二次移民，到了山东。

迁徙到山东的大夏旧部，基本上可以肯定的，是从成都出发的。在川籍移民集中的莱州市、招远市等地，川籍移民后裔广为流传的是，先祖是从成都府铁碓臼迁来的。

这个铁碓臼，又是怎么回事呢？

成都前卫驻地，就在成都南门附近

在胶东半岛的川籍移民后裔中流传的祖籍地，除四川成都府铁碓臼外，还有奉节铁碓臼、丰都铁碓臼、南溪铁碓臼、绵竹铁碓臼、隆昌铁碓臼、峨眉铁碓臼等说法。不难看出，无论来自哪个地方，都有一个共同的名字——铁碓臼。

难道那么多个县都有铁碓臼这个地名吗？又那么凑巧，他们都来自各地叫铁碓臼的地方？从概率学的角度来说，这几乎不可能。

陈世松认为，在中国的移民史上，大量移民后裔声称祖先来自同一个地方，由此形成了许多讲述祖先的故事。故事中所称的移民发源地，并不一定是移民的真正祖籍地，大多只是一个重要的移民集合地和出发地。

的确如此，纵观中国史上几次著名的大型移民运动，都有一个显著的地名，如山西洪洞大槐树、苏州阊门、江西瓦屑坝、湖北麻城孝感乡、广东南雄珠玑巷、福建宁化石壁村等。

因此，这个铁碓臼也应该是一个山东川籍移民的集合地和出发地。那么，铁碓臼到底在哪里呢？

清道光《程氏族谱》中说："我祖宗海于大明之初永乐时，奉旨自四川成都东门里铁碓臼迁于莱郡掖北，卜居柳林头。"莱州市南十里堡乡地名志记载："明初，李姓从四川成都府南关铁碓臼李家迁此建村，取名碓臼李家村。"招远市蚕庄镇地名志记载说："明洪武年间，王氏祖由四川成都府华阳县南门外铁碓臼王家，迁至莱州市西广儿头。"

上述三个记载，都说铁碓臼位于成都府华阳县（今属成都锦江区）偏南的一个地方。明初时，在这个地方到底有什么事情发生？

《明太祖实录》中记载，洪武四年（1371）九月，明朝在四川境内设置的第一个卫所——成都前卫，就位于这里。成都前卫的具体位置，在成都府府治南边三公里，属于华阳县境内，处在成都东城偏南、紧邻南门且与成都东门不远的地方。

到了清初，明朝在成都设置的前、中、右、后四个卫所的公署，都被废弃。设在华阳县的成都前卫公署虽然不存在了，但建在公署旧址上的前卫街却一直保存了下来。遗憾的是，随着城市的发展，前卫街也从成都地图上消失了。

尽管如此，成都前卫与铁碓臼有什么直接联系仍不清楚。

从字面上理解，碓臼，就是打米机还没出现前用来舂米的碓窝，一般都是用石料做成，很少有用铁做的。难道说，成都前卫所在地的地名叫铁碓臼？这种可能性比较小。

这得把成都前卫驻地的客观环境联系起来解读。

失去人身自由的大夏政权降卒，被集中关押在一个类似集中营的卫所里，成天所见的，不外乎就是军营里的物什。军营里什么东西能给他们造成强烈的视觉冲击和心灵震撼呢？

成都府铁碓臼，真相隐藏在传说中

答案是：明初军队的旌旗。

明朝军队非常看重旌旗，军中旌旗名目繁多，旗杆制作也非常讲究。

旗杆一般用木头做成，杆顶用铁制的枪头套上去；杆底大多制作成葫芦形状，目的是便于插旗。有的旗杆还在底端加套一个铁制的"枪头"。这个"枪头"上大下小，呈圆锥形，很像一个微缩版的碓臼。

用这个"枪头"的好处是，行军时，可以把"枪头"卸下来，便于手拿旗子；扎营时，把"枪头"套上，方便插在地上。

这样的旗杆，是大夏降卒此前从未见到过的，所以给他们的印象非常深刻。

文化水平不高的他们，根据自身生活经历，看到这种铁"枪头"很容易想起春米时用的碓窝（有可能那时

明朝军队插旗杆的石座，形状类似碓臼

不叫碓窝，而叫碓臼），所以形象地将其称为铁碓臼。甚至有可能私下里就把成都前卫军营称为铁碓臼，就像给人取外号一样。

那些大夏降卒在成都前卫集中生活一段时间后，被遣发到四面八方，有的到了山东胶东半岛。多年后，在山东相对稳定的生活中，他们会时常回忆起在成都前卫军营中所见到的一切，尤其是军营中无处不在的军旗以及那一个个微缩的铁碓臼般的"枪头"。

在给后代子孙讲述那段过去的岁月时，他们会情不自禁地用铁碓臼这个通俗而形象的词语来代指成都前卫所在地。于是，后世子孙在回忆先祖来自何处时，就根据口口相传下来的说法，说成是来自"四川成都府铁碓臼"了。

而潜藏在传说背后的历史真相，随着岁月的流逝，反而没有人能说得清楚了。就像湖广填四川移民运动的"后遗症"一样，大家都认为祖先来自湖北麻城孝感乡。

还有一个问题是，为什么山东的川籍移民后裔在说祖源地时，都要把铁碓臼加上去呢？

在一个众多移民聚居的社会中，不同地区、不同省籍的移民后裔，受到不

同的文化心理积淀的影响，在传承祖先记忆、讲述祖先来历时，往往会选择不同的生存策略。

最早进入山东胶东半岛的四川移民家族，凭借迁入时间早、较早融入当地社会，因此能率先在各个领域取得成功，在当地社会中享有较高的威望。对他们而言，认同铁碓臼、认同原乡四川，就等于承认其社会地位。

所以，对成都府以外的其他州县的移民后裔来说，把自己的祖籍与成都府华阳县铁碓臼挂上钩，意味着他们对迁入时间最早、数量最多、社会地位最高的移民前辈的附会和认同。

当然，也不排除有些人的祖先是从成都前卫以外的卫所出发迁徙到胶东半岛的，他们因为没有办法考证先祖的真正籍贯地而随大流盲从。就像湖广填四川中，人们都跟着说是来自湖北麻城孝感乡一样。

这是一种记忆上的彼此混淆、互相影响的结果。

（本文原载于2017年2月19日《华西都市报》
得到移民研究专家、四川社科院研究员陈世松的大力支持）

黄庭坚族裔首次四省市联修族谱

由大邑县实验中学高级教师黄太明主编的《双井衍派滋公黄氏族谱》2018年11月付梓。谱书为大16开本，精装，近六百页，编撰思路新颖，内容丰富厚重，收录资料翔实，是研究湖广填四川移民文化和中国姓氏文化发展史的重要参考资料，也是新时代深入发掘家风、家训和中国传统农耕文化以及耕读传家遗风的民间史料。

中国民间编撰家谱的传统，基本上是局限在某一大姓氏支系或某一地域家族，这部《双井衍派滋公黄氏族谱》打破了这个惯例，以北宋著名文学家黄庭坚族祖之一的黄滋为始祖，记录了黄滋后裔近千年里在四川、贵州、云南和重庆繁衍生息的情况，并由四省市的族裔一起联修族谱。这样的编撰思路，在中国修谱史上较为罕见。

《双井衍派滋公黄氏族谱》封面

内容丰富：从溯源考究到江夏文化

《双井衍派滋公黄氏族谱》内容丰富扎实，共分为序与字派、溯源考究、世系源流、职品与移徙、江夏遗风与江夏文化、其他等六个部分四十七章。

该谱最有特色的，是溯源考究江夏遗风与江夏文化两个部分。

在溯源考究中，一共用了十六章考究黄氏的由来，探究该支黄氏家族从古代黄国到江夏黄氏、金华黄氏、双井黄氏、折棠山黄氏、坎溪黄氏与新塘黄氏、聚溪黄氏与龙塘黄氏，以及在清朝初期湖广填四川移民运动中迁徙入川的黄氏情况等，展现的是该支黄氏家族在历史发展中的迁徙变化历程。

黄太明从2015年春节后开始寻根问祖，先后到贵州、江西等地探寻祖迹，搜集资料，多次组织族人研讨修谱事宜。最终，在族人的大力支持下，首次群策群力编修了这部西南地区的通谱。

研究谱牒文化，谱书的序是重要的参考资料。《双井衍派滋公黄氏族谱》收集的最早谱序，是唐朝贞观十二年（638）由时任宰相、文学家岑文本撰写的《唐贞观修宗谱始作黄氏宗谱序》。

《双井衍派滋公黄氏族谱》一共收集整理了江西、贵州、四川等地老族谱中的五十四篇谱序，涵盖唐、宋、明、清朝，对保存和研究谱牒非常有价值。

对这些谱序，编修者并不仅仅局限于原文照录，而是在有些谱序后特别注明了见解与观点，表达了新时期编修族谱的新思考，符合与时俱进的时代潮流。

家风、家训，是近年来谱牒研究的一大热点。黄氏以"江夏"为标志，其代表的文化之一是孝文化。《二十四孝》中，黄氏占了两席——黄香扇枕温衾、黄庭坚涤亲溺器。《双井衍派滋公黄氏族谱》不仅对江夏古代孝文化进行了阐释，还收录进了从古至今该支族人孝亲的模范事迹。

该谱还收录了不少具有民间特色的资料，如分家合约、字据、票据以及出征抗敌军人家属证明书等。清道光十五年（1835）的一件分家合约中写道，黄士达、黄士益、黄士秀三兄弟因"弟兄在众，人繁难以指持"，经商议，请来族亲作证，把家里的产业分作三股，以"天、地、人"三字为号抓阄而定。抓阄分家定下来后，不得翻悔。为有效约束三兄弟分家后不起争执，合约中还写上了"诅咒"的话："遵约者兴，违约者灭。"

追宗溯源：从江夏黄氏到金华黄氏

万派朝宗江夏黄。作为排名中国姓氏第七位的黄姓，"江夏"是一个古老的郡望和堂号。

战国时，楚国国相、春申君黄歇与魏国信陵君魏无忌、赵国平原君赵胜、齐国孟尝君田文并称为"战国四公子"。楚考烈王熊完（《史记》中记作熊元）即位后，封有恩于他的黄歇为令尹（相当于宰相），赐淮北地十二县，号为春申君。

《上海地名志》等记载，如今上海简称申，即源自受封在这里的黄歇。黄歇对今黄浦江进行治理，造福百姓。人们为纪念黄歇，把这条江改称为春申江或黄浦江，简称申江，奉黄歇为开申之祖。

江苏苏州人更是奉黄歇为城隍，为他立神主（牌位），定期祭祀。2002年9月，在上海申请世博会成功的欢庆晚会上，第一首歌就是《告慰春申君》。

而在黄姓发展史上，黄歇最大的贡献，是将当时的天下黄姓人重新聚集在一起。黄歇受封为相后，流离在各地的黄姓人纷纷向楚国靠拢，聚集在江夏郡（今湖北武汉江夏区）。江夏成为黄姓家族的主要繁衍中心，江夏黄氏是后世很多支系的主干。

东汉时，江夏黄氏最有名气、对后世影响最大，时人誉称"江夏黄氏，天下无双"。如今，天下黄姓人都承认江夏是黄姓的郡望与发祥地，江夏黄氏肇始人是黄香。

黄香留名千古，在于他的孝行。他的主要孝行事迹，《三字经》中有记载："（黄）香九龄，能温席。孝于亲，所当执。"

黄香有八个儿子，最有名气的是黄琼。黄琼前后当过"三公"（司马、司徒、司空），身经四朝，五挂相印，一任帝师，七辞侯爵，是古代黄姓中最杰出的代表人物之一。

黄琼的孙子黄琬，在东汉末年曾任司徒、太尉，后被董卓部将李傕、郭汜杀害。

江夏黄氏从黄香、黄琼到黄琬，声名逐渐兴旺。其中，黄琬任太尉时，是江夏黄氏的全盛时期。黄琬被杀后，后代及族人散迁四方。

隋朝开皇年间（一说东晋初年），黄香后裔黄苾从江夏迁居到婺州金华县（今浙江金华市），成为金华黄氏的开山始祖。

到了唐末，金华黄氏的黄荣（有的谱记作黄萦），有黄洪、黄浩两个儿子，黄洪有黄珌、黄瑕、黄瑶（或黄琰）三个儿子，黄浩有黄琛、黄玘、黄璞、黄琬、黄珍五个儿子，八人因五代时的战乱而分居各地，都有成就，各自衍为一派。

南唐时期，黄玘的儿子黄赡（有的谱记作黄瞻）出任洪州分宁县（今江西修水县）县令。为躲避战乱，黄赡定居在分宁县的山区布甲乡（一说是迢瀼，即今修水县城南区丘湖一带）。

后晋天福四年（939），黄赡将父亲黄玘从金华县迎奉到分宁县养老，并把黄贻、黄赋两个弟弟一起接来定居。黄玘成为后世著名的双井黄氏始祖，开启了双井黄氏的辉煌。

分宁黄氏：从十龙及第到四十八名进士

双井，在黄姓的发展史上具有标志性的意义，在黄姓的多个衍派和支系中都有记载。

所谓双井，就是两口井，即在黄姓人生活的地方，同时开凿两口相距很近的井，并以双井为地名，故而将其族系命名为双井黄氏。

黄荣的八个孙子分衍各地后，都在住地开凿了双井。分宁县双井村（今江西修水县杭口镇双井村），即因黄赡的儿子黄元吉定居此地后因开凿双井而得名。

唐末时，定居在邵武禾坪（今福建邵武市和平镇）的黄峭，有二十一个儿子。后周广顺元年（951），黄峭在八十岁生日宴会上宣布：除三个夫人所生的老大留下侍奉父母外，其他十八个儿子都到各地去开创基业。

其中，黄峭的第二十子黄井，迁居到南丰县（今江西南丰县）龙池乡二十七都双井头，缔造了南丰双井黄氏。

分宁黄氏的后裔中，在清初湖广填四川移民运动中，落籍在今南充市高坪区隆兴乡新桥沟村的黄姓族人，在祖居地西南、西北方向也都开凿有两口井，至今仍在使用。

话说双井黄氏自黄玘来后，逐渐开始兴旺起来。

黄赡的儿子黄元吉弃学经商，成为当地首富。他购置田产，修建府邸，耕读传家，用黄庭坚的话说，就是"长雄一县"。黄元吉为让黄氏家族走出大山，在分宁县一个叫明月湾的地方修建府宅，创建了以黄姓人为主的自然村——双井村，双井黄氏由此而来。

黄赡的另一个儿子黄元绩则因读书刻苦，在宋太祖建隆二年（961）考中南唐政权的进士，成为双井黄氏第一个进士，后来官至吏部侍郎、五城兵马都指挥。

双井黄氏第四世、黄元吉的儿子黄中理，为人深沉有谋略，因在处理公务上出了差错，被判赔巨额损失，卖掉万亩良田，家族一落如洗。幸亏黄中理非常重视家族子弟的教育，在家境败落前开办了樱桃、芝台书院，聘请老师，让黄氏子弟接受到了很好的教育。

在古代，如果家族非常重视教育，文脉一般都会逐渐兴盛起来。黄中理重视教育的成效，迅速在第二代人中体现了出来。

黄中理有黄沔、黄滋、黄湜、黄淳、黄涣五个儿子，他的弟弟黄中雅也有黄灏、黄浹、黄注、黄渭、黄浚五个儿子，十人都考中了进士，被世人誉为"十龙"。

此后，双井黄氏不断有人考中进士，先后创下"十龙"及第、一门三连桂，总共出了四十八个进士，其中五人官至尚书的科举奇迹，成为江西最为著名的望族之一，双井村被誉为"华夏进士第一村"。

黄湜的儿子黄庶，在宋仁宗庆历二年（1042）考中进士，官至康州（今广东德庆县）代理知州。黄庶有六个儿子，在他考中进士后的三年（即庆历五年，1045），他的二儿子，即后来的著名文学家、江西诗派鼻祖、诗书双绝与苏轼齐名的黄庭坚，出生在双井村故里。

辗转迁徙：从江西到贵州再到四川

双井黄氏"十龙"第二"龙"黄滋，就是《双井衍派滋公黄氏族谱》中的始祖。

黄滋二十四岁那年，即天禧五年（1021），考中进士，官至承事郎、翰林院编修。

黄滋有黄庠、黄黉、黄序、黄鬲、黄廌五个儿子，黄序在皇祐五年（1053）考中进士，官至通州（今江苏南通市）通判，后退休回家；黄廌也在皇祐年间考中进士。

黄序的二儿子黄尚文，在北宋大观年间迁徙到瑞州高安县折棠山（今江西高安市相城镇棠山村）。黄尚文有黄溢和黄献才两个儿子，黄溢的孙子黄佑国，进士出身，官至吏部尚书，曾出使金国，"使金不屈，尽节效忠"。

经过数代繁衍，这支黄氏家族在折棠山瓜瓞绵绵，成为高安县的名门望族。

元朝至正十二年（1352），农民军徐寿辉的部下陶九攻占折棠山，黄氏家族"屋宇尽焚，人各逃命"。三百多口人中，最后只有六人归宗复业。

明朝，折棠山黄氏家族再度崛起。其中，黄山在成化二十年（1484）考中进士，官至御史；黄尚恕官至重庆府知府；黄扉初任四川名山县知县，后升任雅州（今四川雅安市）知州。

在至正十二年的灾难中，黄氏家族中的一支辗转迁徙到高安县的坎溪、新塘等地，并在明朝出了多个人才。

明初，经历元末战乱后，湖广人口锐减，朱元璋组织了大规模的江西填湖广移民运动，实行"三丁抽一、五丁抽二"的移民政策。到明朝中后期，移民政策仍在延续，但更多的是江西人自愿迁徙，目的是为了在经济上寻求更大的发展。

在这样的背景下，嘉靖四十三年（1564），坎溪黄氏中的黄正壮，迁徙到隶属湖广的靖州天柱县三图里聚溪寨（今贵州天柱县瓮洞镇聚溪村）。经过数年艰苦打拼，黄正壮购置了五百多亩田产，成为聚溪黄氏开基始祖。

万历年间，应黄正壮的邀请，他的二哥黄正才以及大哥黄正善的儿子黄国儒，举家从高安县新塘迁居到天柱县龙塘寨（今贵州天柱县瓮洞镇岑板村），黄国儒成为龙塘黄氏开基始祖。

黄国儒是秀才出身，曾任潼川县（县治在今四川三台县潼川镇）县丞，后回到龙塘，开办学馆，教家族子弟读书，大兴聚溪、龙塘黄氏家学之风。

清初湖广填四川时，天柱县聚溪、龙塘黄氏家族有一半的族人迁出，散播在今四川、贵州、重庆、云南四省市，但至少有二百人迁徙情况不详。

其中，"国"字辈分为三大族系，主要集中在今四川南充市高坪区、广安市岳池县与武胜县、遂宁市、凉山州雷波县，以及重庆市区及秀山县、云南昭通市永善县等地。

迁入四川的，形成七大聚集区：今南充市高坪区隆兴乡和会龙乡，岳池县天平镇、苟角镇，岳池县镇龙乡、大石乡，武胜县飞龙镇。

黄国儒的孙子黄甲璋等五兄弟及子辈，先后迁徙到顺庆府长乐里五棕棠村（今南充市高坪区隆兴乡新桥沟村），最早到达时间为康熙三十年（1691）冬月十八日。《双井衍派滋公黄氏族谱》主编黄太明，是黄甲璋的第十二世孙。黄太明说，如今，从天柱县迁徙入川的三大族黄姓族人后裔，能联系上的有五千多人。

迁徙到今南充市高坪区隆兴乡新桥沟村的黄氏家族，因最早一批在康熙三十年冬月十八日抵达此地，故每年冬月十八日，成为家族的"祖神会"纪念日。每年的这一天，黄氏家族要举行庆典仪式，用不同的形式开展纪念活动，庆祝先祖胜利迁徙，开始新的生活。1949年后，这一庆祝仪式消失。

2015年清明节，南充市高坪区隆兴乡黄氏族人在中断六十六年后，第一次举行了清明会。

（本文原载于2018年1月28日《华西都市报》）

1999年，大邑牟氏编修《大邑牟氏族谱》

1990年代初，重修家谱热潮传入四川。地处成都西边的大邑县境内的刘、黄、孟等姓氏重修了家谱。1995年，从大邑县志办退休不久的牟家贵（谱名牟志光）再也坐不住了，决定编修《大邑牟氏族谱》。

牟家贵的想法，得到了牟氏族人中不少有识之士的响应。大家凑在一起合计，决定分工去搜集、调查资料。这个繁杂的工作，差不多用了两年时间。1997年，族谱初稿成形。

在初稿的基础上，大家又根据最新的资料进行补充、修改。1998年10月，终于定稿待印。1999年，约三十万字、十一卷的《大邑牟氏族谱》出现在牟氏族人面前。

从编撰体例和内容来看，《大邑牟氏族谱》可谓都是"干货"，体例完善、周全，内容详细、精练。一群凭着满腔热情编撰族谱的"门外汉"，其编撰水平，一点也不输于专业的修谱者。

五年磨一剑，族谱质量有保证

大家决定编修大邑县牟氏族谱后，凭着退休前在县志办工作的功底，牟家贵明确了资料搜集的方向主要包括：查询各个时期的大邑县志中有关牟氏的记载；以清朝光绪六年（1880）木刻本《鹤鸣山牟氏支谱》为蓝本；调查县内尚存的牟氏墓碑碑文记载；走访县内各地牟氏，搜集口传资料及登记现有家庭世系等。

这个工作看起来很简单，实际上却用了两年多时间，个中艰辛难以细说。

1997年，《大邑牟氏族谱》初稿形成。作为主编，牟家贵通阅后，又与参加族谱编修的其他族人聚在一起讨论，该添加的要补充，有问题的地方要继续考证并修改。

这样又耗去了一年时间。1999年，全书印刷体的《大邑牟氏族谱》终于出现在众人面前。从萌发编修族谱念头到成书，牟家贵等人用去了五年时间，可谓是五年磨一剑。

《大邑牟氏族谱》封面做得很用心。底色为白色，大大小小竖排的黄色篆书字铺满封面，在黄色篆书字上，是黑色的《大邑牟氏族谱》书名。封面设计和题字人叫牟家瑞，从大邑县鹤鸣山下牟家碥走出来的书法家，1960年代毕业于重庆医学院医学系。

黄色篆书字全文为："正德尊师。国以善为本，王唯德作田。若敏若勤，子孙其吉；乃文乃武，邦家之光。事有是非，明以智；位无大小，在于勤。和为贵。"一共十二句，四十七字。内页专门用一页郑重说明，这是大邑牟氏族人的族训。这样的族训，新颖而别致，在诸多族谱中，独树一帜。

目录显示，族谱一共分为十一卷。卷首包括前言、说明、总述和大邑牟氏现行字辈情况。第一卷到第八卷，为大邑牟氏十二大支系的世系情况。第九卷是名录，大邑县从明清到1996年较有名气的牟姓人，如科举中的文武生、秀才、举人、进士等，以及现当代党政军中牟姓干部等。第十卷为附录，收录了老谱中的序文、墓志、墓表、铭、记以及现存古墓上的碑文等。

清光绪六年（1880）的《鹤鸣山牟氏支谱》　　　　　　1999年刊行的《大邑牟氏族谱》

先祖麻城人，明初插业鹤鸣山

　　编修族谱，一般来说，范围大都局限在某一支宗族。然后在此基础上，扩大范围，编修乡镇、市县、省市的通谱（通志）。牟家贵等人编修族谱，为什么把目光聚集在大邑全县范围的牟氏呢？

　　编修大邑全县的牟氏族谱，有一个非常好的基础：全县已知的牟氏十二个支系，其户数、人口占大邑牟氏的90%以上。同时，相关的文献资料也证明了一个不容质疑的事实：数百年前，大邑牟氏拥有共同的先祖。

　　清朝同治版《大邑县志》收录了一篇由李惺撰写的《牟氏祠堂记》。

　　李惺（1785-1864），字西沤，今重庆垫江县人，嘉庆二十二年（1817）考中进士，成为翰林院庶吉士（在进士中选有潜质的年轻人，先在翰林院学习一段时间，经考核后，根据表现再任命官职）。历任翰林院检讨、国史馆纂修、文渊阁校理、国子监司业、詹事府左春坊左赞善等职。

道光十五年（1835），李惺以祖母年老为由，辞官返川。先在成都锦江书院主讲二十年，后又在三台、剑阁、眉山、泸州讲学七年。当时有民谣唱道："天下翰林皆弟子，蜀中进士尽门生。"赞誉他在教育事业中的成就和威望。

李惺与大邑牟氏渊源颇深。李惺的祖父李振音，乾隆时考中举人，曾任井研县教谕，葬在大邑鹤鸣山。而鹤鸣山一带，是大邑牟氏的主要聚居地。李惺的侄女嫁给大邑人牟厚庵的长子，由此与牟家结缘。李惺每次为祖父上坟，都要经过由牟静庵、牟厚庵等人修建的牟氏宗祠。

咸丰二年（1852），李惺应邀写成《牟氏祠堂记》，为后世研究大邑牟氏留下了宝贵资料。李惺在《牟氏祠堂记》中写道，四川历来多"兵劫"，元末遭受重创，明末更是"十室九空"。全川要想找出一户从唐宋传下来的人家，"殆不可得"。在明初迁入四川的，都算是"旧家"了。大邑牟氏，先祖是麻城人，但入川始祖的名字及以下都不可考证了，因为多次遭受兵祸，"谱牒久亡矣"。

李惺的话，在《牟廷熏墓表》中得到了证实。

牟廷熏，道光十三年（1833）考中一等补廪（享受国家补贴的秀才），同治元年（1862）举为恩贡。咸丰中叶，大邑附近盗寇四起，牟廷熏带领乡人建立团练自卫，使得县境得以安宁。牟廷熏由此被敕赠为修职郎、国子监典簿等，授职西充县教谕。

《牟廷熏墓表》记载，大邑牟氏，本为同宗，先祖是湖广行中书省黄安府麻城县孝感乡人，明朝初期入川，插业定居在大邑鹤鸣山下的斜江河西畔，后人称此地为牟家营。至于此前大邑有无牟氏、入川牟氏的具体发展情况及世系等，都无法考证了。

根据立于明朝万历到崇祯年间、如今在牟家营后的燕子坡、祖坟沟尚存的牟氏族人墓碑显示，到明嘉靖时期，当地至少有牟文质、牟藻、牟华山三个支系，明末时繁衍到了"应"字辈，有数十人。

但是，明末清初的接连战乱，打乱了牟家营牟氏家族的正常繁衍生息。

明末大逃亡，明朝世系全丢失

崇祯十七年（1644）八月初九日，张献忠攻陷成都，建立大西政权。

同年十月初五日，大西军攻破邛州（今邛崃市），进入大邑县，委任绵州（今绵阳市）秀才叶大宾为邛州牧。叶大宾暗地里是反张献忠的。

第二年，邛州举人刘道贞和川西举人郝孟，先后起兵反抗张献忠，双方在邛州、雅州（今雅安市）一带激战。叶大宾与刘道贞、郝孟等人配合，用计把大西军驻邛州的将领杀掉，击溃三千人的大西军部队，然后带领邛州、大邑、蒲江三地的居民外逃他乡。

就在这两年里，四川又遭遇连年大旱，富饶的川西平原"饥民大逃亡，百里无烟，都江堰淤废"，"人自相食，存万分之一"，眉州、峨眉等地"饿死者无计数"。

在这样残酷的环境下，居住在大邑鹤鸣山牟家营一带的牟氏族人，纷纷携家带口，逃到洪雅县止戈街（今止戈镇）避难。那里，仍处在南明王朝统治范围内，相对安全一些。

此后，四川的局势多变：清军入川，张献忠中箭身亡，瘟疫大流行，张献忠部将刘文秀与南明王朝联手，返川对抗清军，大败吴三桂……

直到清朝顺治十六年（1659），四川战事才暂告平息。外逃的牟氏族人陆续返回故乡，多数人仍居住在故地牟家营，聚族而居，团练自卫。有的则到大邑县西北的出坝河两岸、三元场，县城东外的干溪河畔，王泗营南边的四堰河畔及其上游的杨庵子等地定居。

三百多年来，牟氏族人分支聚族而居，繁衍生息，各自在当地产生了以牟姓冠称的地名，如鹤鸣山下的牟家营、牟家碥、牟巷子，出坝河两岸的牟河碥、牟坪，三元场两侧的牟家山、牟田坝，天宫堂的牟老房子，县城东外的牟家坎，四堰河畔的牟坎坎等。

同时，由于繁衍茂盛，牟氏很快成为大邑境内的同宗大族，历次版本的《大邑县志》中，都收录、记载了大量的牟氏资料。

但是，明末清初的战乱，给牟氏族人带来的伤痛和遗憾是永久的。牟氏族人不仅遗失了所有谱牒，遗忘了明初入川始祖及此后的情况，甚至在清初返乡的族人中，有的连父名都没有记录下来。

所以，《鹤鸣山牟氏支谱》只得把清初返乡的先祖尊为各支系的一世祖。

牟应晓支系，后人发展得最好

清初返乡居住在故地牟家营的牟氏"应"字辈，有包括牟应晓在内的八人，各自繁衍成一大支系，但其中两支后来绝嗣了，只有六支有后世子孙。此外，还有六人返乡后定居在大邑境内的其他地方。

因此，在大邑境内同宗的牟氏族人有十二大支系，传承至今，人口占大邑牟姓的90%以上。牟家贵等人编修的《大邑牟氏族谱》，主要记载了这十二个支系的情况。

如今，这十二大支系的牟氏总人口在一万人左右。

在十二个支系中，以牟应晓的后人发展得最好，出了多个文武人才。

牟应晓的玄孙牟偲一系的发家经历堪称传奇。据说，牟偲在开拓房基时，挖到了一大石缸白银。牟偲用这些白银购置家产，迅速发迹。难能可贵的是，有了钱，牟偲想到的是子孙后代的教育问题。他把独生儿子牟国聘送去读书，牟国聘读书也争气，考取了秀才，后被敕赠为奉直大夫。

牟国聘有六个儿子，除一个早夭外，其余五个都通过读书有了出息，又各自繁衍成五大房人。后世子孙中，秀才、文武举人，知县、知州比比皆是，民间有"牟家出顶子"的说法。

光绪五年（1879），牟应晓的九世孙、举人、曾任大邑县训导的牟毓培，在祖父搜集的资料、父亲手抄成卷的修谱底本基础上，编纂了牟应晓支系的《鹤鸣山牟氏支谱》。

《鹤鸣山牟氏支谱》一共十一卷四本，延请大邑著名学者汪濴作序。光绪六年（1880）刊刻印刷，在族内发行。如今，《鹤鸣山牟氏支谱》只有一套保留下来，成为大邑牟氏族人眼中的珍贵孤品。

1947年，牟应晓的十一世孙，曾任刘成勋、刘文辉、刘湘秘书的牟允文，想编修大范围的牟氏族谱，邀请了川西牟氏各支系的代表二百多人，在成都市区天涯石街开了三天会议，商议清理明朝以来各大支系的世系情况。

牟应晓的十二世孙、大邑县参议员牟家灿为此专程前往洪雅县止戈街，历时一个多月，调查大邑牟氏先祖在明末清初时在当地避难和此后分居各地的情况。

遗憾的是，由于时局动荡，牟家灿不久后又病逝，此事最终搁浅。直到52年后的1999年，此事才由牟家贵等人完成。

自古以来，宗祠、家谱是连接宗族成员之间的纽带。大邑牟氏在清朝修建了多处宗祠，分为总祠、支祠、家祠。

嘉庆年间，牟氏族人在悦来镇的栗子岗东麓修建总祠，供奉明朝可知先祖和清朝各支系已故先祖牌位，被称为公祠或总祠。1958年被拆毁。

道光三十年（1850），牟应晓八世孙、曾任云南寻甸州知州、云南府通判的牟静庵捐资千金，并与堂兄牟厚庵倡议，族人积极响应，在鹤鸣山天柱峰后的大坪山修建了一座牟氏宗祠，建筑宏伟，栋宇齐整，被称为牟氏支祠。

李惺就是为这座宗祠写了《牟氏祠堂记》。1949年后，这座宗祠先后被改作大邑县畜牧场场部和大坪村小学校舍。1980年代中，村小迁走，宗祠房舍被拆毁。

此外，还有其他一些牟氏支祠和家祠，各大宗祠都有产业，收入有专人经管，只供每年举办清明会、冬至会祭祖所用。

（本文原载于2017年7月29日《华西都市报》）

时隔七十年，成都谢氏第四次修谱

"续谱难，寻找族人非常难；续谱易，家族聚会表孝义。续谱忙，从早到晚在编撰；续谱闲，四面八方家族联。续谱慢，每天打印一二篇；续谱快，时间飞逝就六年。续谱亏，编辑族谱要经费；续谱盈，赢得族人来相聚。修谱休言难，万事由人全。既然已选择，心甘又情愿。"2017年10月10日，谢惠祥在成都龙泉驿区十陵的家中为主编的《谢氏族谱》（子越公世系，下同）写"后记"时，发出如此感慨。

谢氏宝树堂成都《谢氏族谱》（第四版）2018年2月印刷面世。拿着这本大16开、四百多页、字数近四十五万字的族谱，谢惠祥长长地舒了一口气：耗时七年，总算完成了一桩心愿。这是成都《谢氏族谱》第四次编修，距离1948年第三次编修已有七十年，"当时年龄最小进入谱书的人，如今都七十多岁了。"

谢惠祥主编的第四版《谢氏族谱》，相比第三版，在体例上有所变动，如将原谱竖排格式改为横排，繁体字改为简体字；原谱中男娶女、女嫁男为

"配""适"，改为"妻""夫"等。同时，他还有所创新：收录族人户名信息，编辑时必须采取谱名和户名同时录入。这对如今编修族谱，具有非常好的借鉴意义。

克服重重困难，历时七年新修族谱

为编修谢氏宝树堂成都《谢氏族谱》（第四版），谢惠祥牵头成立了第四次修谱编委会，他任主任，顾问中有四川省社科院研究员谢桃坊等。

成都谢氏家族，是成都东郊的一大望族，尊奉清康熙五十七年（1718）从广东连平县入川的谢子越为入蜀始祖，字辈为："子上元学，重君益世。芳惠直声，冀永承继。"后又增添十六字字辈："忠贞克绍，祖德昭彰。绵延万代，齐臻嘉祥。"

谢子越入川时，没有携带族谱。同治年间，谢氏家族派人赴连平县抄回族谱，在光绪十一年（1885）第一次编修了成都《谢氏族谱》。此后，又在1920年、1948年再修族谱。

1948年第三次编修族谱的总理（主编）之一，是谢惠祥的曾祖爷（曾祖父）谢益湘（字泽三），时任谢氏家族的族长。谢惠祥说，在他很小的时候，母亲曾对他说过曾祖爷修谱的情况。

那时，谢益湘已年近八十岁，为了修谱，经常到成都东门的牛市口和西门的铁门坎谢家祠等地收集族人的生、卒、葬、子女等信息。

谢益湘出门全靠步行，挎一个用土布缝制的袋子，袋里装着用油布裹着的毛笔、纸张和墨，夏天时还要带一把油布雨伞。有时一出去就是几天，甚至半个月。为了修谱，谢益湘累得吐血。1949年清明节，拿到新修的《谢氏族谱》后，谢益湘便卧床不起。半年多后，谢益湘因病去世。

《谢氏族谱》印刷得较多，没有发完的族谱堆放在谢惠祥家里。后来在"破四旧"运动中，族谱全部被烧毁了。谢惠祥的母亲悄悄地藏了两本在米柜子的底层里，其中一本因潮湿发霉而烂掉，另一本保存完好。正是这一本被保存下来并被视为传家宝的族谱，成为谢惠祥第四次修谱的依据。

1948年编修的《谢氏族谱》（第三版） 谢惠祥供图

谢惠祥主编的《谢氏族谱》（第四版）

从2011年12月到2012年8月，谢惠祥把《谢氏族谱》数字化，全部录入电脑。由于这部《谢氏族谱》全是繁体字，异体字也较多，他专门借来《汉语大字典》，借助放大镜，一一把族谱中的繁体字、异体字全部转化为简体字。

同时，谢惠祥还运用所有手段和方式，千方百计联系族人，收集族人的信息资料，为编修新谱做准备。

在收集信息资料中，谢惠祥遭遇了很多姓氏编修族谱遇到的同样障碍：不被人理解。有的族人误认为他是骗子，是在骗取个人信息；有的族人认为，现在没有修谱的必要了，有的族人拿到《入谱登记表》后就扔在一边，不闻不理。

尽管如此，谢惠祥说，还是有许多族人对他给予了大力支持，让他坚持了下来。终于，在耗时七年多后，他主编修成了《谢氏族谱》（第四版）。

宝树堂和神联，包含着谢氏的辉煌

谢惠祥所在的这支谢氏家族，堂号为宝树堂，这里又有怎样的渊源呢？

谢惠祥考证发现，宝树堂的来历有三种说法。

一是据《晋书·奕子玄传》记载，东晋时，谢氏家族非常鼎盛，满门称贵，在朝廷做官的人很多。为上早朝，官员们天不亮就打着灯笼出发，灯笼上写着自己的姓氏。到了朝堂外，把灯笼挂在树上。

一天早上，皇帝见树上挂满了写着"谢"的灯笼，把树木照得灿烂辉煌，遂称赞道："真宝树也！"由此，谢氏家族就以"宝树"作为堂号。

二是也据《晋书·奕子玄传》记载，在淝水之战中立下赫赫战功，以八万兵力打败号称百万的前秦军队，为东晋赢得几十年和平的谢安，在教育子侄时提问："子弟亦何预人事，而正欲使其佳？"这句话的意思是说，我们做长辈的为什么总要教育自己的子弟，使他们往好的方向发展呢？

谢安这话把大家问住了，没有谁说话。最后，他的侄子谢玄回答说："譬如芝兰玉树，欲使其生于阶庭耳。"谢玄这话的意思是，我们谢家的子弟，好比芝兰玉树，长辈们都想让这些好花萃树栽在自己的庭院里，为家门增添光彩。

谢玄的回答非常得体，让谢安很是高兴。后来，谢玄这一支族人就以"宝树"作为堂号。

三是据《晋书·桓伊传》记载，淝水之战后，谢氏家族因功高盖世，受到有的朝臣嫉妒，遂在孝武帝面前挑拨。孝武帝对谢安有所猜疑，引起包括中郎将桓伊在内的正直人士的不满。

一天，孝武帝宴请包括谢安和桓伊在内的群臣，叫桓伊吹笛子。桓伊吹完，孝武帝又叫他弹古筝。桓伊一边弹古筝，一边唱起一首借古讽谏的《怨歌》："为君既不易，为臣良独难。忠信事不显，乃有见疑患。周旦佐文武，金縢功不利。推心辅王政，二叔反流言。"谢安听了，想到自己的境遇，不禁流下了眼泪，孝武帝的脸上也露出了惭愧的神色。

不久，孝武帝退朝后，突然来到谢安家里，看到谢安家堂前柏树枝叶繁茂，不由得称赞说："宝树也！"孝武帝还亲笔给谢安的宅邸书写"宝树堂"三字。由此，宝树堂成为谢氏家族的一个堂号，也成了谢氏家族的代名词。

在宝树堂谢氏祠堂的神龛上，一般会有这样一副神联："南国介圭延世泽，东山宝树振家声"。这里包含着谢氏家族的多个历史典故。

周宣王时，派舅舅申伯驻守南疆（今河南南阳市），以防御楚国的进攻。申伯在这里建立谢邑（谢国），这就是南国的典故。

介圭，是古玉器名字，即上尖下方的一种大玉，一般为王所有。东汉末年经学大师郑玄在《毛诗笺》中解释说："圭长尺二寸谓之介，非诸侯之圭。"

上联的意思是说，周宣王把介圭赏赐给申伯，希望能世代相传，包含了周宣王对申伯的深情祝福。

东山的典故出自谢安，朝廷曾经多次征召谢安，但谢安总是以身体有病推辞，长期隐居在会稽郡山阴县的东山（今浙江绍兴市上虞区上浦镇东山），与王羲之等人游山玩水，教授谢家子弟。

"东山"也是谢氏的一个堂号，与宝树堂一样。

下联的意思是说，谢氏家族子弟要继承和发扬东山堂、宝树堂的精神，振兴谢氏。

一行八人入川，半途分离竟成永别

在新修族谱中，谢惠祥继续收录了《子越公祠记》一文。

"这是入蜀始祖子越公、上珍公夫妇，肩挑背扛，风餐露宿，翻山越岭，艰辛迁徙，从广东连平县来到四川，几代人艰苦奋斗、顽强拼搏的一部家族历史，我们要让后世子孙知道这段历史。"谢惠祥说，四川先祖的拼搏精神非常令人钦佩，不管是个人，还是家族、国家，都需要这种精神。

明朝初期，居住在江西弋阳县锡洲岛的谢复澈夫妇，带着儿子谢丽宝，辗转来到广东翁源县银梅村夏田湾（今广东连平县陂头镇银梅村）。谢丽宝定居在这里，不久，谢复澈夫妇返回老家。

到清朝初期，谢复澈在连平县的第十二世孙谢子越，得知四川经历战乱后，天府之国沃田良土成为杂草丛生的荒野，朝廷兴起湖广填四川移民运动，他所在的州府也在号召向四川移民。

此时已年届五旬的谢子越，"资质雄伟，性豪迈"，自幼就有远大的志向。只是因为环境所限，一直"壮怀未展，郁郁不自得"。土旷人稀的四川，对谢子越充满了无限的诱惑力。他认为，这正是"豪杰可乘之机会也"，遂动了移民四川的心思。

处理掉家产后，康熙五十七年（1718）正月二十七日，谢子越带着妻子谢凌氏，儿子谢上珍（小名辛贵）及妻子谢黄氏、谢上珠（小名申贵）、谢连贵和侄子谢佛嗣及妻子谢彭氏，一行八人踏上了入川的漫漫征程。

走了大半个月，谢子越一行来到郴州（今湖南郴州市）。又走了二十多天，来到衡州府（今湖南衡阳市）。在这里，谢子越得知，去四川有两条路可走：一是走水路，先乘船到汉口，再坐船顺长江逆流而上，需要半年以上时间，而且花费很大；二是走旱路，翻山进入贵州，再到四川，需要三四个月，可以节约很多费用。

考虑到一行有八个人，吃住花费很大，谢子越与大家商量后，决定走旱路。到了农历三月间，一行人走到宝庆府（今湖南邵阳市）。

有一个非常严重的问题不得不让大家停下来——谢凌氏身体越来越衰弱，每天只能吃一点稀饭，已经走不动了。而这里离四川还远，还要翻越贵州的大山。

民国时期，华阳县青龙嘴老窑沟大坟包谢家祠堂房屋立体图　谢惠祥供图

谢子越不得不做出一个痛苦的决定：让谢上珠和身体本来较差的谢连贵，陪同谢凌氏回老家，自己带着其他人继续前往四川。

这次分别，却成了谢子越夫妻、父子的永远分别。谢连贵回家不久因肺病去世；乾隆四年（1739）三月十四日，谢凌氏在老家去世，享年七十三岁；谢上珠回到广东，子孙传到第四世就绝嗣了。

忍着分离的痛苦，谢子越带着两对小夫妇在四月初进入四川。五月，谢子越一行来到简州（今简阳市），被官府安排在石桥镇西乡坝一带。谢子越买了五亩水田、五亩旱地，搭建了三间茅墙草屋，终于有了一个简陋的落足之地。

谢子越带着谢上珍、谢佛嗣，起早摸黑在田里劳作。谢黄氏、谢彭氏负责做饭、平整院坝，在房前屋后种蔬菜等。

康熙五十九年（1720），谢黄氏生下长子谢德元，标志着移民四川后，谢家生根发芽了。

顺应时代变化，新修谱有不少举措

一晃之间，谢子越一行来到四川已有十年时间。经过大家的辛苦打拼，三间茅草屋变成了五间泥墙茅草房，土地也扩大为水田六十五亩、坡地近三十亩。

雍正六年（1728），由于客家人喜爱同乡而居，遇事相互关照的传统习惯，经过深思熟虑后，谢子越决定买下华阳县青龙嘴老窑沟大坟包（今成都市成华区华林一路与华林二路交会处）葛天奎的一百二十亩田产和一处住宅，再次迁徙。

谢子越这一生做了三次重大决定：响应朝廷号召，迁徙入川；半路上与妻儿分离，坚决继续迁徙；从简州搬家到离大城市成都更近的地方。这三次决定，都直接影响了他和后人的发展，尤其是第三次搬家，现在看来，是一个非常有远见的明智选择，奠定了谢氏家族瓜瓞绵延的坚实基础。

谢佛嗣不愿搬家，谢子越把房屋、土地等折价卖给谢佛嗣，带着全家人进行第二次迁徙，开始了新的创业生活。

农忙时，谢子越在家帮忙做农活；农闲时，他从附近的场镇买粮食，然后挑到成都牛市口去出售，做起了粮食生意。

乾隆三年（1738）四月十四日，劳累一生的谢子越去世，享年七十二岁。

谢上珍继承父业，走上了经商路，不再耕种家里的田地，而是租给了他人。谢上珍与谢黄氏一共生了六个儿子：谢德元、谢福元、谢禄元、谢赓元、谢朝元、谢坤元。谢朝元几岁时因病夭折，其余五个儿子均长大成人，跟随父亲经商，并各自安家立业。

乾隆二十七年（1762）三月二十七日，谢上珍去世，享年七十二岁；乾隆三十四年（1769）九月十四日，谢黄氏去世，享年七十三岁。

嘉庆二十五年（1820），谢德元五兄弟商议，决定把老宅改为谢家祠堂，供奉祖宗神主，春分、冬至祭祀。谢德元五人各自到外面另购土地，开基立业，谢家后人形成五大房，后裔分布在成都府华阳县和成都县，其中不少人住在成都城区里。

谢氏家族人丁兴盛，1948年版《谢氏族谱》登记显示，仅第六世"君"字辈男丁，就有一百九十一人，统计在谱的族人有六千六百多人。如今，谢氏家族已繁衍到第十四世，究竟有多少人？由于各种原因，谢氏族人分散，难以准确统计，估计有上万人。

谢氏家族耕读传家，加上经商，大大改善了家庭经济状况。从第四世"学"字辈开始，就涌现了以读书博取功名的文武人才。《谢氏族谱》（第三版）记载，谢氏家族在清朝有两个举人、七个贡生、二十八个监生、十六个庠生，五个武官、七个文官。

同治年间，成都东山一带的广东、江西移民盛行修谱。谢氏族人也派人回到广东连平县老家，把广东族谱抄回来。光绪十一年（1885），第一次编修的成都府华阳县《谢氏族谱》印刷面世。

谢惠祥主编的《谢氏族谱》（第四版），顺应时代变化，有不少新的举措。

"1950年后，凡有血脉世系的族人，无论男女、家孙外孙、媳妇夫婿等，都可以进入族谱。"谢惠祥说，这是修谱编委会成员一致通过的决定，体现了谢氏家族在新时期与时俱进的观念。

这次编修族谱最大的亮点，莫过于"以谱名为主，户口名为辅"的方式。

谢惠祥说，以前族人是按字辈取谱名，同时还有字、号、官名、军名、医名等，所以容易区分辈分。现在，户籍登记的叫户口名、身份名，便于读书、就业、就医、社会保险等。更多的族人没按字辈取名，也就没有了谱名。

如何体现辈分呢？谢惠祥的办法是：原则上以字辈加户名最后一个字组成谱名；如有兄弟、姐妹户名的最后一个字相同的，则取中间一个字组成谱名；户名如是单字，则直接加字辈组成谱名。比如说，第十二世户名叫谢虎成，这一辈的字辈是"声"，谱名就叫谢声成；户名叫谢建，谱名就叫谢声建。

在编修族谱中，谢惠祥还发现，族人同名现象突出。为示区别，人名后备注了居住地名，这样就容易区分是谁了。谢惠祥说，这种方式，在当今文化与传统文化、城市文化与农村文化碰撞之际，为更好传承中华民族的优秀家族文化、谱牒文化、姓氏文化、名字文化，有十分重要的意义。

（本文原载于2018年5月5日《华西都市报》）

第二编

宗祠宅院

君子将营宫室，先立祠堂于正寝之东。为四龛，以奉先世神主。旁亲之无后者，以其班祔。置祭田、具祭器，主人晨谒于大门之内。出入必告，正至、朔望则参，俗节则献以时食。有事则告。或有水火盗贼，则先救祠堂，迁神主、遗书，次及祭器，然后及家财。易世则改题主，而递迁之。

——南宋·朱熹《家礼》

资阳黄氏宗祠：祠堂藏着族人迁徙密码

在资阳市雁江区丹山镇，只要问起桥沟村五龙井的黄氏宗祠，没有人不知道的。最近几年，慕名前往黄氏宗祠拜谒的外地人络绎不绝，这座有一百五十多年历史、外观保存尚好的省级重点文物保护单位，在新时期被赋予新的慈孝文化、弘扬优秀家风家训的历史使命，焕发出新的生命力。

古宗祠，藏着资阳黄氏迁徙密码

黄氏宗祠距丹山镇约1.5公里，整个宗祠是规整的方形结构，前面是水田，四周与农舍相邻，视野极其开阔。从外观上看，黄氏宗祠重檐牌坊门楼式的大门设计得大方得体，气势恢宏，具有浓厚的客家风格。

大门两边有一副对联："溯江夏山谷传孝名成当体德，仰直卿石斋祀圣庙恒要读书"。再两边的装饰门又有一副对联："留些正气还天地，学个完人对

黄氏宗祠大门　黄勇摄影

祖宗"。两副对联，体现出对族人的殷切希望：耕读传家，孝悌传世，正直做人。如今看来，仍有着积极意义。

门楼"黄氏宗祠"四个大字的上方，是竖写的"江夏遗风"。江夏是黄姓的主要堂号，为此形成了独特的江夏文化。

走进宗祠，是弧顶廊式的骏奔亭，这是以前族人开会议事和教育学习的地方。两边是天井和厢房。再往上走，是安置黄氏祖宗灵位的奉先殿。殿内高大宽敞，房梁均是硬木穿斗式结构，木柱上刻着寓意深刻的对联。其中一副对联是："江夏溯流徽武纬文经百代簪缨归祖德，资阳绵旧泽兰芳桂馥千秋俎豆报宗功"。

这副对联，隐藏着资阳黄氏的迁徙密码。话还得从清初湖广填四川移民运动说起。

黄姓人，明清时有十四支迁入资阳

四川在元末明初、明末清初都发生过连绵战乱，导致田地荒芜，人烟稀少。为迅速恢复四川的经济社会，朱元璋和康熙帝都发起了湖广填四川移民

俯瞰黄氏宗祠 黄龙摄影

运动。

从明朝永乐八年（1410）起，来自湖北、湖南、广东、江西等地的黄扬、黄竹期、黄载岳、黄奇绪、黄彦楚、黄立功等十四支黄氏族人，先后迁入资阳县（今资阳雁江区）境内的金带、丹山、东峰、回龙、中和、祥符、龙潭等地，成为资阳黄氏入川始祖。

这些黄氏族人以孝悌传家，以农耕为本，以诚信待人，以礼教育才。经过数代繁衍生息，黄氏族人在资阳境内发展为一大望族。

由于这些黄氏族人大都是黄峭的后裔，雍正十年（1732），金带的黄扬支族与丹山的黄竹期支族联宗，并拟定了新的二十字五言字辈，由此拉开了资阳境内黄氏族人大联宗的序幕。

资阳境内的黄氏族人，在明清两朝中曾分衍到了外地。据黄淑亮续修的《资阳丹山黄氏族谱》记载，清初，为躲避战乱，住在金带的黄扬第五世孙黄裳，带着弟弟黄里逃到贵州避难。直到康熙二十八年（1689）才返回资阳。黄里从资阳迁到洪雅，后裔如今分布在洪雅县牯牛湾、黄湾、黄河坝等地，成为该地黄氏的始迁祖。

黄裳把大儿子黄长褒留在金带固守祖业后，带着另外五个儿子到丹山落业繁衍。顺治年间，黄扬的后裔黄正清一支族人，从资阳迁到安岳县永康乡黄典沟。巧的是，黄竹期在明朝嘉靖后期从江西南昌府新义县迁入四川时，先住在安岳县永康乡黄典沟，后来子孙才迁到资阳县丹山镇古岩湾。

建宗祠，全县黄姓族人集资修成

作为客家移民，资阳境内的黄氏族人在经过数百年艰难打拼后，逐渐有了一定的财富基础。

鉴于"有族无祠，累代之灵爽无依，举族之精神莫聚"的现状，清同治年间，由资阳籍进士黄瑛倡议，当地有一定影响力的乡绅黄正松、黄正根响应，组织筹建全县的黄氏宗祠，并得到资阳县富商黄世纶、黄世启、黄汝楠、黄世雄等十七人的大力赞助。

经过选择地基，勘定方位，聚集财力，同治五年（1866），黄氏宗祠在丹山镇五龙井动工兴建。三年后，占地约三千平方米，建筑面积一千六百平方米的黄氏宗祠竣工告成。

宗祠建好了，要开展活动和进行维护管理。为此，黄氏宗祠成立了蒸尝会，由黄氏族人选出的族长、房长、族证、监临、总首、值年等具体负责。

不管是活动还是维护管理，都涉及资金问题。宗祠又成立了人丁会，通过"集谷放利"产生利息，或者购买田地招佃收租，或者购买房产出租盈利等，保证了资金来源。

宗祠正常开支还有结余的资金，用来对贫困、孤寡家庭进行适当资助。灾荒时节，把宗祠积蓄的粮食拿出来赈济族人，稳定人心，维持社会秩序。

此外，黄氏宗祠还充分发挥那个时代特有的宗族功能，对族人进行社会化管理。

族人之间发生纠纷、争执，由族长召集相关人员开会，在祠堂里进行调解，用族规宗约评判谁占理，谁亏理。情节轻者，当场批评教育，重的按家法惩处。性质严重的，送到官府追究责任。

尽管家法备受后世诟病，但不可忽视的是，在那个时代通过家法化解矛盾，平息事端，的确为地方治安减轻了不少压力，还是有着一定的积极意义。

逢年过节时，宗祠早早约好戏班子，在祠堂的戏台表演节目，丰富族人的精神生活。清明时节，各支派派出代表参加祭祖活动，共聚一堂，亲情融融。

通过黄氏宗祠对族人的教育、引导，从清朝康熙年间到1930年，仅黄扬的后裔，就出了两个文武举人，国学生十一人，贡生九人，秀才三十人，相当于秀才和贡生的三十一人，事迹载入县志、州志的十五人。

修族谱，四次编修全县联宗排辈

雍正十年（1732），黄扬的后裔黄凤彩第一次编修族谱，召集黄扬与黄竹期的后裔聚会共议，联宗排辈。修成后，因经费困难，族谱没有正式刊刻，只在内部小范围内传播。

光绪八年（1882），丹山镇的黄汝开、黄汝森再次大规模修谱，把资阳各地及安岳、乐至和隆昌的黄姓族人组织起来，溯宗探源，形成共识，大范围联宗排辈。族谱分为上、中、下三卷，刊刻印刷，流传广泛。

1920年到1930年，黄淑亮主笔并联合资中县的黄姓族人续修《资阳丹山镇黄氏族谱》。这部族谱分为天、地、人三卷，篇章栏目齐全，内容丰富，受到广泛赞赏，广泛流传。

同时，黄淑亮还联络黄姓族人在资阳县城设立黄氏同宗总会，在丹山镇设同宗分会，组织资阳各地及资中骝马、乐至中井场、遂宁三家场的黄姓族人，进行了第二次联宗排辈。

在《资阳丹山镇黄氏族谱》中，有数百页的"地集"。主要内容有族规、家法、条章、戒律及铭言，有教人出世入世、立身做人的歌谣、谚语、规则、劝世文，教人立德行善、修身养性的哲理箴言、戒条、要语、铭文、顺口溜，倡导孝行、教人治家固本的戒训、规则、家箴、铭文等。对黄姓族人的思想教育及道德规范，起到了巨大作用。

1997年，黄古岩以1930年编修的《资阳丹山镇黄氏族谱》为基础，重修了《黄氏族谱》。

保宗祠，成为省级重点文物保护单位

1949年后，黄氏宗祠先后被当时的资阳县丹山区五龙乡政府、五龙乡粮站、五龙乡小学征用。

2001年，五龙乡小学因迁新校搬出宗祠，准备卖给私人拆除。当地以黄廷杰为首的黄姓族人认为，老祖宗传下来的这么一座宏伟的古典建筑，具有重要的人文和旅游价值，要是被拆除，实在太可惜了。

他们查阅相关历史档案发现，宗祠在产权上，既没有被没收，也没有作为庙宇、教堂等收归国有，这让他们看到了希望。黄姓族人通过合法正当的程序，积极向镇、区政府和有关部门反映，希望按国家有关规定，对宗祠进行保护和利用，而不应拆毁。

黄姓族人良好的文物保护意识，引起有关部门的高度重视。经多方调解和协商，黄氏宗祠以"文物遗产"的身份回归黄姓族人。

回归黄姓族人管理的宗祠，已经损毁严重。因年久失修，宗祠部分墙壁坍塌，屋顶漏雨，精美的石刻被水泥填平，古戏台、奉先殿上的格棱花窗门及祠内木雕等被捣毁，地面坑洼不平，大门前的牌坊门楼色彩褪尽。

为维修祠堂，黄姓族人成立了黄氏宗祠维修理事会，一方面组织各地族人捐款捐物，另一方面搜集整理宗祠原始资料，制定修复方案，恢复部分文物、进行维修等，使得宗祠焕然一新。

黄姓族人还在宗祠开展新春祭祖活动。

2002年正月初六，黄氏宗祠召开第一届新春祭祖会，参会代表有一千多人。此后，每年的这一天，是黄氏宗祠雷打不动的新春祭祖会，吸引了越来越多的在外地生活的黄氏族人回来寻根问祖，共叙亲情。

在新春祭祖会的基础上，黄氏族人还应新形势的要求，积极把宗祠打造为慈孝文化基地，以全新的解读构建健康向上的慈孝文化。

2012年7月16日，黄氏宗祠成为四川省重点文物保护单位。

（本文原载于2016年4月24日《华西都市报》）

新都刘氏宗祠：鼓励子孙读书，先祖立毒誓

成都市新都区斑竹园镇三河村一个叫萧家碾的地方，在周围充满川西特色的各式楼房小院中，有一座红柱、白墙、青瓦的老式建筑——刘氏宗祠。两百多年来，它像一位饱经风霜的老人，静静地坐在那里，看着眼前身后风云变幻。

2016年7月15日，在成都市政府公布的第六批"成都市历史建筑保护名录"中，刘氏宗祠位列其中。在成都区县中，刘氏宗祠是目前为数极少、保存最为完整的宗祠之一，是四川传统祠堂建筑的典型代表之一。

作为"湖广填四川"移民运动的见证，刘氏宗祠为研究客家移民文化、宗族文化提供了很好的样本。在刘氏宗祠中，刘氏先祖为鼓励后世子孙读书，在宗祠里以对联的方式立下毒誓，让人感慨万千。

刘氏宗祠大门　黄勇摄影

刘氏宗祠祭祖大厅　黄勇摄影

刘氏宗祠：庭院建筑，川西风格

刘氏宗祠是传统的中国庭院式建筑，以中轴线布局，讲究方正，由一正、两厢、一下房组成"四合头"房，院内、屋后有通风天井，形成良好的穿堂风，用檐廊或柱廊联系各个房间。

现存的祠堂格局只有一个天井。当地刘姓人说，祠堂最初大得多，左右两边还各有一个天井和数间厢房。在祠堂左右两边，如今还保存有房屋的遗迹，残木破瓦堆砌在一边。

天井地面，用细小均匀的鹅卵石铺成，中间用瓦片围成一个圆圈，圈中用瓦片勾勒出一只鹿子的形状。图案是祠堂建成时就有的，每次维修祠堂，都没有动过。

祠堂房屋是穿斗式木结构，墙体用篾笆夹杂泥土筑就，屋顶用青瓦坡式处理，解决了川西地区多雨的屋面排水问题。

外墙以白色为基础色调，门窗浅褐色，廊柱枣红色，色调搭配清新而淡雅。

祠堂另一个建筑特征是川西民居"长出檐"，从大门房檐到过厅，到中堂，再到祭祖大厅，屋檐都支出一大截。这样的设计主要是利于排水。川西多雨，屋檐伸出去越长，雨水洒落得更远，就不会淋在墙上，浸湿墙体。

祠堂内每间房屋的屋檐相连，在屋檐下形成了一条条内廊道。内廊道将每一间屋子连在一起，下雨时可以由此通过，不用从天井穿过淋雨，有"下雨天走遍全院不湿鞋"的说法。

刘氏渊源：出自尧帝，刘备后裔

刘氏宗祠祭祖大厅供奉着刘氏历代始祖高曾祖牌位，正中墙上挂着"渊源黎杖"匾额，左右对联是："始自陶唐开世系，继从石壁发源流"。里面藏着这支刘氏家族的迁徙历史。

1924年编修的萧家碾《刘氏族谱》记载，刘氏先祖出自尧帝陶唐氏，尧帝第九个儿子源明，受封在刘地，是为刘氏。传到第七十五世，就是汉高祖刘邦。

刘邦的孙子汉景帝刘启，在公元前154年，封他的第八个儿子刘胜为中山靖王，封地在今河北定州市，郡望为彭城（今江苏徐州市），后世以"彭城"为堂号。

广东兴宁县《刘氏族谱》中说，三国蜀汉政权建立者刘备，是刘胜的后裔。唐僖宗乾符年间，刘备二儿子刘永的后裔、翰林学士、观察使刘天锡，弃官奉父刘祥避乱到福建汀州府宁化县（今福建宁化县）石壁洞，发展成为当地一大望族。

南宋嘉定年间，河南宣抚使刘龙第七个儿子刘开七，字必高，号慎七、三郎，因出任广东潮州府都统制（潮州总镇），家人跟随从宁化县石壁村迁到潮州，后又落业在梅州程乡县（今广东梅县）。

广东嘉应州兴宁县黄彦章聚众叛乱，刘开七奉命带兵征讨，不幸阵亡，被后世尊为由闽入粤始祖。

刘开七只有一个儿子刘广传，字弁，号清淑，端平二年（1235）考中进士，出任江西赣州府瑞金县知县，筑城建学、平寇有功，深受当地人拥戴。景炎二年（1277）年底，元军攻陷江西，刘广传以身殉国。

刘广传有马氏、杨氏两个夫人，马氏生了九个儿子、杨氏生了五个儿子，十四个儿子繁衍出十四房人，人称"一脉宏开十四房"，也叫"二七男儿"，分派在各府州县，成为各支刘姓始祖。

这支刘氏是构成世界刘氏主体的一大支派，是世界刘氏最重要、最庞大的宗族。

刘广传的子孙中，有多人曾在四川为官：三儿子刘巨洲，官至成都府内江县知县；七儿子刘巨波，官至四川学政；刘巨波的三儿子刘登国，官至重庆府知府等。

清朝康熙五十八年（1719），住在广东兴宁县梓皋（今广东兴宁市水口镇）井下村的刘广传第八个儿子刘巨涟的裔孙刘中和，时年二十八岁，"腹裕诗书，显扬念切"，响应湖广填四川移民运动，与妻子廖氏商量，决定移民入川。

入川始祖：勤俭持家，百岁而终

入川路途遥远，刘中和卖掉所有家当，加上此前的积蓄，凑了一千文钱路费。临走时，又做了六个糟鹅蛋揣在身上。当时刘中和的儿子刘士俊才六岁，一家三口踏上了入川的旅途。

一家三口如果仅靠那点路费，是根本没法走到四川的。为此，年轻力壮的刘中和，帮着他人肩挑背扛，沿途打短工，换取一家人的生活费。廖氏则挑着一家人的行李跟在后面。

一路艰辛，终于到了四川，暂居在成都府新都县弥牟镇八阵图。刘中和从广东带来的一千文钱路费一分钱都没用，糟鹅蛋还有三个半。刘中和用路费买了数亩地，开始了在四川的新生活。

数年后，刘中和的日子过得殷实起来，把家正式安置在了今新都区斑竹园镇三河村萧家碾，此前在八阵图购置的产业，送给了族人。

在四川的殷实富足日子一天天过去，儿女也长大成人，刘中和的心情却怎么也高兴不起来，他想老家了。

一天，他对妻子说："人都有祖、有父，就像木有本、水有源一样。现在家里衣食无忧，我想回老家把祖父和父亲的骨骸背到四川来安葬，你看咋样？"廖氏极力赞成，还说，如果不这样做的话，今后咋个教育子孙后代呢？

刘中和两次回到广东兴宁老家，先后把祖父刘嘉谟、父亲刘其逸的骨骸背到四川安葬。

刘中和做完这些事情后，还有一桩事情未了：修祠堂。他和几个也迁徙到四川来的弟弟商量，大家集资在萧家碾修建刘氏宗祠。

修建祠堂是一个巨大的工程，前后用了五年多时间。乾隆五十五年（1790），刘中和一百岁生日那天，刘氏宗祠完工。

双喜临门，各地亲朋好友都前来庆祝。当天，天气晴朗，宾客济济一堂，大家聚谈畅饮，好不高兴。宴席刚完，突然下起大雨，亲朋好友没有一人离去。临近傍晚，刘中和穿戴整齐，坐在中堂，说了几句话后，合上眼睛，安然而去。

刘中和的故事，在1924年修撰的萧家碾《刘氏族谱》中，由刘中和裔孙刘作夔撰写在《入川第一世始祖讳中和事略》里。刘作夔在文中最后写道："族亲齐集送老，非福德兼隆，能若是乎！"

跟随刘中和一起入川的儿子刘士俊，号杰夫，赠封为修职郎（文职封赠散官，正八品），妻子巫氏，生有刘安栋、刘安国、刘安全（字美廷）三个儿子。

刘士俊夫妇去世后，合葬在一起，如今墓葬和墓碑仍保存完好，当地人称"双碑"。刘士俊夫妇的墓地离祠堂不远。墓地被堆砌成一个小土丘，四周栽满柏树，郁郁葱葱，高大茂密，隔得很远都能一眼看到。

两块墓碑由刘氏后人在近年重新培修，四周砌以白色条块瓷砖，墓碑更显庄严肃穆。

刘氏美谈：陈氏事迹，葆贞完孝

宗祠祭祖大厅门上方，有一块"葆贞完孝"匾额，这里又有着怎样的故事呢？《刘氏族谱》中有一篇《节孝刘母陈太孺人传略》，记载了这块匾额的来历。

话说刘安国成年后，娶了陈氏为妻。这个陈氏可不是一般的乡村女子，她"幼娴姆训，长习女史"，不仅自幼受到良好的家庭教育，而且知书达理，对古代贞洁孝妇的故事更是熟悉。

嫁给刘安国后，陈氏操持家务，孝敬父母，极力鼓励刘安国读书博取功名，"尤为罕闻罕见"。陈氏一针见血地指出刘安国的问题所在："你现在还没有考取功名，是因为你读书没有一颗恒心。"

陈氏还对刘安国读书制定了要求，每天要读多少篇书，写多少页字，如此坚持下去，一定会有收效的。刘安国听从了陈氏的建议，照着去做。

没过几年，刘安国参加府试（由当地知府主持的考试），考中第一名，取得童生资格。有了童生资格，就可以参加由省里的提督学政（相当于教育厅厅长）主持的院试，考中了就是秀才。

遗憾的是，刘安国重病不起了。《新繁县志》中记载，刘安国临终前对陈

祭祖大厅门上方的"葆贞完孝"匾额　黄勇摄影

氏说："我得了重病，没有办法。你现在有了身孕，如果有幸生个儿子，我死也瞑目了。"刘安国死后五个月，陈氏果然生了个儿子，取名刘子凤。

此后，陈氏立誓不嫁，苦守贞洁，抚育儿子刘子凤。在刘安全的帮助下，家里的田土"由窄而宽，银钱则由少而多"。陈氏辛勤操持家务，一家五世同堂，子贤孙孝，个个都有出息。

陈氏的事迹闻名乡里，当地政府为陈氏赠送"葆贞完孝"匾额以示旌表。陈氏非常高寿，活到了九十六岁。

刘氏家训：耕读传家，立下毒誓

刘氏宗祠祭祖大厅里，有一副特别的对联："违誓命定遭瘟疫，顺条规必获祯祥"。

一般来说，宗祠里的对联，都以吉祥和祝福传示族人，这个刘氏宗祠为何会出现"遭瘟疫"这种类似诅咒的对联？这副对联正是刘氏宗祠最为独特的地方，看似在"诅咒"，其实饱含着刘氏先辈对后世裔孙的鼓励和希冀。

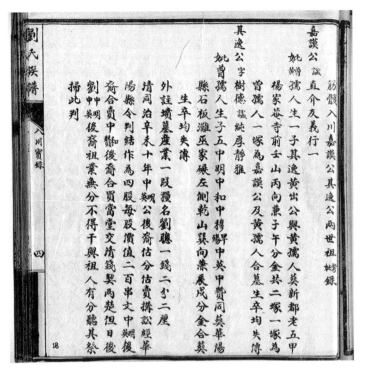

刘氏家族保存的老族谱

　　《刘氏族谱》中的《美公兴设书香会原序并法戒对联各一首》，记载了这副对联的由来。

　　入川始祖刘中和从广东迁到四川以来，一向以"耕读"为家训，"耕以立其基，读以要其成"。到刘安全这一代，入川刘氏已有一百多年，经济上比较富庶，其间出了一些读书人。

　　为鼓励更多后人愿意读书、喜欢读书、认真读书，博取更多、更大的功名，刘安全特别叮嘱四个儿子，一定要把"耕读传家"的祖训传承下去。为此，道光十四年（1834）五月初七日，刘安全设立书香会，拟定管理书香会的条规，为书香会考虑了经济来源。

　　他把早年购置的二十四亩田地、十一间瓦房等的收入作为基金，以供每年宗祠祭祀、奖励族人之用。对用心读书的后人，用基金进行奖励，让他更加勤奋；没有得到奖励的，也会因此而努力读书。

刘安全希望书香会能"上不负祖宗培植之遗意，下不没我一人作育之苦心"。

为防备子孙废止书香会，走上歪门邪道，刘安全"祝天地，告祖宗"，立下誓言：如果后世子孙中，有人要把书香会的田产、资金擅自分拆出售或瞒混，破坏条规，一定要"遭恶疾而速亡"。换句话说，就是不得好死。不过，这个"报应"只对其人有效，不涉及他的子孙。

对用心栽培后人读书，力求上进的，就用基金奖励他。虽然未来前程不知道，但其立志读书求取功名的志向非常值得鼓励。

刘安全说，希望后世子孙各自振兴，把这个条规永远奉为箴铭。由此，他制定了这副独特的对联。

因为耕读传家，重视教育，这支刘氏先后出了知县、道府、大夫、提学、都运、按察、将军等文武官员，当代也在党政、科教文卫等方面出了不少人才。

如今，刘氏宗祠每年都要举行清明会，并与广东祖地建立起了联系，川粤刘氏往来密切，共话千年血脉深情。

（本文原载于2016年11月19日《华西都市报》）

青白江刘家老屋：两百年老祠堂是座土墙房

成都市青白江区龙王镇梁湾村一个叫牟池塔的地方，有一座独特的川西民间建筑——刘家祠堂，当地人叫它刘家老屋，是目前成都周边区县保存比较完好的老祠堂之一。

之所以说它独特，是因为一般的老祠堂大都是木柱式结构、篱笆墙或砖墙，而这座刘家祠堂是土夯墙结构。所以，从外观看起来，它更像是一座普通的旧式川西民居。

走进刘家祠堂，一股古朴简雅之风迎面而来。时光回溯两百多年的历史，诉说这支刘氏家族的故事。

土夯墙的祠堂，给人许多意外

刘家祠堂的独特之处很多，最让人感到意外的是，这个祠堂横跨梁湾村两个组。

当地刘姓人介绍，当初在行政区划的时候，梁湾

刘家祠堂大门 刘峰廷供图

村七组和十二组把刘家祠堂从正厅到大门各分了一半，刘家祠堂横跨了两个组。正因为如此，这座祠堂才非常"幸运"地得以保存下来。

刘家祠堂建筑面积近一千二百平方米，由上、中、下三堂构成，有三十六个房间、四个天井。原来祠堂前有一口池塘，后来填上做了菜地，如今被平整为水泥板坝子，为族人开展祭祖活动提供了较为宽阔的场地。

四川很多现存的老祠堂墙体，要么是砖石，要么是木柱结构、竹篱笆抹泥墙，而这座刘家祠堂是土夯墙。

所谓土夯墙，也叫版筑墙，传说是傅氏始祖傅说发明的。《孟子·告子下》说："舜发于畎亩之中，傅说举于版筑之间，胶鬲举于鱼盐之中，管夷吾举于士，孙叔敖举于海，百里奚举于市。"

版筑墙是用特制的造墙木版固定在地基上，用竹条横穿其中，起到现在的钢筋作用，把富有黏性的泥土填充进去，用特制的木杵把泥土捣实成墙。然后再在筑好的泥墙上固定木版，继续填土捣实。如此一层一层地往上筑，就筑成了土墙。以前的四川民居，大都是这样的土墙。

刘家祠堂的土夯墙分为两部分：下面用沙石、泥土、糯米浆混合夯实而成，相当于如今农村修砖房时下

刘家祠堂的土夯墙 刘峰廷供图

面用石头砌成的墙。这种墙体结实耐用，能承受较大的重量；上面是用未经烧化的土砖砌成。

一般农村的土夯墙，由于长期受风吹雨淋，寿命不是很长。而刘家祠堂的土夯墙，却在风雨中保存了两百多年，如今墙体仍非常结实，超过了城市中的绝大多数建筑，不能不说是一大奇迹。

祠堂的屋顶是木构顶，为独特的穿榫结构，具有抗震性强的特点。

如果就此而已，这个祠堂似乎显得很为寻常。但祠堂总是不断给人以惊喜，当初的建造者在一些细节上花了很多心思。

木质窗棂镂空雕花自然不必多说，在挑梁枕木上，却显现出不一般的审美情趣。如正门的挑梁雕了一双木质狮子，刀法简单，却栩栩如生；正门的背挑梁枕木雕的是一双木质莲花等。这些，都给祠堂平添了许多古意。

屋顶盖的是小青瓦，这也是川西民居的一大特色。

祠堂还有一大特色是，排水功能齐全，至今排水性能完好。天井的漏引在中堂呈龙形，中间有两个沉沙池，便于清淘。即使下再大的雨，祠堂也不会积水。

老父一个决定，四个兄弟入川

据刘氏家谱记载，这支刘氏族人，因位于青白江区龙王镇，俗称龙王刘氏，奉刘文聪为始祖。

刘家祠堂正堂 刘峰廷供图

刘文聪，名振先，讳从文，字伯元，号文聪，生活在元朝，本是广东嘉应州程乡县龙牙村（今广东梅县隆文镇岩前村）人。

刘文聪官授千总，与夫人李氏生有刘胜祖。明朝洪武元年（1368），刘文聪去世。

至于刘文聪是战死还是病逝，家谱中没有详细记载。

战乱中，李氏带着幼小的儿子刘胜祖，跟随哥哥（或弟弟）李荣启，流落到兴宁县梓皋井下（今广东兴宁县水口镇井下村）。由此开创了井下刘氏一脉，后世蕃衍到海内外，尊奉刘文聪为始祖。

井下刘氏传到刘文聪第十一世刘茂成时，已是清朝初期。刘茂成和夫人廖氏有刘西璧、刘西琳、刘西琏、刘西珍、刘西琼五个儿子。其中，刘西珍排行老四，生于康熙二十年（1681）。

刘西珍三十岁那年，湖广填四川移民运动正如火如荼进行。刘茂成考虑到五个儿子都蜗居在老家，发展前途不大，还不如让他们响应朝廷号召，到四川去寻找新的家园。

于是，刘茂成召集五个儿子商议决定，老二刘西琳留下来奉养父母，刘西珍等4兄弟带着各自的家人前往四川。

父命难违，刘西珍四兄弟泪别父母，收拾家当，择日启程。一路艰辛不用多说，四兄弟辗转到了隆邑（今隆昌市）一个叫黄果树的地方落业。雍正七年（1729），刘西珍又迁居到成都府简州黄土场（今龙泉驿区黄土镇）。

刘西珍四兄弟入川后两年，刘茂成去世。乾隆四年（1739），刘西璧等返回广东老家祭祖，把父母的骨骸背到四川。刘茂成安葬在今龙泉驿区黄土镇大同村三组，至今墓仍在，廖氏则葬在隆昌。

更为重要的是，刘西璧等人带回了老家的族谱，使得在川的刘氏后人得以留传至今，不至于像现在很多四川人那样，茫然不知祖源何地。

乾隆十年（1745），劳累一生的刘西珍去世，享年六十五岁，葬在成都府简州深沟子自业塘尾鹤子地（今龙泉驿区黄土镇大同村三组）。因后世子孙做官的原因，刘西珍被勅赠为奉政大夫，谥号勤创。

刘西珍的夫人曾氏，也是广东兴宁县人。嫁给刘西珍后，勤劳持家，贤惠豁达。跟随入川后，曾氏在新的家园更是勤勤恳恳，无怨无悔。乾隆三十三年（1768），八十六岁的曾氏去世。后被诰赠为宜人（清朝五品官的妻、母封号），谥号勤慈。

刘西珍的孙子刘耀龙修祠堂

刘西珍和曾氏有刘特俊、刘升俊、刘公俊、刘仕俊、刘伯俊、刘启俊六个儿子。

其中，老幺刘启俊号醇毅，与夫人李氏生有刘见龙、刘祥龙、刘昌龙、刘毓龙、刘耀龙、刘达龙六个儿子。

刘耀龙，就是修建刘家祠堂的人。刘耀龙生于乾隆三十五年（1770），嘉庆二十三年（1818）迁到成都府金堂县上元乡（今青白江区龙王镇梁湾村）牟池塔。刘耀龙头脑灵活，善于经营，家境很快殷实起来。

当时的人很讲究耕读传家、孝义仁慈，其中，修建祠堂以祭祀先祖、教育后代是重要的体现。大凡移民后裔富庶起来后，第一件事情就是在新家园修建祠堂、编修家谱，以示不忘祖源、不忘根本。

刘耀龙也不例外。在嘉庆二十三年迁居到新家的同时，他主持修建了这座刘家祠堂。

刘毓龙的头脑不亚于五弟刘耀龙，天生就是一个做生意的料。二十多岁时，他帮助二哥刘祥龙"竖造置业"。同时，自己也经营有方，积下不少财富。

乾隆五十一年（1786），刘毓龙在华阳县仁和场（今新都区石板滩镇）修造房屋，同年迁居到石板滩镇，买下当地一个晋姓人的产业，"营谋生意"。

五年后，他的生意越做越大，开设了粉房。嘉庆元年（1796），他又修筑烧房，第二年购置田地一百多亩。嘉庆十年（1805），刘毓龙迁居到刘耀龙住的地方，与刘耀龙相邻而居。道光九年（1829），六十七岁的刘毓龙去世。

刘西珍的六个儿子分别繁衍成六大房人。六个儿子又生了二十五个儿子，个个精明能干，因系"龙"字辈，时人称之为"二十五条龙"。"二十五条龙"总共有一百〇三个儿子。

从刘西珍开始，仅仅四代人，家族就繁衍昌盛到了如此地步，还没包括其中的女子。

刘西珍第五世，出了两大人物

刘氏族人以"耕读为本，诗礼传家"，到刘西珍第五世时，族人中出了两个有名的人物。

第一个叫刘时中，字友竹，号凤鸣、笔山，同治九年（1870）参加乡试，考中举人。

那时，考中举人意味着可以为官了。刘时中最初出任知县，后来升任西昌府知府。

刘时中官至云南琅盐井提举司提举，掌管盐井政务，直接督察所属盐井的产销事务。这个职务属于文职五品官衔，相当于盐务管理局局长。古时对盐的管理非常严格，盐务官员地位很重要。

刘时中在世期间，对刘氏家族做了一件影响悠远的事情：咸丰八年

（1858），他为入川始祖刘西珍的墓立了一块碑。

另一个人物叫刘仙中，名凤图，号堂瑞，国学文学生出身。

同治元年（1862），刘仙中时任（龙泉驿）西平镇总保正，相当于是西平镇镇长。那一年，新都新店子（今新都区泰兴镇）的兰天顺带人起来作乱，刘仙中奉命带领两百多乡勇前去平乱。

刘仙中与兰天顺的人大战三次，兰天顺的人不敌败退。刘仙中带领众人穷追不舍，兰天顺的人四散逃窜，遁入田野。正在此时，兰天顺的援兵赶来，双方再次交战。

刘仙中奋力战斗十多个回合后，终因力竭，被砍下马来。

兰天顺的人把刘仙中首级割下带走。事后，众人四处寻找都找不到，只得把刘仙中的遗体抬到新都石板滩镇。众人商量后，给刘仙中做了一个"面脑壳"接上遗体，装进棺材，送回老家安葬。

因刘仙中是为地方安宁而牺牲的，成都府在石板滩镇的火神庙里，给他设置了神位，享受民间香火。石板滩镇火神庙始建于清朝乾隆五十九年（1794），位于该镇和平街二十八号，距离西江河石桥不到一百米，如今已不复存在，临街的庙堂成为商业经营的门市。

同治七年（1868），刘仙中的事迹上报到朝廷，朝廷诏封他为云骑尉（清朝的武散官，没有实职，享受待遇，为正五品官衔，每年可享受俸禄白银八十五两），世袭十二代。

秉承耕读传家，曾经开办私塾

刘家祠堂目前还保存有光绪年间的刘玉瑞和夫人古氏的画像，极为珍贵。只有祠堂开展祭祀活动或遇到族人有红白喜事的时候，才请出来供奉在祭祖正堂，供族人瞻仰、祭祀。

因刘氏族人历代人才辈出，受到奉赠的匾额众多。但如今只剩三块：祭祖正堂的"禄阁长辉"、中厅正面的"坤维正气"和中厅背面的"旌表节孝"。其中，中厅的两块匾额，是赠给古氏的。

刘氏家族一向秉承耕读传家的家风。1920年左右，刘氏族人在距离祠堂五百米的刘家院子（如今已毁）开办私塾，由刘氏家族中一个饱学之士担任老师，学生都是刘氏家族的子弟。

维持私塾运转的经费，来源于祠堂的蒸尝款项，相当于是祠堂基金。读书的刘氏子弟家，也要出一部分学费。这个私塾一直开办到1950年代才关闭，为刘氏家族培养了不少读书人。

2016年12月18日，刘家祠堂举行冬至祭祖活动，又称冬至会，是为纪念刘文聪而设立的。以前定在每年冬月二十二日，祭祀地点在龙泉驿区黄土镇永丰村的刘氏文聪公祠。但那个祠堂已经不存在了，祭祀活动也中止了六十多年。

2016年，刘氏族人商议，决定在龙王镇的祠堂恢复冬至会，并确定在冬月二十日（12月18日）举行。当天，刘西珍的后裔一百一十多人从各地赶到刘家祠堂，在刘氏始高曾祖考妣神位前，致告于天地神祇、日月星辰暨刘氏列祖列宗。祭祀活动结束后，大家相聚一堂，把酒叙亲情，其乐融融。

经过三百多年的繁衍生息，刘西珍的后裔人口已达数万人，主要分布在成都周边区县的黄土、龙王、木兰、泰兴、三河、石板滩、斑竹园、新民、新繁、大丰、龙桥、石羊场、洛带、大面、西河、洪安、龙潭、圣灯、白沙、兴龙、濛阳和新都、青白江、成都城区及东山各乡镇乃至全国，有的还移居到了海外。

（本文原载于2016年12月25日《华西都市报》）

龙泉驿刘氏宗元祠：家训家风融在字辈中

2017年3月7日上午，位于成都市龙泉驿区洪安镇化工新村二十组的刘氏宗元祠热闹非凡，来自成都、双流、郫都、金堂、青白江、新都、宜宾、绵阳以及龙泉驿洪安镇、柏合镇、洛带镇宝胜村等地的近三百名刘氏族人聚集一堂，举行一年一度的清明祭祖扫墓会。

三百多年来，这支刘氏家族已繁衍近万人。1938年，刘氏族人确定了每年春分日为家族扫墓祭祀拜祖联谊日，风雨无阻，并启用清朝时扫墓祭祀拜祖的传统风俗文化礼仪。1950年代后中止。1981年，恢复扫墓祭祀拜祖活动，时间定在每年农历二月初十日。

刘德忠至今还记得，在他小时候，刘家祠堂还是一个前有水塘、花园，有二百多个房间的大院子，如今只剩下祠堂上、中、下厅堂及左边部分房屋相对较好。"每一座祠堂，都是一部浓缩的家族史。"刘德忠说。

这支刘氏家族沿用至今的字辈有二十字，刘德忠解读说，字辈中包含了"崇文重教、重德树志"的家训、家风和家规。

三百多年前，刘氏先祖入川

这支刘氏家族的老族谱表明，他们的先祖与成都市新都区斑竹园镇三河村萧家碾刘氏，都属于广东刘开七的后裔。

康熙三十三年（1694），湖广填四川移民运动开始。

十五年后的康熙四十八年（1709），住在梅州的刘开七后裔刘运先、刘运开、刘运昌三兄弟响应朝廷号召，举家入川。刘运先落业在简州义七甲火烧桥附近（今成都市龙泉驿区洪安镇化工新村），刘运开落业在金堂县，刘运昌待了一年后，返回广东老家。遗憾的是，直到现在，刘运先的后裔都联系不上刘运开、刘运昌的后裔。

刘运先的家境应该是比较殷实的，入川当年，他就修建了刘氏宗祠。刘氏宗祠的建立，表明了刘运先立志扎根四川、开创新家园的决心，同时也是开宗立派的一大标志。

"川二代"刘宗元修建宗祠

刘运先入川后六年的康熙五十四年（1715），儿子刘忠元出生了。

刘忠元，又名刘宗元（其后裔习称为宗元公。以下以刘宗元行文），属于土生土长的四川人，可谓是"川二代"。

刘宗元是刘运先唯一的儿子，天资聪颖，加上家境不错，在"耕读传家"的古训下，自幼受到诗书的熏陶。

刘氏老族谱记载，刘宗元读书勤奋，以刘澜的名字参加乡试。发榜那天，刘澜的名字出现在榜上——他考中了举人。有了举人身份，意味着可以做官了。

乾隆二十五年（1760），刘宗元被派到内江（今内江市）做官。刘氏族谱中说"官授内江府文林郎"，这种说法是比较模糊的。文林郎不是掌握实权的官职，而是散官。散官是用来核定行政级别的，类似现在的处级、厅级。

清朝时的文林郎，是正七品文官所授的散官名称。明清时的知县均为正七品，相当于现在的正处级干部。所以，刘宗元在内江做的什么官，已经无从考

刘氏宗元祠正门　刘德忠供图

刘氏宗元祠中的匾额　刘德忠供图

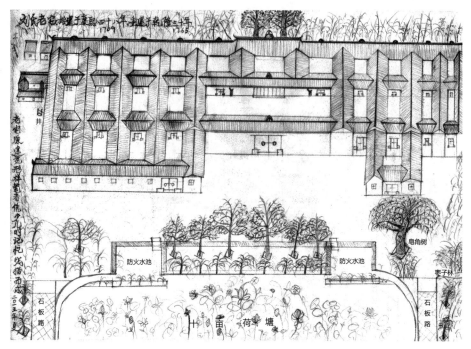

刘德忠凭借儿时记忆，手绘的祠堂平面图　刘德忠供图

证，但他做官的级别相当于正处级。

乾隆四十六年（1781），刘宗元告老还乡，颐养天年。

刘宗元在到内江府做官五年后的乾隆三十年（1765），对父亲修建的刘氏宗祠进行了重建。这次重建，规模宏大，手笔不凡，共有上、中、下三个厅堂，大小天井四十多个，大小房屋两百多间。

刘德忠至今还记得小时候见过的刘氏宗祠的全貌。他根据记忆，绘出了刘氏宗祠的简要格局图。

从刘德忠绘出的格局图和讲述中，我们可以大致还原出刘氏宗祠的全貌：祠堂前面是两个防火水池、十亩荷塘和花园，后面是山丘，旁边有果林，祠堂四周树木繁茂。荷塘的水是活水，水从右边流进塘里，又从左边流出。小溪环绕祠堂，也是活水，有鱼儿遨游。

刘宗元子孙繁多，许多人外迁各地，部分人历代住在祠堂里，曾多次维护修缮，使得祠堂能保存到现在。不过，如今祠堂已基本上没人居住了。

刘氏宗元祠的天井　刘德忠供图

因年久失修，导致房前屋后排水沟堵塞，下雨天时雨水漫延，许多房屋相继倒塌。

如今，只有祠堂上、中、下厅堂及左边部分房屋相对较好。

成当地望族，留下诸多地名

刘宗元与夫人罗氏生有刘文铨、刘文钦、刘文锦、刘文铎四个儿子，四个儿子一共又有十四个儿子，分别繁衍成十四房人。

因为刘宗元在外做官的缘故，凭借他的声名，刘家人在当地不断发展壮大，财富迅速增加。当时刘家的土地东到石庙子、南到火烧桥、西到谢家桥、北到三教仕，总面积上千亩。

刘氏族谱记载，刘宗元在重建祠堂时，还修了另一个建筑格局相同的庭院，送给刘家的长年帮办（俗称长工）林某。正是林某，让退休回家才三年的刘宗元意外受伤去世。

林某曾经受刘宗元委托，返回广东老家把曾祖父刘铭鼎、祖父刘益的骨骸背到四川。刘宗元对他非常感激，所以非常大方地送给他一座庭院。

没想到，林某染上了好逸恶劳的习气，手头拮据时，瞒着刘宗元将庭院卖给了当地的黄氏家族（如今的黄家老房子，位于化工新村二十一组）。

林某败家后，没有地方居住，把当地一座石木结构的拱桥桥洞作为栖身地。乾隆四十九年（1784）五月的一天早晨，林某在桥洞里生火做饭，不小心把桥引燃。林某吓得赶紧从桥洞里跑出来。

正巧刘宗元当天要到洛带镇去，赶着马车从桥上路过。林某突然跑出来，惊吓了拉车的马，刘宗元从马车上摔下来。已经六十九岁的刘宗元受伤不轻，一个多月后的六月二十五日去世。临终前，刘宗元告诫子孙，要以林某的经历为反面教材，一定要谨慎维持家业。

由于那桥被火烧过，大家称之为火烧桥。直到现在，火烧桥这个地名仍在当地存在。

刘氏家族在刘宗元的孙子刘金章时，发展到了极盛。当时刘家有一个八十多亩的大堰塘，每年春节前放水捕鱼，刘家都要在周边十里外及石板滩等地张贴"刘家大堰捕鱼告示"，邀请大家去免费捕捞。

刘金章乐善好施，经常捐资修桥补路。当地地名一度被称为刘金章坝子，后来改称刘家大堰。

如今，在卫星地图上，还有火烧桥、黄家老房子、刘家大堰等与刘氏家族有关的地名。

二十字字辈，包含家训家风

这支刘氏族人的字辈为："文章传世业，道德起（启）家珍。先志宜光振，汝才百发兴。"

刘德忠解读说，先祖刘运先、刘宗元拟定的这二十字字辈中，包含了"崇文重教、重德树志"的家训、家风和家规。

首先，要做一个有文化、有知识的人，才能做到讲文明、有礼、有节、有情、有义、有道、有德、有志向。做好"文章"，学好先辈的优秀传统文化精

《刘氏族谱》中对先祖及迁徙情况的相关记载　刘德忠供图

神，"传世"于后代，以孝为先，廉洁自律，坚持平等和谐，事业、家业才能发展传承并走向辉煌。

其次，做人必须先有"道德"行为规范。坚持以道德树立好人格，规范价值观、人生观、道德观，以德树人、以德树志、厚德载物才能"起家"。道德是人生起家的根本，是先辈传下来的优良家风，应当珍惜。

第三，做人要有成就，必须先有志向，讲究舍得与奉献精神。有了志向，才适应社会发展，才有人生光明的道路，才会有每个阶段的人生事业发展规划，才会调整不足、学会取长补短，更好地补充各方面知识修正自己，才能振兴事业、家业。

第四，先祖的殷切希望，家族后世子孙只要认真学习领悟，并尊崇先祖传承下来的家风、家训和家规，就能百事发达、兴旺幸福。

（本文原载于2017年3月19日《华西都市报》）

青白江黄氏宗祠：
打拼三十六年后，入川始祖修祠堂

2019年7月12日，成都市青白江区洪福乡杏花村的黄氏族人盼来一个好消息：经有关专家实地考察，黄氏宗祠被列入成都市第十四批历史建筑保护名录。黄氏宗祠坐落在杏花村六组，清朝乾隆三十四年（1769）建成，已有二百五十年历史。

在清初湖广填四川移民运动中，来到四川新家园的外省人，大都在经过几代人的打拼、积累一定财富后才有财力修建祠堂。这座黄氏宗祠，却是从广东龙川县到四川的第一代移民黄成韬修建的。

从三十二岁进入四川之初靠依傍他人度日，到独自打拼佃耕兼营广锅生意，逐渐积累财富，购置多处田产，进而修建祠堂，黄成韬用三十六年时间，书写了一个移民在四川的艰难创业史。黄成韬，也是当时在四川的千千万万移民先辈的奋斗缩影。

探访祠堂：五个天井如今只剩一个

杏花村，顾名思义，以杏花出名。从洛带古镇沿成环线往北走，在大转弯处进入一条机耕道。前行不到一公里，进入杏花村六组地界，路左侧就是当地有名的黄氏宗祠。

如今的黄氏宗祠，红砖砌墙，朱红大门，青瓦覆顶。只有硬山式屋脊、古式瓦当和滴水、两个门当、陈旧门框，还透露出一丝古意。原来，几年前，祠堂破损严重，眼看就要垮塌，才不得已将要垮塌的前面墙体换成红砖。屋后及两侧部分墙体，仍保持着土砖筑墙的原貌。

因平时人迹罕至，祠堂前的空坝泥地，长满杂草，更显荒凉。

走近大门，门两侧的方形门当雕刻精美。图案正中以大"V"形构图，"V"中间是一株盛开的莲花，上面盘旋着一只仙鹤，图画栩栩如生，工艺精湛。

门楣上悬挂着黑漆描金"黄氏宗祠"牌匾，因年月久远，黑漆和金粉早已剥落。右侧题款"咸丰元年辛亥岁仲秋月 谷旦"，左下题款"义、兴公裔孙仝立"。咸丰元年即1851年，"仝"即"同"。

进入大门，是一个天井，天井中也长满杂草。天井右侧墙上，镶嵌着两块石碑，为"黄氏国兴公祠堂烝尝章程"，落款为"大清同治二年八月初一日四大房照荣公辈遵循亲……"同治二年即1863年。石碑上字迹漫漶，尤其是下部风化严重，很多字已不可辨认。

祠堂正殿门墙是朱红色的全木结构，窗花结构精巧，保存尚好。正殿里的供桌古朴典雅，全黑漆成，虽历经两百多年，漆仍未剥落。正中图案精美，分为三层，中间一层分别有"寿富贵"三字篆书，图案和文字均为描金。

正殿上方的檩木、椽子因重新维修，换上了新的，但原有的三根檩木仍保留着。正中的檩木被涂成蓝色，正中是一方形描金太极图，两边有"万代兴隆"描金字样。另外两根檩木有"百子千孙""长发其祥"描金字样。

当地黄姓人说，以前祠堂房屋呈"凵"形，规模较大，除正堂有一个天井外，左右两侧还各有两个天井的房屋。如今，右侧房屋全部垮塌，左侧房屋因1949年后分给村民居住，几经维修，至今保存较好。

进入曾是祠堂左侧的房屋，两个天井都呈长方形，两侧是房屋。墙体虽经

黄氏宗祠正面全景图，右边房屋已经完全垮塌，只剩正面与左边房屋　黄勇摄影

祭祖大厅木质朱红栅栏门　黄勇摄影

清咸丰元年（1851）立的"黄氏宗祠"门匾
黄勇摄影

宗祠大门两边的门当　黄勇摄影

主人维修为红砖，但整体结构仍维持原样。

祠堂古物：木匾字辈牌对联和神位

祠堂有几件古物。

一是一块长约两米、宽一米的"春申遗泽"木匾。匾左边落款为"乾隆乙巳年初秋望四日立"。乾隆乙巳年即乾隆五十年，也就是1785年。

春申即"战国四公子"之一的楚国春申君黄歇。上海简称"申"，就源自受封于此的黄歇。在黄姓历史上，黄歇是一个具有里程碑性质的重要人物。

木匾除右下角有些破损、上部黑漆剥落外，其他较为完好。描金的"春申遗泽"四个大字，字体雄健、笔力苍劲。

二是两块"成韬公裔孙辈派行"木牌。木牌上的字辈为："树德居仁，克绍循良延世泽。承先启后，敦崇孝友振家声。"

这个字辈的行文结构比较独特。一般来说，我们常见的字辈为四字、五字、七字为多，一个字辈基本上就是一首诗，每句字数相同。而这个黄氏字辈，却是"四字+七字"的结构，读起来更像是一副对联。

这支黄氏族人中，"德"字辈还有三四个人在世，最小的已经到"循"字辈了。

三是一副对联："范承叔度诒谋远，学绍勉斋经术深"。这副对联包含着黄姓史上两个著名人物的典故。

叔度，是东汉著名隐士黄宪的字。曹操手下著名谋士荀彧的爷爷荀淑，偶然在一个客店里遇到十四岁的黄宪。交谈一天后，学问渊博的荀淑恭敬地称黄宪为老师。

黄宪耿介正直，不与世俗同流合污，人品高尚，官府多次征召他去为官，他都拒绝了。他长期在家里过着闭门谢客的隐居生活，去世时年仅四十八岁，世人称他为"征君"。

勉斋，是北宋大学者黄榦的号。黄榦是朱熹的高徒，传播和推广朱子学的第一人，初传朱子学大都出于黄榦之门。他论定了朱熹的道统地位，把"传承

"春申遗泽"木匾　黄勇摄影

字辈牌　黄勇摄影

对联牌　黄勇摄影

道统"看成是朱熹的最大成就。经过黄榦的提倡和阐发,朱子学成为后世统治者的正统思想。

对联也是长木牌,黑漆描金字,除一块有皲裂细纹,整体保存完好。

四是一座黄氏祖宗神位牌。

黄氏族谱:记载始祖艰苦打拼过程

这座黄氏宗祠是谁修的?修于何时?由黄宗舜于1927年抄写的《黄氏家谱》回答了这些问题。

《黄氏家谱》是谁编修的?族谱中没有记录,也没有记载编修时间。从族谱记载的内容推测,估计应该是在祠堂立烝尝碑那段时间。

《黄氏家谱》记载了入川始祖黄成韬的家世。黄成韬原籍广东惠州府龙川县宁仁都太和甲田心乡老屋,后移居龙川县新扦坑九有洞长东乡摇钱塘。

黄成韬的曾祖父黄法耀(度名黄耀四郎)、曾祖母杨妙四娘,被时人认为都有"法力"。后世子孙,凡是遇到迎亲往来,都要写黄氏迎嫁祖黄耀四郎、杨妙四娘牌位供奉,然后把新娘娶回。一路上,"能以驱邪,可保无虞"。

黄法耀只有一个儿子黄锦和,黄锦和也只有一个儿子黄九盛,黄九盛有黄成昌、黄成韬两个儿子。黄成韬生于康熙四十一年(1702),娶妻邹氏,生有一儿一女,儿子叫黄黉震(字国仁)。

其时,湖广填四川移民运动已经进行得如火如荼。邹氏娘家有人多年前响应号召入川,经过打拼,积累了一定的财富,于雍正十一年(1733)衣锦还乡,回到广东老家。

他们对亲戚朋友说,四川那地方啊,巴适得很,"田高土沃,地旷人稀",种下庄稼,每年都是大丰收。黄成韬与邹氏听得心动,仔细询问了四川的情况后,决定离开故土,前往四川。

一家四口一路上栉风沐雨,不惮艰险,负担奔走数千里,终于来到成都府简州落带镇(今成都龙泉驿区洛带镇)附近,"依傍娘家"营生。

最开始大家还相处融洽,时间一久,家长里短,矛盾不断。性格刚烈的黄

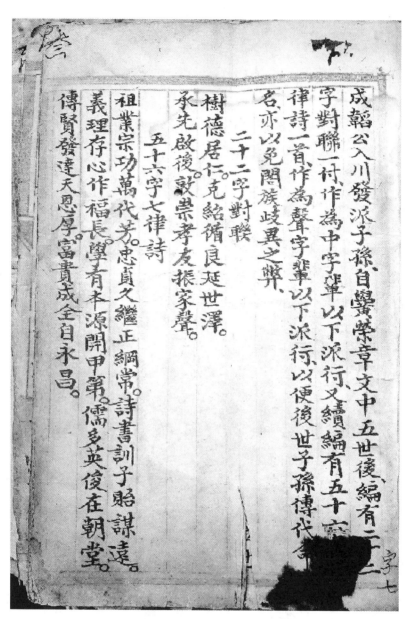

成韜公入川發派子孫、自纂榮章文中五世後、編有二十二字、

字對聯一祠作為中字輩以下派行、又續編有五十六

律詩一首作為聲字輩以下派行以便後世子孫傳代奇

名亦以免閱族歧異之弊。

二十二字對聯

樹德居仁克紹循良延世澤。

永先啟後敦崇孝友振家聲。

五十六字七律詩

祖業宗功萬代芳。忠貞久繼正綱常。詩書訓子貽謀遠。

義理存心作福長。學有本源開甲第。儒多英俊在朝堂。

傳賢發達天恩厚富貴成金自永昌。

黄氏族谱中的字辈　黄勇摄影

成韬"忿然拍案"说："大丈夫不患贫，特患不能立志耳！"

乾隆元年（1736），黄成韬一家移居到谭家湾，靠给人佃耕为生。同时，头脑灵活的黄成韬还在洛带镇上做广锅生意。

广锅是炒菜用的大铁锅，两边各有一个可以端起来的铁耳朵。现在农村都还较为普遍存在，城市中一般用于一次性炒菜量比较大的酒店饭馆场所，也就是俗称的大锅饭所使用的炊具。

黄成韬的生意做得很不错，庄稼又年年有好收成。就这样一边务农一边做生意，八年后，即乾隆八年（1743），黄成韬有了二儿子黄簧霑（字国义）。

黄成韬把家又搬到太平桥，继续佃耕。乾隆十七年（1752），年届半百的黄成韬利用多年积累下来的钱财，在泉水沟购买了一份田产。这一年，他的三儿子黄簧霖（字国兴）出生。

此时的黄成韬一家，"财发人兴，家事颇顺"。到乾隆二十四年（1759），家里又积攒了数百两银子。

大儿子黄簧震性情刚强，另外两个儿子年龄尚幼，黄成韬深思远虑，决定分家。

黄成韬夫妇留下一百两银子作为养老钱，其余银两分给两个年幼的儿子，把泉水沟的田产分给黄簧震。黄成韬很有生意头脑，他把分给两个儿子的银子代管起来，放出去吃利息。四年后，连本带息就有一千多两了。

黄成韬有个同庚杨姓好友，在金堂县桤木沟（今属青白江区）有六十亩水田，还有房产。乾隆二十八年（1763），杨姓好友被人催债，只得变卖田产。黄成韬叫两个儿子开始立业，合伙把杨姓好友的田产买下来，又购买了连界卿姓人的六十亩地产。

乾隆三十二年（1767），黄成韬谋划修建祠堂，开始做土砖。两年后，正式开工修建祠堂。黄成韬不顾年老体弱，每天"经管佣工，劳心费力，不遑暇食"。修成后的祠堂，即是目前所见的规模样式。中间为祠堂，两侧为住房。

乾隆三十七年（1772）正月初一，黄成韬夫妇把三个儿子叫到堂前，把以前留下来的养老钱，连本带息平分给三人。第二年，黄成韬又叫黄簧霑、黄簧霖抓阄平分桤木沟的房屋、山林、田产等，自立门户，各管各业。

乾隆三十九年（1774），劳累一生的黄成韬去世，享年七十三岁。邹氏在嘉庆三年（1798）去世，享年八十七岁。

黄成韬的三个儿子，繁衍成三大房人，每人都生了四个儿子。后世子孙繁茂，家业日渐扩大，遍布周围各地。如今，黄成韬的后裔已有数千人。

（本文原载于2017年7月9日《华西都市报》，收入本书时有修改。）

青白江温氏余庆祠：
克勤克俭传家宝，唯读唯耕是正道

"历代先祖在上，我们向你们宣誓：作为你们的裔孙，我们深感自豪，深感自己肩上的责任。唯有克勤克俭、耕读传家、以诚待人、以德服人，我们才有立业之基、立身之本。我们要牢记祖训，我们要奋发有为！立足当下，只争朝夕，团结拼搏，勇于开拓，传承家风……"2017年8月26日上午，位于成都市青白江区弥牟镇华金大道一段的温氏余庆祠正殿内，十九名刚考上大学的温氏子弟排成两排，在德高望重的老者带领下，祭拜先祖，庄严宣誓，重温家训，聆听温氏先祖入川后艰苦打拼的往事等。

自2011年以来，祠堂每年八月底都要举行大学新生（含研究生）颁奖仪式，以此激励家族子弟遵循耕读传家的祖训，刻苦读书，奋发有为。

温氏余庆祠位于新建的温家寨子中，环境优雅，小桥流水，建筑古朴庄重，2008年动工、2011年建成。原温氏余庆祠建成于清朝乾隆三年（1738），位于离此五百米左右东南边的温家老寨子中。1960年代，祠堂被

2017年8月26日上午，十九名刚考上大学的温氏子弟在祠堂中祭拜先祖，重温家训
罗敏摄影

毁。2001年，温氏族人响应当地修建公路，温家老寨子被拆。几年后，温氏族人筹集资金，新建了温家寨子和祠堂，以不忘历代先祖奋力打拼的历史。

近三百年来，温氏族人耕读传家，文武双全，出了著名的"一解九举人"等人才，拥有"温半榜"的美誉。

温氏余庆祠，存有1923年编修的族谱

温氏余庆祠建筑为明清风格，四合院回廊式全木结构，分为南厢房、东厢房、西厢房、正殿和庭院。

祠堂正门两边，是温氏族人中的温鹤鸣老先生题写的对联："务本求兴温氏繁荣枝叶茂，奉先思孝宗祠新构子孙心"。正殿内供奉着温氏历代先祖神位、画像和族人捐献的各类传世文物及家谱。

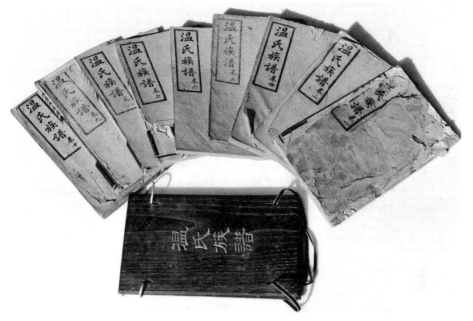

1923年编修的《温氏族谱》 罗敏摄影

　　神龛两边的对联，是温氏先祖给家族立下的家规："承先祖一脉真传克勤克俭，教后人两条正路唯读唯耕"。

　　在正殿陈列的家谱中，一套十册的《温氏族谱》引人注目。族谱的面子和底子都用木板做成，面子木板正中用隶书刻有"温氏族谱"四个大字。十册族谱重叠而放，上下用木板合上，木板四周有长方形小孔，用绳索或布条穿上系牢，一套族谱呈现在眼前。

　　以前的族谱册数较多，一般都会采取套装的方式。有的用木板做成盒子，把族谱装进去；有的则像《温氏族谱》一样，用两块木板做面子和底子，合在一起也能保护族谱不受损坏。

　　打开纸张泛黄的族谱，翻开第一册，第一页上用魏碑字体大书"温氏余庆祠族谱"。这套族谱编修于"中华民国十二年癸亥季冬月"，由"成都天章石印社代印"。也就是说，族谱是在1923年编修而成的。

　　编撰如此厚重的族谱，温氏族人专门成立了由四代人组成的"余庆祠修谱职事"班子。从族谱的记载可以看出，这个修谱班子分工明确，有编辑、经

温氏余庆祠大门　罗敏摄影

温氏余庆祠内堂　罗敏摄影

理、采访、校正、书记等各司其职，总人数达五十一人。

其中，温氏入川第八代中的温兴玉、温兴恕、温兴常为主编，他们应是温氏族人中德高望重者。三人在族谱中分别作序，讲述编修族谱的心路历程。

其中，温兴恕写道，自从先祖入川后，"子孙繁衍，而谱牒阙然"。温氏族人有的迁居到别的县份，有的甚至远迁省外。族人虽然众多，但都分散而居。如果没有谱牒来维系，今后会越来越分散，甚至路上遇到了都形如陌人。

修谱工作繁杂而艰辛，最痛苦的莫过于"文献俱亡"，只得把先辈所录的入川始祖以上十世加以考订，其他枝叶旁系难以尽悉，只得无奈舍弃。

温兴常的序言难能可贵地保持了修史的严谨态度。他写道，温氏自古以来出了不少俊杰鸿儒，如晋朝时的温峤、唐朝的温彦博、温庭筠等。但是，这些历史名人与本支温氏是否有族系关系，则难以考证，也不敢妄肆攀附。

继续翻阅族谱，温氏先祖的故事在眼前一一展开。

六十一岁那年，温圣远带领全家迁徙入川

这支温氏族人入川始祖叫温圣远，字文英，原籍江西赣州府长宁县（今江西寻乌县）。

温圣远的十一世祖温宗六，官至明朝御前指挥使，是武官。温氏族人后来出了两个武举人，是有深厚历史渊源的。

温圣远的父亲温春鲸，字跃源，生有温圣通、温圣达、温圣远、温圣遵四个儿子，温圣远排行第三。

温圣远生于康熙元年（1662），"生而颖异，壮气宇"，自幼聪明，气度不凡。七岁那年，他拜在族人中的庠生（秀才）温润藻门下读书。温润藻觉得这个娃娃今后能成大器，对他很重视。

就在这时，家里的经济状况出现了问题。

当时，官府派发漕运徭役，给朝廷运送粮食，温氏族人与其他家族轮番应役。康熙五年（1666），轮到温氏，族人推举温春鲸领运。结果还没运到，温春鲸把经费用完了，向族人借钱又无人理睬，只得自己赔上，亏损严重。

过了六年，即康熙十一年（1672），又轮到温氏，大家都怕亏损，一个个都想逃避。温春鲸只得再次领运。不出所料，又亏损严重，自己赔上。

两年后，厄运突降。族人温笃儒的儿子食物中毒而死，诬告说是温春鲸下的毒，告到官府。这场官司打了五年，最终澄清了事实。

虽然赢了官司，但温家彻底败落了。这年冬天，伤透了心的温春鲸，举家搬到上犹县龙头村居住。

很快到了春节。除夕夜，按照传统，要祭祀祖先，但温家连买肉的钱都没有，只得用豆腐供祭。

温圣远很是感慨地说，希望后世子孙永远不要忘了这个事情，今后家里过年就吃素。迁到四川后，后世子孙牢记他的嘱托，形成了每年正月初一都吃素的传统，以不忘先祖过去的艰辛。

康熙三十七年（1698），温家又轮到了漕运，由温圣远领运。没想到，这次漕运遭遇江水枯涸，船无法前行。温圣远把四十多袋粮食寄放在同行的老李的船上，结果老李把粮食占为己有。温圣远与老李打了半年官司，家道更加败落。

康熙四十一年（1702），温圣远在龙头村开设私塾。因教书教得好，大家对他交口称赞。康熙六十一年（1722）秋天，已经六十一岁的温圣远做出一个重大决定：响应朝廷号召，迁徙入川。

雍正元年（1723）四月，经过八个多月的长途跋涉，温圣远一行十八人（三个儿子、八个孙子及部分家眷）来到新都县八阵乡（今成都市青白江区弥牟镇），购买了当地一王姓人家的房子，定居了下来。

温圣远的三个儿子分别是老大温世明、老二温世朗、老三温世清。在新家园里，温圣远继续办私塾教育孙子们和乡里的孩童，三个儿子耕田种地，一家人过得虽然清贫，但苦中有乐。

新家园让温圣远看到了蓬勃的生机和无限的前景。雍正三年（1725），他叫温世清回到上犹县龙头村，把留在当地的家眷一起带到四川。

家境殷实起来，修建温家寨子和祠堂

温世朗有文化又精通算术，遇到了一个好时机。

当时，雍正帝颁布《丈田法》，要求重新丈量四川的土地。温世朗被招到新都县丈量土地。工作中，他勤勤恳恳，还发明了用苦柘木（一种质地坚硬的树木）做弓（丈量工具），节省了劳力，加快了丈量进度。

在他的带领下，新都县的土地很快被丈量完。川陕总督年羹尧听说后，把他招到成都，协助全川的土地丈量工作。土地丈量完后，温世朗留在户部四川司任职。

这时，温家老小二十多人一直没有分家，家中一切事务由温圣远主持。温世明在家从事农耕，温世清在金牛道（原川陕路）上的唐家寺开客栈和经营江西会馆。一家人搞得风生水起，家境渐渐殷实起来，买了四十八公顷田地。

那时的人非常讲究祭拜先祖，几乎每一个大家族都在当地修建有祠堂。即使是分散居住在外地，要么返回祖地祭拜先祖，要么在新家园修建祠堂。

温圣远也不例外。雍正十年（1732），温圣远叫温世明着手修建温家寨子和祠堂。五年后的乾隆三年（1738），占地一百多亩的温家寨子在新都县八阵乡河湾里（今青白江区弥牟镇灯塔村）建成。

祠堂没有像大多数家族那样取名温氏祠堂或温氏宗祠，而是取名温氏余庆祠。

"余庆"二字，出自《易经·坤卦·文言》中说："积善之家，必有余庆。"意思是说，行善积德的家族，必定会给后人带来好报。

据说，温宗六在江西修建的祠堂就叫温氏余庆祠，所以温圣远在四川建的这座祠堂也沿袭老家的名字。

新建成的温家寨子成为当地一大标志性建筑。寨子三面环水，北边是高大的寨墙，西南建有积善桥，东南有青龙拱桥与外界相连。寨中有大龙门、小门口，大院坝、小院坝，大花园、小花园，上堂屋、大堂屋、下堂屋、余庆祠等建筑。此外，还设立了学堂。

乾隆十三年（1748）十月，一生经历坎坷的温圣远安详地闭上双眼，享年八十七岁。

温氏家族人才辈出，一共出了九个举人

在温圣远孜孜不倦地履行耕读传家的祖训下，乾隆二年（1737），他的孙子温文华（温世朗的儿子）考中秀才。

也许现在人觉得这不算个什么，但在当时，却是一个非常重大的事情。温氏家族从雍正元年（1723）入川定居，务农为主，短短十四年里，耕读传家就出了成果，这是相当了不起的。

所以，温文华考中秀才，在温氏家族史上是一个划时代的标志性事件。

此后，温氏家族文武人才辈出，科甲蝉联，涌现了"一解九举"、秀才难以计数的文韬武略才俊，在新都有"温半榜"的美誉（清朝每三年举行一次童试，新都县有一年榜上一半都是温姓学子）。温氏一族，成为新都乃至成都的一大望族。

"一解九举"是指温氏家族中出了九个举人，其中两个为武举人。从明朝时的御前指挥使温宗六起，温氏家族就有习武的传统。但从后世人才类型来看，温氏家族以"武"开局，最终全部归于"文"。

温氏家族第一个举人，也是武举人，叫温光蜀，是温圣远的曾孙，入川第四代。温光蜀在乾隆三十五年（1770）的恩科乡试中中举。

温光蜀中举第二年，他的堂弟温光超出世。嘉庆五年（1800），温光超考中四川武举第一名，即武解元。

从道光五年到道光十八年的十三年里，温氏家族接连出了三个举人。除温光超外，另外两个是文举人：温泰钦在嘉庆十五年（1810）中举，曾任蒲江县训导（相当于县教育局副局长）；温泰仪在嘉庆十八年（1813）中举，曾任长宁县教谕（相当于县教育局局长），历署彭山县、万县、泸州、雅安、永川等地儒学正堂（相当于市教育局局长）。

道光年间，又出了两个举人：温德懿在道光五年（1825）中举，温永亮在道光二十九年（1849）中举。咸丰五年（1855），温德五中举，历任长宁、通江、仁寿、名山等县教谕。

到光绪年间，再次出了两个举人：温兴全在光绪十四年（1888）中举，温兴致在光绪二十六年（1900）中举，曾任云南盐大使，民国时署理眉州知事

（相当于眉山市代理市长）。温氏家族九个举人，除两个武举人外，其他七个文举人，担任的职务大多与教育有关。说温氏家族是教育世家，一点也不过分。

正因为如此，自2011年以来，温氏余庆祠每年8月底都要举行大学新生（含研究生）颁奖仪式，把家族重视教育的传统发扬光大。

温氏家族的字辈为："宗克尚玉温，思廷和惟春。圣世文光泰，德永兴立成。贤佐开周汉，嘉宾锡富荣。诗书怀厚泽，忠孝广家声。"前十个字从温宗六开始排行，"圣"字辈即温圣远，被奉为入川始祖。

如今，温氏家族已传到"汉"字辈，传到了入川的第十五代，人口繁衍到两万多人。主要住在新都、青白江、金堂、彭州和广汉，少数人因工作关系等移居到外地。

温氏家族温世朗、温光超、温永亮的故事

乾隆十二年（1747），温世朗解甲归田，两袖清风，告老还乡。回到温家寨子后，当地一个乡绅嘲笑他说："为官十年，不如大哥在家种田。"

温圣远的三个儿子，老大务农，老二入仕，老三经商。老大在家种地几十年，种出了成绩，老三开客栈做生意，也做得很好。

温世朗发现，唯独自己做官几十年，到退休时，不仅没发财，而且也没当大官。原本以为衣锦还乡、光宗耀祖，结果却被乡里如此嘲笑。温世朗深感内疚，每天在家闷闷不乐。

温圣远看出了温世朗的心思。一天晚上，温圣远在祠堂召开全体族人会议。

温圣远说，温家是忠孝之家，祖上历代历宗都是清官。祖宗教导说，明明白白做人，清清白白为官。从今以后，谁要耻笑老二当官没挣到钱，就把他赶出温家。

听了老父亲的一席话，温世朗的心情豁然开朗，从此挺起胸膛做人。乾隆四十一年（1776），温世朗因脑溢血辞世，享年八十四岁。

第二年，族人在他的墓前竖起一通高三米、宽一点一米的大碑，大家尊称为清风碑。

温光超，温氏入川第四代。祖父温世朗，父亲温文和曾任简州州同（相当于今简阳市副市长）。

温光超身材魁梧，身高五尺六（约一点八六米），自幼习武，力大无比，据说练功用的大刀就有一百多斤。

乾隆五十五年（1790），十八岁的温光超到成都参加武童考试。因为他的胃口好，母亲刘氏专门给他做了六个老面大馒头。温光超不负众望，夺得第一名。

嘉庆五年（1800），四川武举考试在成都北校场举行，二十八岁的温光超前去应试。经过骑马、弓、刀、石和问答与笔试，温光超和来自三台县的蒋德旺不分上下。

主考官、四川总督勒保看到两人并列第一，叫他们加赛一场。温光超手提六十公斤重的大刀飞身上马，蒋德旺也不示弱。两人你来我往，大战十多个回合，仍不分上下。

突然，蒋德旺马失前蹄陷在泥泞里，温光超的刀已落下。为不伤及落马的蒋德旺，温光超硬生生地把挥下的大刀向上提起，同时用右脚把蒋德旺的大刀踢开，脚因此严重受伤。

勒保见状，马上叫停。回到客栈后，温光超脱下马靴，脚上的血已凝固。因此，第二年他没有进京参加会试。

因温光超武德高尚，勒保把他的事迹向嘉庆帝禀报。嘉庆帝口谕，赐"武魁解元"金匾予以嘉奖。温家寨子寨门上又多了一块金光闪闪的匾额。如今，在新建的温家寨子寨门楼上，挂着复制的"武魁解元"匾额。

温光超吃大馒头的故事一直在当地流传："想要长得高，就吃解元馒头；要想考第一，就吃解元馒头。"如今，温氏后人仍传承着制作大馒头的技艺。以现在一般人的胃口，吃一个大馒头，基本上就吃饱了。

温永亮，温氏入川的第七代，出生在一个书香门第家庭里。三岁那年，他被送到温家寨子内的家族私塾读书。七岁就学于绣川书院，十二岁到成都锦江书院学习。

道光二十九年（1849），二十二岁的温永亮以第十五名考中举人，后任知县。任上，他大兴水利，修建两座石洞桥用于灌溉良田。又改造低洼田地，倡导平民学习文化，创办书院，政绩斐然。

同治十三年（1874），四川总督吴棠与学政（相当于教育厅厅长）张之洞筹建成都尊经书院（四川大学前身）。第二年春，温永亮成为尊经书院的老师。在这里，他度过了人生的最后八年。

书院开办之初，缺少参考书籍和学习资料。温永亮变卖祖父留给他的田产，捐给书院购买书籍。

温永亮还用微薄的薪酬接济贫寒的学子。来自富顺的贫困学生刘光第，经常穿着破旧的衣服。温永亮悄悄地告诉他，有空把衣服拿到师娘那里补补。

绵竹的杨锐，也是温永亮的得意学生之一。有一次，杨锐从成都回绵竹，温永亮特意把他带到温家寨子，参观温氏余庆祠，教导他学业有成后做廉洁奉公的清官，大力兴办教育事业。

光绪八年（1882）盛夏的一天，温永亮像往常一样到教室上课。当他讲到屈原《离骚》中"路漫漫其修远兮，吾将上下而求索"时，突然口吐鲜血，晕倒在地，再也没有醒来，时年五十五岁。

第二年，刘光第考中进士。这年夏天，在温永亮逝世一周年祭日时，刘光第、杨锐等一百五十多个学生，与张之洞，尊经书院第一、第二任山长（院长）薛焕、王闿运等，在弥牟镇为温永亮树立了一通高大的《德教碑》，讴歌他的光辉事迹，传扬他助人助教的美德。

（本文原载于2017年9月17日《华西都市报》）

龙泉驿洛带大夫第：见证巫氏家族百年荣光

成都市龙泉驿区洛带镇的下街游人来来往往，但几乎没人注意到这条街的105号。进去后，发现这是一条宽仅一米多的小巷，往前走十多米，推开一道虚掩着的木门，就走进了传说中的巫大夫第。

堂屋正面墙上，挂着"平阳世泽"的牌匾，贴着巫氏先祖的画像等。一张陈旧的供桌上，供奉着"巫氏历代先祖之神位"的牌位。

曾经由巫作江和儿子们打拼来的巫氏家族的荣光，如同堂屋中那张黑漆斑驳的供桌一般，在岁月中悄然褪尽色泽。

追溯根源，远祖是唐朝巫罗俊

咸丰六年（1856）秋，由巫育槐、巫育柯纂修，巫育棣、巫育松编缮的蜀始祖伟公通派《巫氏族谱》中，对巫大夫第这支巫氏族人有较为详细的记载。

巫大夫第正门　黄勇摄影

编修《巫氏族谱》的是入川始祖巫锡伟的曾孙一辈，谱中虽然不可避免地对先辈有一些溢美之词，但作为家族史的重要资料，其可信度还是比较高的。

《巫氏族谱》记载，巫大夫第的这支巫氏族人，是唐朝时赫赫有名的巫罗俊的后裔。

隋末唐初，迁居到福建黄连峒（今福建宁化县）的巫罗俊在天下大乱时，在石壁村修建城堡，保卫一方安宁。唐贞观三年（629），巫罗俊主动归顺唐朝。唐太宗李世民鉴于巫罗俊开发黄连峒居功至伟，先后封他为黄连镇将、镇国武侯，赐尚方宝剑，袭荫三代。

巫罗俊被称为全球客家人的开疆始祖，福建宁化成为世界客家祖地。

南宋时，巫罗俊的第十九世孙巫禧迁到今广东兴宁市罗岗镇。巫禧后裔一支后来又迁到今广东龙川县田心镇下塔村，成为当地一大望族，"多以贵显著名"。

在下塔村的巫氏族人中，最为有名的是巫子肖。明朝万历年间，巫子肖考中举人。崇祯年间，巫子肖在担任临江府新喻县（今江西新余市）知县时，因"孝友廉介"被老百姓称为"青天"。

后来，巫子肖累官被赠为户部湖广清吏司主事（官阶六品），死后入祀乡贤祠，在当地算是一个大人物了。

巫子肖有八个儿子，大儿子巫三祝考中进士，官至户部郎中。另外七个儿子中，有三个是廪贡生、四个是庠生，都是七品以上官员，时人称为"三世为仕宦，八子无白丁"。

巫子肖的五儿子巫华祝有四个儿子，其中巫璇自幼"性慧"，读书很用功，但还没考取功名，年纪轻轻就死了。巫璇死后，19岁的夫人曾氏已怀有身孕，为夫守节，立誓不嫁，迁居到广东长乐县（今五华县）龙潭埔。

巫璇的遗腹子巫弘熊出生后，刻苦读书，成为贡生（秀才中成绩或资格优异者，直接被选送入国家最高学府太学读书，相当于举人副榜，毕业后可以充任县官或教职）。

巫弘熊有六个儿子，其中巫霖、巫文斌都是秀才。

巫弘熊的二儿子巫象嶷，自幼"警敏读书"，"素有抱负，才兼文武"，多次参加童子试，朝功名冲刺。但老天似乎爱和巫象嶷开玩笑，他屡考屡败。

到最后，巫象嶷看到实在没希望了，"乃弃儒而从商"。不料，巫象嶷出事了，由此改变了巫家的命运。

出海遇祸，巫家遭大难而中落

尽管巫象嶷做着生意，但更多心思是在旅游上。巫象嶷苦读多年，尽管没谋得半分功名，但骨子里还是一个文人。游山玩水，寄情山水，是古代文人的一大雅好。巫象嶷借做生意的机会"遍历大邑通都"，到名山胜地后，更是"必穷其胜"。

后来，巫象嶷觉得在国内游山玩水还不够，策划了一个大举动："欲究扶桑日出之乡。"什么意思呢？他想到日本去旅游！

巫象嶷与一帮商人合计好后，装运了数艘船只的货物，前往日本，并借此机会"遍历外洋"。

没想到船只刚出海不久，就遇到了飓风。从来没经历过这种场面的巫象嶷，在飓风大作时，心神恍惚，"惊悸失性"，精神错乱起来。货船在海上漂

巫大夫第的二进门 黄勇摄影

流到了福建漳州府地界。经过询问后，漳州官府紧急发文到巫象嶷的老家。

巫象嶷有三个儿子：巫锡伟、巫锡俊、巫锡佐。作为长子的巫锡伟听说后，"不分雨夜"赶往漳州。

赶到时，巫锡伟发现事情乱得一团糟：巫象嶷已经病倒，身无分文，船上的财物也被船员偷盗一空。为追回财物，巫锡伟将此上告官府。

在官府办案期间，巫象嶷因精神错乱，见人就打，没有谁敢走近他，巫锡伟担心父亲这样下去会出现意外。巫锡伟认为，财物易得，但父亲不能再在漳州待下去了。他做出决定：不等结案，先把父亲带回老家再说。

巫家遭此大难，家境"由是中落"。

由于巫锡伟擅作主张放弃追索财物，使得逐渐清醒过来的巫象嶷对他很有意见，"不能见容"。巫象嶷的病时好时坏，发作时，"恶见至亲"，看到巫锡伟就把他撵走，并警告巫锡伟"勿入室"。

巫锡伟自幼喜好读书，擅长书法，精通阴阳历数，以孝顺父母闻名乡里。巫象嶷容不下巫锡伟，使得巫锡伟数年不得安身，这让他很是痛苦。

无奈之下，巫锡伟又做出了一个重大决定，再次改变了巫家的命运。

迁往四川，巫锡伟一家生计难

巫锡伟的二弟巫锡俊，很早前就因为做生意迁到了四川成都府简州镇子场（今成都市龙泉驿区洛带镇）。既然父亲容不下自己，巫锡伟决定举家迁到四川去。

雍正十三年（1735），巫锡伟把奉养父母的重任托付给三弟巫锡佐后，带着妻子吉氏和几个儿女踏上了迁徙入川的征程。一路风餐露宿，历尽艰辛。

巫大夫第中保存下来的精美窗棂 黄勇摄影

巫锡俊的二儿子巫作江，当时才六岁，跟着父母徒步到了重庆府荣昌县（今重庆市荣昌区）一个叫大草坪的地方。没多久，巫锡伟举家又迁到永川县王家坪（今重庆市永川区王坪镇）。

在从荣昌迁往永川时，巫锡伟见巫作江"行端性定，志大谋远"，很是高兴地说，这个娃娃今后要是当农民的话，就太委屈他了。巫锡伟的确很有眼光，巫作江后来真没让老爸失望。

定居在王家坪后，巫锡伟和吉氏又生了几个孩子，一家八口生计困难。巫锡伟"唯余赤手"，只得弃学从农。

尽管如此，巫锡伟仍没放弃对读书的渴望。几个儿子逐渐长大了，巫锡伟白天在外劳作，晚上回家就把儿子们聚拢起来，教他们读书，"一室声琅琅"，经常到深夜。

巫锡伟在四川慢慢立稳了脚，但心中始终放心不下在老家的父母。他竭力积攒钱财，积攒到一定数量后，就把钱寄往老家，希望以此表达孝心。

乾隆七年（1742），巫锡伟家里来了一个重要的客人——三弟巫锡佐。巫锡佐告诉巫锡伟，父母都很安好，巫锡伟听了很是高兴。巫锡佐启程回广东时，巫锡伟把家里所有的钱财都拿出来交给巫锡佐，叫他带回家去奉养父母。

第二年，巫锡伟接到巫锡佐从老家带来的书信才知道，巫锡佐从四川出发后还没到家，巫象巍就去世了。

巫锡伟按照客家传统习俗，光着脚板，面朝东方老家，痛哭不已。巫锡伟跑到镇子场，准备叫上二弟巫锡俊一起赶回老家奔丧。结果巫锡俊外出做生意去了，不知归期。巫锡伟又借不到钱，无法回广东老家，只得"号泣于蓬荜中"，成天以泪洗面。

几年后，家里稍微宽裕了，巫锡伟独自返回广东。他到家后发现，母亲张氏也去世多年，巫锡佐一家已迁往广州。直到现在，巫锡伟的后人都没找到巫锡佐那支族人的下落。

巫锡伟"满目萧然"，感极而悲，老家已物是人非。他不忍遗弃父母的坟墓而去，选了一个良辰吉日，把父母的骨骸拾捡装好，带回四川，安葬在王家坪。

经商致富，巫作江成商界名人

巫锡伟和夫人吉氏有六个儿子：巫作清、巫作江、巫作彰、巫作栋、巫作梁、巫作湖。

巫作江，原名昌，字洪昌，是巫锡伟六个儿子中最有出息的。巫作江十二岁时，巫锡伟"命之就传受学，亦能日记百余言"。巫作江在读书上还是有天赋的。如果能这么读下去，博个功名应该不是很难的事情。但是，家庭条件不允许巫作江走读书出仕的路。

十五岁时，迫于生计，巫作江放弃读书，开始学着做生意。他最初跑到重庆去发展，但没赚到什么钱，"所谋不遂"。

巫作江头脑灵活，在重庆打不开局面，转头瞄准了二叔巫锡俊所在的镇子场。巫锡俊在镇子场经商多年，虽然没有大富，但家境还算殷实。巫作江意识到，镇子场因所处的地理位置重要，商贸业一向发达，充满了商机。

事实上，自古以来的镇子场，在成渝商道上的确是一个非常关键的中转站。重庆到成都当时有陆路和水路两条商道，出于成本考虑，商人更愿意走水路。货物通过长江转道沱江，沱江离成都最近的节点就在镇子场。

货物从沱江上岸后，靠人力或畜力先运到镇子场，经过大宗贸易后，再被分散运往成都。所以，镇子场从汉代以来，就是成都东山片区一个繁华的贸易点。

作为客家人的巫作江，本来就具备"善歧黄，精五经"、深谙经营谋度的本事。到镇子场后，犹如龙归大海，商业才干被充分激发出来。他的生意越做越顺，越做越大，财富积累也越来越多。十多年后，巫作江已是东山片区小有名气的商人，"囊橐颇饶"，意气风发。

他觉得钱赚得差不多了，想回家好好孝顺父母，以弥补多年在外无法事亲的遗憾，于是把赚到的钱财"悉载东归"。巫作江满以为老爸会狠狠地表扬自己一番，没想到却遭到了巫锡伟狠狠的批评。

巫锡伟认为，你如此有才干，为什么不继续打拼？回来干什么？巫锡伟叫巫作江仍回镇子场去，家里还有五个儿子侍奉左右，也不缺你一个。

巫作江受命返回镇子场，把家安定下来，"遂一意经营"。从此后，巫作江"活计日广，财源日丰"，镇子场上的人无不景仰称赞。

巫作江具体做的是什么生意？族谱中没有记载。一些有关巫作江的文章说，巫作江主要是从事粮食采购和加工生意，开有酱坊、酒厂等。更有文章说，因为巫作江做生意本分，成都水井坊酒厂的外国老板把酒厂送给了他。对此，水井坊博物馆的工作人员说，他们掌握的材料中没有这方面的记载。

有了更多的钱后怎么办？购置地产。巫作江逐渐买入，很快手里就有了十多顷（一千多亩）土地。

此外，巫作江没忘记自己的功名梦，他按当时的传统做法进行捐纳。嘉庆五年（1800），巫作江"循例由太学擢贡士"。

嘉庆八年（1803），巫作江去世，享年七十四岁。因在成都商界的巨大影响力和为地方建设做出的巨大贡献，巫作江死后，被清政府赠为奉直大夫（从五品文散官，没有实职，享受待遇）。

两个儿子，接续巫作江的荣光

巫作江原配夫人叶氏，生了两个女儿后，不幸病死。巫作江续娶黄氏，生了两个儿子、一个女儿，大儿子叫巫一峰，字山秀，谱名成麟，号云窝；二儿子巫丽峰，字山玉（朗山），谱名成鹏。

巫一峰"状貌雄伟，不苟言笑"，而且"自幼颖异，读书日诵数百言"。大一些后，更是博览群书，尤其对历史感兴趣。

巫作江去世那年，巫一峰成为"增广廪生"（廪生是指由官府给以膳食的，进入县、儒学读书的秀才，也叫生员。额外增加名额的廪生叫作增广廪生，可以参加乡试考取举人），正准备朝功名拼搏，不料相继遇到父母去世。

巫一峰接连遭受双亲逝去的打击，身体羸弱，"遂绝意科场"，后来以巫作江同样加捐的方式成为贡生。

巫一峰饱读书籍，能文能诗，交往的人也大多是当时的雅士。而且，巫一峰像曾祖巫象巇一样，空闲时爱外出游玩，"喜访古迹，如都江堰及附近诸山水，皆有记咏"。

巫一峰还精通乐器，"家有古琴，时一抚弄，泠泠然有弦外音"。晚年时，巫一峰在镇子场西边修了一个小园子，取名为集益山房，放着他收集到的各种名家字画，还有数万卷书籍。巫一峰著有《日新录》及《字府精萃》四卷，可惜没有整理出来传世。

道光二十年（1840），巫一峰去世，享年七十一岁。

巫一峰有十个儿子、七个女儿，后裔繁茂。巫作江一共有十三个孙子，繁衍出十三房人，其中出自巫一峰的就占了十个。如今巫氏大夫第的巫氏族人，大多是巫一峰的后人。

巫作江年老后，巫一峰仍醉心于诗书中，对父亲的经商事业没多大兴趣。但家族赖以生存发展的事业必须得有人来接班，这事落到了巫丽峰身上。

巫丽峰在读书上比巫一峰发展得更好，当上了贡生。为了接班，他只得"暂停应试而辅理家政"。巫丽峰继承了巫作江的商业奇才基因，生意做得比巫作江还好，而且商业头脑灵活，不断购置庄田，远远超过了巫作江的成就。

巫丽峰后来也通过捐纳的方式，被清政府赠为奉直大夫，但级别比巫作江更高，是"州同加二级"，州同是副知州，"加二级"，是从四品官阶。

道光二十三年（1843），巫丽峰去世，享年七十岁。

巫丽峰有三个儿子，其中大儿子巫集凤（原名育柯）被敕赠为儒林郎（从六品文散官）。

耕读传家，看重孝义成就辉煌

据巫作江第七代孙巫盈堂考证，整个清朝，巫大夫第这个大宅院，一共出了六个大夫、二个儒林郎、四个清例贡生、一个进士、十一个国学生，一人获五品军功。

这个农转商的巫氏家族，为什么出了这么多文武人才？从《巫氏族谱》中，或许能探究到一些原因。

中国古代讲究耕读传家，这也是许多大家族的家风、家训，巫氏家族也不例外。"万般皆下品，唯有读书高。"尽管这句老话曾饱受诟病，但在古代，这是底层百姓出人头地最为靠谱的一种方式。即使在现在，我们也可以解读为"知识改变命运"，其积极意义不容忽视。

虽然巫象巏攻读功名失败，巫锡伟、巫作江也因生活所迫放弃学业，但巫作江在建立自己的商业小王国后，仍不忘功名。他被赠为奉直大夫，就是在以自己的努力，告慰在功名路上失利的祖父和父亲，并为后世子孙博取功名指明了方向。

巫丽峰操持家族事务后，修建了书房，开办私学，专门聘请老师教巫家和来自永川老家的子弟读书，永川的子弟一概免费吃住。这样的举措，对巫氏家族后世人才源源不断提供了保障。

此外，中国古代非常看重的"孝义"，在巫氏家族的发展中，也起到了至关重要的作用。

先说"孝"。在《巫氏族谱》中，"孝"贯穿了始终。巫锡伟对父母的孝，前面已经说过。在巫作江身上，体现得也很充分。巫作江在镇子场打拼十多年后，赚了一大笔钱，就想回到永川老家去奉养父母。

对巫作江的"孝"，巫锡伟给出了新的解读。巫锡伟认为，好男儿志在四方，尽孝不必在膝下。所以，他叫巫作江回到镇子场，继续发展自己的事业。听到别人夸奖巫作江后，巫锡伟高兴地说："吾有此子，虽异地，不啻同堂。"

尽管没在父母身边尽孝，但每逢春节，巫作江都尽量回永川与父母团聚，实在抽不出身，都叫儿子去永川，从来不敢因为还有五个兄弟奉养父母而为自

已经有些破损的《巫氏族谱》 黄勇摄影

己找不尽孝的借口。

巫锡伟去世后，巫作江赶回永川奔丧，"哀毁骨立"。母亲吉氏接着去世后，巫作江"号泣至不能说话"。巫作江经常跟身边人谈及父母的艰苦，为自己没在父母身边尽孝而"流涕呜咽"。

巫一峰也是大孝子。巫作江去世时，正踌躇满志准备考取功名的他"哀毁骨立"。还没从悲痛中缓过气来，母亲黄氏接着去世，使得他"体益羸"，最终被迫放弃学业。

再说"义"。这里的"义"，具体到巫氏家族身上，可以理解为乐善好施。

巫作江艰难起家，深知底层人打拼不易。遇到因缺资金而事业受阻的人，他会给予资助；家庭贫困的，他会给予接济；每到年底，他会拿出一笔钱来分给邻友。更难能可贵的是，他经常"代人积贮"（相当于现在的代客理财），赚了很多，自己却"毫不入私"。

巫作江的"义"，使得他广结人缘，由此惠及商贸，形成良性循环，并深深地影响了两个儿子。

在这方面，巫一峰、巫丽峰做得比巫作江更好。

巫一峰性格淳厚，"重然诺"（讲诚信），经常急人所急。嘉庆九年（1804）大旱、十年（1805）大饥，巫一峰第一个站出来，倡议对灾民"设厂施米"，各地纷纷效仿，有力地安定了民心，对社会做出巨大贡献。

道光十八年（1838）闹饥荒，导致米价暴涨，一千钱都难买到一斗米，很多人被饿死。巫一峰和巫丽峰积极赈灾，巫丽峰第一个捐献大米八十石（大约九千六百斤）。对那些家境贫穷饿死人而无力安葬的，两兄弟捐钱代葬了五十多个。

巫一峰还捐钱修路搭桥。当地有一条响洞子河，巫一峰修建桂兰桥，方便乡人来往；后来又修建了朝宗、余庆两座小桥。

巫丽峰比巫一峰乐善好施的力度更大。巫丽峰身上的江湖气息要浓一些，经常出面打抱不平。他不仅对官府的盘剥说"不"，遇到"豪强凌弱，则出身排难"，对惹上官司的人，也出面周旋，保护弱者。谁找他借钱，都会答应。别人不能如期还债，他也不去催促。

至于日常接济他人，巫丽峰做得就更多了。直到临终时，巫丽峰还谆谆教导后人要多多行善。

巫一峰、巫丽峰相继过世后，十三房人分家而居。

一个大家族分家后，如果没有一个足够优秀的后人起来凝聚家族力量，这个家族就会慢慢衰落下去。尽管巫氏家族慢慢衰落，但直到民国时，洛带镇上仍有"巫半截、郑半边，刘惠安占中间"的说法。

到了后来，因为各种原因，巫氏家族逐渐褪去繁华，现存的大夫第宅院成了那段辉煌历史的见证者。

（本文原载于2016年2月21日《华西都市报》）

第三编

名门望族

自晋以阀阅用人，王谢二氏最为
望族，江左以来公卿将相出其门
者十七八，子为主婿，女为王妃，
布台省而列州郡者不可胜数，亦
犹齐之诸田，楚之昭、屈、景氏，
皆与国同其休戚者也。

——北宋·秦观《王俭论》

彭山张氏家族：张良后裔，官宦世家

在成都武侯祠，出刘备殿西偏殿的西廊中，有十四尊塑于清道光二十九年（1849）的塑像，以纪念蜀汉政权中的武将，叫做武将廊。其中，排在第三的武将是张翼的塑像，在赵云、孙乾之后。

张翼是蜀汉政权中名气极高的将领，出自今眉山市彭山区的张氏大家族。这个家族，是为刘邦打江山立下汗马功劳的谋士张良的后裔。张翼的高祖父张皓，官至司空；曾祖父张纲，官至广陵郡太守；张翼的祖父也是官居高位。

张氏家族，可谓官宦世家，地位显要，殊荣备至。

张皓：主管司法，有一颗公正的心

说起彭山张氏家族的渊源，那真的就很深远了，不得不提及张良。

张良（约前250—前186），字子房，秦末汉初杰出的谋士、大臣，西汉大功臣之一，与韩信、萧何并称为"汉初三杰"。张良的祖父、父亲等，是战国七雄之一的韩国的贵族。

刘邦建立汉朝后，因为张良正确而巧妙地处理了各种关系，他的后世子孙得以安然无恙地繁衍下来。到了张壮这一代，正处于西汉末年。张壮，字少雄，官至尚方署令，后迁任大司寇。

王莽篡汉，导致中原大乱，张壮眼看事情没对，不愿为王莽效力，带着张氏族人南下秦岭，翻过大巴山，移居到了犍为郡武阳县（今眉山市彭山区）。张氏家族，在彭山开始了新的生活。

张壮的儿子张胤，史料记载很少，死后因儿子张皓（有的史料写作张晧、张浩）做上高官的缘故而被追赠为大司空。

张皓（49-132），字叔明，年轻时到京师洛阳游学。汉和帝永元年间，张皓回到老家犍为郡为官。因才干突出，张皓被当时的外戚、大将军邓骘知道了，邓骘聘请他到大将军府做事。

张皓虽然是在邓骘府中做事，看似家臣，其实是朝廷官员，有正规编制，属于国家公务员，可以享受升职待遇。张皓工作认真负责，邓骘又是一个知人善用的人。张皓的职位此后五次迁任，官至尚书仆射（尚书令的副职，当时职位不算高）。

干了八年后，张皓出任彭城相（相当于徐州太守）。汉安帝刘祜永宁元年（120），张皓升任廷尉。廷尉是主管司法的最高官吏，由于东汉时刑狱权归台阁，廷尉在处理案件中，有时要听从尚书命令，遇到重大疑案，廷尉得和尚书一起审理。

张皓虽然不是学法律的科班出身，但他有一颗公正的心，对案件的审理非常用心。

遇到复杂的案件，他多次与尚书商榷、辨正，最后才做出公正的判决，得到大家的肯定。

汉安帝宠幸阎皇后，准备废掉太子刘保。按照当时的规矩，废立太子不是皇帝一个人说了算的事情，要经过大臣们讨论通过才行。张皓与太常桓焉、太仆来历，都认为此事不妥，在朝廷上与汉安帝争论了一番，但汉安帝没听进去。

退朝后，放心不下此事的张皓，又写了一封奏折说，太子才十岁，"未见有保傅九德之义"，应该挑选贤人对他进行辅导，"成就圣皇资质"。但汉安帝还是没有理会。

汉安帝死后，经过一番乱政，刘保即位为汉顺帝，擢升张皓为司空（相当于御史大夫）。在任期间，张皓认真履行职责，向朝廷推荐了许多贤才，天下都称赞他能够推荐贤才。

在任司空时，张皓遇到了一件公案。

清河人赵腾上书谈论灾变，讥讽朝政。这下不得了，赵腾被抓起来，供出八十多个"指使"他的人，都将因诽谤罪被判处重刑。张皓觉得此事不妥。

他上疏进谏说，贤明的君主，不能对小老百姓加罪。赵腾那些人讥讽朝政，虽然犯法了，但他们说的却是忠言。如果他们由此遭到诛杀，那么，天下人的嘴巴就被堵着了，今后谁还敢尽忠正谏呢？况且，杀他们的做法，也不是昭示后人的方法。

汉顺帝看后，幡然醒悟，免去赵腾死罪，其他人要么被免职，要么被罚往边疆。

可以说，张皓救下了这些人，使得不少家庭为此免遭破裂。

永建四年（129）八月，张皓因"阴阳不和"被免官。阳嘉元年（132），张皓再次出任廷尉。同年，八十三岁的张皓去世。

张纲：生性正直，敢于弹劾"大老虎"

张皓有张宇、张纲两个儿子。张纲（108-143），字文纪，虽然出身高贵，但他没有纨绔子弟的习性。张纲少年时勤奋好学，对儒家经学有一定研究，同时注意气节修养。

汉朝时没有科举考试，人才靠地方官员以"举孝廉"的方式推荐。地方官推荐张纲为孝廉，但他没有去做官。张纲的名气被朝廷主管教化的司徒知道了，征召他担任侍御史（御史大夫的佐官）。

汉顺帝时期，外戚和宦官权势很大，互相勾结，陷害忠良，朝廷乌烟瘴气。生性正直的张纲看到这种情况，很为国家担忧。张纲想以一己之力改变这种状况，他向汉顺帝上书，陈述了对国事的见解和主张。

张纲在奏章中说，想当年汉朝初期，国家兴旺强盛，是因为汉文帝和汉明帝重视道德教化，执政者能恭俭守节。现在呢？赏罚不明，小人当道。张纲希望汉顺帝能"割损左右"，以顺天下人心。结果，奏章呈上去了，被汉顺帝搁置不理。

汉顺帝永建、阳嘉年间，朝政更是混乱不堪，民不聊生，土匪、盗贼横行。汉顺帝派出包括张纲在内的八个专使，到各州郡巡行，宣讲皇帝威德，推荐人才，弹劾奸佞。这个做法，有点类似后来的钦差大臣。

这八个专使，大多是岁数较大的博学名士，职位显要。只有张纲最年轻，官职最低。

张纲塑像

张纲奉命出巡，走到洛阳近郊都亭，把车轮子卸下来，埋在土里，愤慨地说："豺狼当道，安问狐狸！"换成现在的话说就是：不打"大老虎"，打"苍蝇"有什么用？

张纲决定放手一搏。

他草拟奏章，先弹劾太尉桓焉、司徒刘寿"尸位素餐，不堪其职"，又揭露司隶校尉赵峻、河南尹梁不疑、汝南太守梁乾等人贪赃枉法，违法乱纪，应该把他们抓起来送给廷尉治罪。

张纲还指控鲁相寇仪有犯罪行为。寇仪听说后，畏罪自杀。张纲最后把矛头对准了最大的"老虎"：大将军梁冀。梁冀是当朝国舅，朝廷上下，到处都是他的亲信爪牙。张纲上书历数了梁冀等十五条罪状，满朝文武官员都为张纲捏了一把汗。

汉顺帝看到奏章后，知道张纲是仗义直言，而且说的也的确是事实。但汉顺帝不敢惹恼外戚，所以对张纲采取了"两不"办法：既不采纳，也不降罪。

向权贵开刀的张纲算是暂时安全了，但埋下了被梁冀报复的祸根。

当时，广陵郡（今江苏扬州市）有个叫张婴的人，因不满朝廷，聚集数万人杀掉地方官，与官府为敌。朝廷先是派军征剿失败，后来又没国力去平息，导致张婴等反叛力量存在了十多年，像扎在肉里的一根刺，让朝廷头疼不已。

梁冀想了一个整张纲的办法，指使他人推荐张纲出任广陵郡太守。对张纲来说，这的确是一次"虎山行"，但他毫无畏惧。

张纲到广陵后，只带了郡里十多个官员去见张婴。张纲向张婴进行了耐心细致的思想工作，说得张婴热泪盈眶。张婴坦诚地说，他是因为蒙了冤才聚众反抗朝廷的，最初没有过多考虑后果，现在经过张纲的开导，终于明白自己做了傻事。

第二天，张婴带着部下一万多人，向张纲归顺投降。张纲履行了对张婴的承诺，把他的部下解散，让他们回家种地过安泰日子。对张婴，不追究任何责任，还给张婴送房子、送土地，对张婴的子弟亲属，量才录用为官。

按说，张纲不费一兵一卒就把张婴叛乱平息下去，此功至伟，但因为梁冀从中捣乱，朝廷居然没对张纲有半分表示。不过，汉顺帝觉得张纲的确是个人才，想把他召回京城做官。张婴等人知道后，联名上书挽留张纲，汉顺帝只得同意张纲留下。

可惜的是，张纲在广陵才干了一年时间，就染上疾病去世了，年仅三十六岁。张纲逝后，张婴等五百多人为张纲披麻戴孝，负灵扶柩一路到张纲老家彭山，直到安葬完后，才挥泪而去。为张纲哀悼的老百姓，更是不计其数。

为纪念张纲在广陵的功绩，如今的江苏扬州市江都区张纲镇，其得名就出自张纲。

张纲有两个儿子：张续，因张纲去世被朝廷任命为郎中，后来官至尚书；张方，官至豫州牧。

张翼：做事认真，靠才干逐步上升

张翼（？–264），字伯恭，张纲的曾孙。

张翼生活的年代，处于汉末三国时期。虽然出身官宦世家，但张翼的地位是靠自己的才干一步一步打拼出来的。

张翼原来在益州牧刘璋手下做事，刘备入主益州后，张翼成为刘备的书佐（掌管文书缮写等事务的官员）。建安末年，张翼被举为孝廉，出任江阳郡江阳县（今泸州市江阳区）长史。当时大县的长官叫县令，小县的长官叫长史、县长，其实都是县长。

建安二十三年（218），刘备出兵攻打汉中，张翼跟随参战，任赵云的副将，在汉水之战中击破曹军。回来后，张翼转任涪陵县（今重庆涪陵区）县令。不久，升任梓潼郡（治所在今梓潼县）太守，后又转任广汉郡、蜀郡太守。

建兴九年（231），负责治理南中（今大渡河以南的四川、云南、贵州广大少数民族聚居区）的庲降都督李恢去世。诸葛亮考虑再三，任命张翼为庲降都督兼绥南中郎将。

张翼执法严厉，使得少数民族很不高兴。建兴十一年（233），少数民族首领刘胄起兵作乱，张翼出兵讨伐。还没讨平刘胄，朝廷派人征召张翼回朝。

大家认为，朝廷可能是因为张翼没有及时平息叛乱，才召他回朝的。所以，大家建议，张翼最好赶紧回朝去主动请罪，免得拖延时间罪上加罪。但张翼却认为，即使他是因为讨伐不力被召回去的，但接替他的人还没来，现在正是征讨刘胄的关键时期，不能因为被免除了官职而半途而废。

他继续统领事务，加紧组织运送、屯积粮草，为接任者做好后勤工作。接任张翼的马忠到达前线后，张翼才起身回朝。后来，马忠依靠张翼此前扎实的后勤基础，击杀刘胄，讨平了叛乱。

诸葛亮得知后，对张翼大大表扬了一番，加深了对张翼的好感。

建兴十二年（234），诸葛亮兵出斜谷，北伐曹魏，任命张翼为前部都督兼扶风郡（治所在今陕西兴平县)太守。张翼带兵与魏军交战，颇有战绩。诸葛亮病逝后，蜀汉大军撤回成都。

张翼被任命为前领军，并追封讨伐刘胄的功劳，赐爵关内侯（当时二十等爵位中的第十九等，有其号无封地，一般是对有军功的将领的奖励，后来成为虚封）。

延熙元年（238），张翼入朝出任尚书，进入朝廷中枢机构，参与朝廷政务的决策。没多久，张翼升迁为建威督，进封为都亭侯、征西大将军，驻守蜀汉北部边境。

一晃十多年过去了。延熙十八年（255），张翼与卫将军姜维回到成都。姜维提议再次出兵伐魏，大家都说要得，只有张翼提出反对意见：国家弱小，百姓疲惫，不应滥用武力。但张翼的意见没有得到姜维的同意。

同年，姜维率领张翼等人出兵伐魏，晋升张翼为镇南大将军。这次伐魏，前期较为顺利，取得了部分胜利。姜维想趁胜进军，张翼劝谏说适可而止，但姜维不听。结果，魏军援军赶到，姜维只得退军。

景耀二年（259），张翼升任为左车骑将军，领冀州刺史，官位与右车骑将军廖化相等，成为蜀汉政权的重要将领之一。

景耀六年（263），司马昭进攻蜀汉，蜀军节节败退。张翼跟随姜维进入巴西郡（郡治在今阆中市），绕道退至广汉郡郪县（县治在今三台县郪江镇）一带。

刘禅投降曹魏，张翼只得与姜维等到涪县（今绵阳市涪城区）向魏军将领钟会投降。第二年年初，张翼随钟会回到成都。钟会密谋造反，成都大乱。乱兵中，张翼被杀。

张翼的儿子张微，字建兴，"笃志好学"，晋朝时官至广汉郡太守，在"八王之乱"中被杀。

（本文原载于2016年7月24日《华西都市报》）

阆中陈氏家族：一门二相两状元

"陈康肃公尧咨善射，当世无双，公亦以此自矜。尝射于家圃，有卖油翁释担而立，睨之，久而不去……"这是大家非常熟悉的欧阳修写的《卖油翁》。文中的陈尧咨，是北宋著名的四川阆州（今阆中市）陈氏家族中"三陈"兄弟中的老三。

宋朝的四川，曾是全国学术界的领军地，其中的阆州陈氏大家族更是大放异彩，在宋真宗、仁宗之际，陈氏家族"一门两状元，两世三宰相"，当时天下皆以"陈公（省华）教子为法，以陈氏世家为荣"。

元朝剧作家关汉卿根据史料，把陈氏家族有关教育方面的故事演绎成《状元堂陈母教子》，展示陈氏家族科第之盛，皆因陈母教子有方。直到现在，从某种角度来说，这个故事仍具有较为积极的教育意义。

陈省华：教育史上最牛父亲

对于陈省华的祖源，如今有多种说法。

很多义门陈氏宗谱中说，陈省华是义门陈的人。

有的说陈省华的鼻祖是陈朝后主陈叔宝的弟弟宜都王陈叔明（江州义门陈一世祖或发源祖），陈叔明的二儿子陈治能隋末避乱进入四川，定居在阆州西水县（县治在今南部县西河乡高峰村严家坝），陈治能的儿子陈有德的第十四世孙就是陈省华。

陈省华画像

有的说是陈叔宝弟弟南郡王陈叔澄的后裔。

有的说陈省华祖籍北方，"其先河朔人"，也就是今内蒙古河朔地区。

目前最权威的说法是，陈省华先祖世居博州（今山东聊城市）。

陈省华的曾祖父陈翔，唐末时是并州（今山西太原市）的书记官。后来跟随王建入川，出任从事，颇受王建重视。陈翔因为劝说王建不要称帝，惹得王建不高兴，被派往新井县（县治在今南部县大桥镇新井村）做县令。

后来，陈翔辞官定居在西水县。他的儿子陈诩听说后，带着全家入川，与陈翔团聚后移居阆州。

陈省华，字善则，娶当地人冯氏为妻，生有陈尧叟、陈尧佐、陈尧咨三个儿子。后周显德六年（959），时年二十岁的陈省华当上后蜀孟昶政权的西水县县尉（相当于现在的县公安局长）。乾德三年（965），宋灭后蜀，后蜀官员归顺宋朝，陈省华出任陇城县（县治在今甘肃秦安县陇城镇）主簿，又升任栎阳县（县治在今陕西西安市阎良区武屯镇）知县。

在赴任陇城和栎阳期间，冯氏和三个儿子仍留在阆州。太平兴国元年（976），陈省华考中进士。五年后，陈省华出任济源县（今河南济源市）知县时，冯夫人和三个儿子才跟随陈省华一起赴任，离开了阆州。

此后，陈省华历任太子中允、殿中丞、京东转运使、祠部员外郎、苏州知州、鸿胪少卿、开封府知府、谏议大夫、光禄卿等。

景德三年（1006），陈省华去世，享年六十八岁，被追赠为太子少师，封为秦国公（相当于宰相职级，所以把他也视为宰相）。

陈省华虽然生前位列九卿，死后被封公侯，但他最成功的地方，是培养了三个顶尖级人才，成为中国乃至世界教育史上最成功的家长之一。

宋朝轻武略、重文治，对寒门士子来说，通过科举博取功名展现抱负，是一条最佳的途径。陈省华敏锐地意识到了这一点，在为自己的功业不懈奋斗的同时，加大了对儿子们的培养力度。

陈省华家规非常严，有宾客到陈家来拜访陈省华，当时已经十分显贵的儿子们都只能站在一边，弄得客人很是为难。

冯氏更是以节俭为本，不许奢侈浪费。陈省华要求冯氏每天带着贵为诰命夫人的儿媳们下厨房做饭。

当时已身列相位的陈尧咨，妻子马氏是当朝尚书马亮的女儿，忍受不了天天下厨房做饭，叫陈尧咨给陈省华说说，让她不要做饭了。陈尧咨摇着头说，父亲要求严格，不敢去说。

马氏憋了一肚子委屈，回娘家哭诉。一天，马亮碰到陈省华，就说，女儿从小娇生惯养，没做过饭，您老人家就别让她做饭啦。陈省华听了很不高兴，谁说让她一个人做饭了？她只不过是去给我那笨拙的老妻在厨房打打下手而已，她如果连个下手都不会打，难道让老妻一个人做饭？马亮顿时肃然起敬，很受感动，请陈省华多多管教女儿。

陈尧叟：状元出身官至枢相

陈尧叟，字唐夫，号文忠，陈省华的大儿子，北宋名臣。

端拱二年（989），陈尧叟考中状元，受到宋太宗召见。陈尧叟"伟姿貌"，相貌堂堂，器宇轩昂，举止大方得体，回答宋太宗问题时口齿清晰，辞

陈尧叟画像

意畅达，宋太宗很是满意。

第二年四月，宋太宗在同一天提升陈省华、陈尧叟出任秘书丞（掌管文籍等事务），赐给两人绯袍（五品以上三品以下官员穿绯色官服）以示恩宠。父子同日升任同样官职，受同样赏赐，成为千古佳话。

咸平元年（998），时任工部员外郎的陈尧叟，出任广南西路转运使（广西行政长官，又称漕使）。

当时广西比较闭塞落后，最关键的是，广西人还不会打井，很多地方的饮用水都是下雨时的积水或到河沟去取水，导致疾病频发。陈尧叟到任后，大力倡导植树，教当地人打井。

为减轻老百姓劳作、行走之苦，陈尧叟还叫人在大路边每隔二三十里就修建一座凉亭，让行路人避雨、休息。夏天，凉亭里设有盛茶水的缸和饮用的碗勺，茶水由附近村民轮流供给。

此外，陈尧叟还在广西打击巫医，提倡推广医药，培养医学人才，挽救了不少老百姓的生命。

他又在广西推广种植苎麻，使得本来产在北方的苎麻，开始在南方推广开来。

景德元年（1004），辽军南下，直逼澶州（今河南濮阳市），朝野震恐。陈尧叟主张避其锋芒迁都求和，受到主战派寇准的指斥。在这个事情上，后世以戏剧的夸张化演绎，使得陈尧叟大多以负面形象出现。

当时战事频繁，急需军马。宋真宗任命陈尧叟兼任群牧制置使。在中国职官史上，陈尧叟是最先出任制置使职务的。陈尧叟任职期间，拟订条例，著有《监牧议》，首次建立了宋朝的马政。

大中祥符元年（1008），陈尧叟升任工部尚书。四年后，陈尧叟升任检校太尉、同平章事、枢密使，号为"枢相"，位极人臣。

陈尧叟脚上患病，行走困难，请求辞去枢密使职务，但宋真宗没同意。陈尧叟只得告假在家养病，宋真宗亲临他家探视。

后来，陈尧叟再次请辞，宋真宗才勉强同意，让他到河阳府做通判（相当于副知府，负有监察职责）。陈尧叟出京向宋真宗辞行，宋真宗特许他的小轿一直抬到便殿，让他坐着谈话。

天禧元年（1017），陈尧叟病危，宋真宗叫他回京。不久，陈尧叟去世，享年五十七岁。宋真宗为他停朝两天以示哀悼，追赠其为侍中，谥号"文忠"。

陈尧叟有人才、文才、干才，政绩上有多方面成就，著有二十卷《请盟录》，《全宋诗》收录有他的九首诗。

宋真宗为表达对陈尧叟的恩宠，赐他的大儿子陈师古为进士出身，陈师古官至都官员外郎；他的两个孙子陈知言、陈知章为将作监主簿。

陈尧叟另一个儿子陈希古，官至太子中舍，后因犯事被除籍。

陈尧佐：出身进士成就最大

陈尧佐，字希元，号知余子，陈省华的二儿子，水利专家、书法家、诗人。

据说，著名的道家学者陈抟曾对陈省华说："您的三个儿子都当为将相，唯有二儿子显贵而且年寿高。"

陈尧佐的仕途比陈尧叟曲折得多，但成就在三兄弟中最大。

端拱元年（988），陈尧佐与大哥陈尧叟一起参加会试，考中进士，出任河北魏县、河南中牟县县尉，后来以试秘书省校书郎身份出任朝邑县（县治在今陕西大荔县朝邑镇）知县。

陈尧佐画像

当时恰逢陈尧叟揭发宦官方保吉的罪行，方保吉诬陷陈尧佐，陈尧佐被降职为朝邑县主簿。

咸平二年（999），陈尧佐升任开封府推官（相当于法院院长）。他上书指责时弊，说他人所不敢言，因此触怒宋真宗，被贬为广东潮州通判。陈尧佐在潮州新修孔庙，建韩愈祠，大力发展潮州教育事业。

在潮州期间，陈尧佐做了一件震动当地的大事。

咸平三年（1000），当地百姓张某的儿子在江中洗澡时被鳄鱼吃掉。陈尧佐听说后，很是伤心，叫人划着小船拿着网捉住鳄鱼。陈尧佐为此撰写了《戮鳄鱼文》，把鳄鱼当街示众，并杀掉煮熟，让大家吃肉。

几经起落后，天圣二年（1024），陈尧佐晋升为枢密直学士、河南府知府。三年后，陈尧佐出任开封府同知（副知府），累迁右谏议大夫，翰林学士。

天圣七年（1029），陈尧佐出任枢密副使，后以给事中的职务任参知政事（副相）。宋仁宗亲政后，陈尧佐被罢相，外放出任永兴军知军。

景祐四年（1037），陈尧佐被授任同中书门下平章事、集贤殿大学士，再次拜相。第二年，因国内出现数次灾异，陈尧佐再次被罢相。

康定元年（1040），陈尧佐以太子太师职级退休。庆历四年（1044），陈尧佐去世，享年八十二岁，被追赠为司空兼侍中，谥号"文惠"。

陈尧佐一生政绩卓然，在陈家可以说是业绩最大的，尤其是在水利建设方面。

陈尧佐在任两浙转运副使时，为防备钱塘江潮水带来的灾害，以前都是用竹笼装石筑堤，但堤在第二年就毁坏，他采用下薪实土法，也就是放进柴薪装满泥土，有效地阻挡了潮水的冲击。

陈尧佐在任并州（今山西太原市）知州时，境内汾水此前常常涨水，堤防千疮百孔，经常闹灾。陈尧佐把治理汾水作为最大政务，他接受当地有治水经验者的建议，在汾水两岸筑堤植柳，使得汾水堤防转危为安。

天禧三年（1019），黄河决口，宋真宗紧急把陈尧佐调任河北转运使兼滑州（今河南滑县）知州，督理河务。

陈尧佐到任后，把工作重心放在"治黄"上。他巡视堤防，查勘水情，慰问百姓，研究制定治水办法。

此时的堤岸因黄河水位过高，已被浸泡得像一堆泥土，根本不可能直接夯实加固。所以，首先要减轻洪水的冲击，才能筑堤。

经反复试验，陈尧佐亲手绘图，"造木龙（形状像木梳的一种防汛拦水工具）以杀水势"。用木龙减消水势后，用埽（用柳枝、秫秸、草扎成并填以土石的防汛工具）填充土石的固堤方法，修筑河堤。

这样节节推进，县县相连，筑成了一条长堤。这条大堤从滑州起，经东昌（今山东聊城市）、临清、夏津、恩县（今山东平原县恩城镇）、德州等州县，绵延上千里，人称陈公堤。

陈尧佐为官清正，敢作敢为，生活俭朴。家里的器物衣服坏了，他都叫不要扔掉，缝补后继续用。

陈尧佐的诗文是父兄中最好的，著有文集三十卷。陈尧佐还擅长书法，喜欢写一丈见方的古隶字，笔力端正遒劲，点画肥重，人称堆墨书。

陈尧咨：本是文状元却成了武将

陈尧咨，字嘉谟，陈省华的第三个儿子，北宋大臣、书法家。

咸平三年（1000），陈尧咨考中文状元。景德三年（1006），陈尧咨担任殿试考官时，因受请托帮人作弊而获罪，被贬为单州团练副使。后回到京城，在任上因破格提拔寒门士子，受到宋真宗嘉奖，升任为右谏议大夫，集贤院学士，以龙图阁学士、尚书工部郎中出任永兴军知军。在永兴军，他引龙首渠水入城，惠利于民。

陈尧咨性情与陈尧叟、陈尧佐大为不同，刚戾急躁，做事不循法度，用刑

陈尧咨画像

惨酷，下手较狠，经常致人死命，所以他的仕途受到影响，起落较大，任职繁多。

后来代理开封府知府、武伶军节度使，陈尧咨心中很不爽快，上疏要求辞职。皇太后专门单独召见他，教导他。但他仍然不改习气，经常让军士拿着大木棍站在一边，官员、百姓说话稍微不中意，就叫军士抡起大木棍狠打。

景祐元年（1034），陈尧咨在天雄军知军任上去世，享年六十四岁，被追赠为太尉，谥号"康肃"。这也是欧阳修在《卖油翁》中第一句话"陈康肃公尧咨"的由来。

作为一名文状元，陈尧咨却走上了武将的路，最后被追赠为武将中的最高职级太尉，可谓是例外。

陈尧咨的武功算是很不错的，练得一手好箭法，自称小由基（春秋时楚国有个神箭手叫养由基）。据说，他曾用小铜钱为箭靶，一箭穿孔，欧阳修说他的射技"当世无双"。

陈尧咨"以此自矜"。他从荆南知府任上回京，母亲冯氏问他："你掌管那个地方，有什么新政？"陈尧咨很是得意地说："荆南那地方啊，地处要冲，没什么事情做。官员们往来密切，白天我宴请他们时，每次都用射箭来取乐，大家都很敬佩我。"

冯氏一下拉长了脸："你的父亲教你要以忠孝报效国家，你不施行仁化之政却专注于个人的射箭技艺，这是你死去的父亲的心愿吗？"说着，冯氏抓起棒子朝陈尧咨打去，陈尧咨身上代表职级的金鱼配饰都被打碎了。

陈尧咨擅长写隶书，是个书法家。

他的儿子陈述古，官至太子宾客；陈博古，笃学能文，官至馆阁校勘，可惜早逝。

身后事：陈家后人留在河南

陈省华一家出川后，住在今河南新郑市郭店镇宰相陈村。

陈省华父子去世后，朝廷把他们赐葬在一起。他们的后裔为了守墓，就近靠着墓地定居下来。

后来，金兵南下，北宋灭亡，部分陈姓人逃亡到河北，一部分人南下，一部分人坚持留下，继续守墓。现在，宰相陈村，有陈省华后裔上千人。

在陈省华的故里南部县大桥镇，留有不少"三陈"的遗迹。大桥镇东北的读书岩，是陈家三兄弟幼年时读书的地方，当地俗称状元洞，又叫台星岩、将相堂。大桥镇后的金鱼山上，有三陈祠，大厅里有陈家三兄弟的塑像。阆中市还有"三陈"故居所在的三陈街。

有一种说法认为，陈省华及"三陈"死后，陈尧叟的二儿子陈礼古、陈尧佐的二儿子陈求古、陈尧咨的二儿子陈宗古迁回阆中居住。但阆中至今没有任何记载和文物支持这一说法。

如今，阆中、南部一带有很多陈姓人说是陈省华的后裔。有学者考证后表示，陈省华全家离开阆中后，陈省华的曾祖父陈翔在阆中、南部的后人，只有陈省华的叔父陈珩文和陈省华的弟弟陈省恭的后裔。

当然，不排除在后世中，有陈省华的后裔从外省迁徙入川。

（本文原载于2016年9月4日《华西都市报》）

新都杨氏家族：父亲首辅儿子状元

明朝时，四川杨氏最为有名的，莫过于新都的杨氏家族了。

明朝成化年间，新都人杨春考中进士。杨春的儿子杨廷和，比老爸更有出息，在老爸还没考中举人、进士时，他就先考中了举人、进士。杨廷和后来官至华盖殿大学士，拜太傅，成为内阁首辅（相当于宰相）。杨廷和的弟弟杨廷仪，也是进士出身。

杨廷和有两个儿子，杨慎（杨升庵）和杨惇。杨慎在明武宗正德六年（1511）考中状元，杨惇也是进士出身。杨惇的儿子杨有仁，也是进士。新都杨氏家族，四代人出了六个进士，其中一个首辅、一个状元，至今仍是四川的一大骄傲。

杨春：严格教育神童儿子杨廷和

新都杨氏家族先祖原来住在江西庐陵，元末兵荒马乱时，迁徙到湖广麻城，后来又入川，定居在新都，以种地为生。另有一种说法是，新都杨氏家族祖籍广东梅州，从麻城迁川，开基祖为杨世贤。

到了杨枚这一代，杨枚读书终于有了一点出息，当上了贵州永宁州的吏目。吏目是低级办事官员，职位不高，但好歹也算是公务员，吃国家粮的，不再是农民，脚上也不再粘泥了。

杨枚为官，是杨家从耕读之家发展为书香门第，进而踏上仕途成为官宦世家的开始，具有开创性的意义。

杨枚的儿子杨春，比他有出息，读书也用功，很有发展前途，杨枚把希望都寄托在杨春身上。但杨春考了多次，连个举人都没考上。

到了成化七年（1471），杨春的儿子杨廷和都十二岁了。据传，这年，杨春带着杨廷和一起去参加乡试。也许杨春把儿子带去，是为了让他见见世面，但考官却以为他是来参加考试的，也发了一份试卷给他。

结果让人大跌眼镜，十二岁的杨廷和考中了举人，而杨春还没考上。这可是一个大新闻，杨廷和可以说是史上最小年龄的举人，夸他为神童也不为过。

不过，杨春在三年后的再一次乡试中，不负众望，也考中了举人。

成化十七年（1481），在杨廷和考中进士后的四年，四十七岁的杨春也考中了进士。杨春后来当上了湖广提学佥事。提学是提督学政的简称，属专门负责文化教育的地方行政官职；佥事相当于现在的副职或助理职务。提学佥事，相当于教育厅副厅长或厅长助理，副厅级领导干部，算是不小的官员。

杨春秉承了父亲杨枚的家教传统，对子孙的教育更是严格有加："以立法自检，勿侈、勿怠、勿苟徇人意。""修身正家，吾人分内事；居官能推之国与天下，乃为实用。"

在他的教育下，神童儿子杨廷和后来果然有了大大的出息。

杨廷和：担任了十三年的内阁首辅

杨廷和（1459–1529），人长得很帅，风度翩翩。《明史》中说："廷和为人美风姿，性沉静详审，为文简畅有法。"简直就是潘安再世、司马相如重生。

杨廷和画像

而且，杨廷和还被《明史》单独作了列传，字数多达四千六百四十一字。他的儿子杨慎，作为明朝四川唯一的状元，列传才九百六十九字。

杨廷和活了七十岁，除了杨春去世后回家守孝三年外，做官长达四十三年。他先后在明宪宗（成化）、明孝宗（弘治）、明武宗（正德）、明世宗（嘉靖）四个皇帝手下做官。

正德七年（1512），内阁首辅李东阳退休，杨廷和接任，直到嘉靖三年（1524）辞官，前后共担任了十三年的内阁首辅。

首辅是明清两代首席大学士的习称，有宰相之权而无宰相之名。中国帝王中的"劳动模范"朱元璋废除宰相一职后，设立内阁，进入内阁的官员称为大学士，以区别翰林院学士。明朝中期后，内阁大学士成了实际上的宰相，被称为辅臣，首席大学士称为首辅。首辅职权最重，主持内阁大政，权力最大。

杨春一辈子为人刚正不阿，所以也以此教育杨廷和。杨廷和深受父亲影响，一生以"立身四字：正直忠厚"为做人准则。

这的确是做人的优秀原则，但在做官上却不一定是好事。给他惹来大麻烦的，正是他的书生意气。

正德帝没有后代，他驾崩后，没有法定的子嗣承继皇祚。按规定，得在正德帝近支的宗藩中找一个皇子来承祧。这项艰巨而光荣的任务，毫无迟疑地落在了杨廷和身上。经过一番考虑后，杨廷和选中了十五岁的朱厚熜。

朱厚熜的父亲兴献王朱祐杬，是正德帝的亲叔叔，朱厚熜是正德帝的堂弟。朱厚熜进京后，按礼制，杨廷和要他走一道法律程序，过继给他的伯父明孝宗朱祐樘，也就是正德帝的父亲。这样的好处是，朱厚熜将以明孝宗的儿子而不是侄子的身份继承皇位，这种做法叫承祧。

朱厚熜虽然只有十五岁，但少年老成，为了能当上皇帝，什么都好说，就答应了杨廷和。结果，朱厚熜登基当上皇帝后，态度立即发生了变化。

刚当上皇帝六天，朱厚熜就下诏叫大家讨论如何尊崇他的亲生父母。杨廷和见势不妙，就以承祧的原则提醒他。朱厚熜狡辩说："孝宗本是伯父，如何变成了父亲？兴献王本是生父，怎么又变成了叔父？"

此后，围绕这个问题，朱厚熜与以杨廷和为首的大臣们进行了无休无止的斗争。这就是明朝历史上著名的"大礼议"事件。

应该说，杨廷和坚持的是正确的事情。历史上关于承祧的游戏规则，在他看来是不可更改的。这是文人政治家可爱的一面，也是可悲的一面。

因此，杨廷和固执地坚持己见，上了近三十篇奏章。朱厚熜气得不得了，对他开始有了成见。杨廷和见朱厚熜如此，心生去意，多次上奏要求辞官。嘉靖三年（1524）正月，早就不耐烦了的朱厚熜顺水推舟，同意杨廷和离任。

嘉靖七年（1528），朱厚熜重定"议礼"诸臣之罪，杨廷和被定为罪魁祸首。朱厚熜还降敕称，杨廷和"以定策国老自居，门生天子视朕"，将他削职为民。第二年，杨廷和在新都老家病故，以平民礼下葬。

杨廷和辞职回到老家，压根没想到他这么一走，会给儿子杨慎带来巨大的灾难，新都杨氏家族由此开始走向衰落。

杨慎：比老爸更厉害的神童状元

读过《三国演义》的读者都应该知道，小说开篇就是一首词："滚滚长江东逝水，浪花淘尽英雄。是非成败转头空。青山依旧在，几度夕阳红。白发渔樵江渚上，惯看秋月春风。一壶浊酒喜相逢。古今多少事，都付笑谈中。"这首词，成为电视剧《三国演义》的主题歌。

很多人以为是作者罗贯中写的，很少人知道是杨慎写的。

杨慎（1488-1559），字用修，别号升庵，世人喜欢叫他杨升庵，人称明朝第一大才子。

他的老爸杨廷和算是一个神童了，但杨慎比老爸还厉害，七岁熟背唐诗，十一岁能作诗，十二岁时跟爷爷杨春学《易经》，不到一个月就能一字不漏地

杨升庵石刻画像

背下来，还能拟作《古战场文》《过秦论》等大块文章，让大家惊讶不已。

十三岁时，杨慎随老爸进京，一路上写了很多诗文。当时的文坛领袖、文渊阁大学士李东阳读后激动不已，"见而嗟赏，令受业门下"，还不顾身份地称他为"小友"。

二十一岁那年，杨慎参加会试，不料试卷被烧坏，落榜了！

他埋头复读又三年，二十四岁时终于一鸣惊人，考中了状元。正德帝很喜欢他，叫他去翰林院做修撰。翰林院的修撰，是官名，主要工作是修撰国史。

杨慎继承了父辈为人正直的品质，看到贪玩好耍的正德帝不务正业，先是呈上《丁丑封事》奏章，指责正德帝"轻举妄动，非事而游"。看到正德帝不闻不理他，他写了首《西江月》："紫塞朝朝烽火，青楼夜夜弦歌。"然后，杨慎请病假，一拍屁股，转身回到新都老家，炒了正德帝的鱿鱼。

朱厚熜继位后，杨慎重回翰林院上班，升任经筵讲官，主要工作是给皇帝上大课。

"大礼议"事件中，杨慎也被卷了进去，坚决地站在老爸的一边，维持皇统。"大礼议"吵来闹去，竟吵闹了三年。杨慎等人在这个事件中，居然新创造了一门学问——训诂考据学。

后来，杨廷和吵累了，主动辞职。杨廷和回家后，左思右想，写了一首词《水仙子·八月十六日有怀·寄京师两儿》，告诫还在朝廷的杨慎和杨惇，为官要谨言慎行，三缄其口。可惜，杨慎没把老爸的话听进去。

杨廷和一走，朝中再没有像他那样坚持原则的强势大臣了，皇权终于不再受相权的制约。朱厚熜在几个拍马屁的大臣的拥护下，下诏改称生父为恭穆皇帝。

朝会结束后，杨慎和一两百个大臣聚集在左顺门下跪请愿。杨慎给大家鼓气说："国家养士百五十年，仗节死义，正在今日！"

在皇宫里聚众闹事，这还了得！朱厚熜几次叫他们走，他们都不走。最后，朱厚熜也毛了，派锦衣卫抓了领头的八个人。

杨慎等人都很不爽，咋的，君子动口不动手啊，三年多来都没动过手，现在居然动手了！这么整，就不好耍了哈。杨慎带头大哭，其他官员跟着一起哭，哭得昏天黑地。

那天，正是农历七月十五，俗称鬼节。一两百人在皇宫里扯着喉咙号啕大哭，这是什么事儿啊！朱厚熜彻底毛了，哭，哭什么丧？人家刚上台屁股还没坐热，你们就跑来哭！

他下令把所有哭的官员都抓起来，打入大牢。两天后，把他们押上朝廷，当众脱了裤子，用大棒子打屁股，这就是廷杖。"大礼议"事件，以十八名官员死于酷刑、一百八十多人被贬职废黜、八人永远充军宣告结束。

杨慎很惨，第一次被打得死去活来，屁股上的疤还没好，又挨了一次暴打。更惨的是，他被永远充军云南永昌卫（今云南保山市），而且是不可赦回。

这一年，杨慎三十七岁，正是风华正茂为祖国快马加鞭做贡献的大好年龄，真是可惜了。当年农历八月，中秋节还没到，在缇骑兵的押解下，杨慎离京，前往谪戍地云南永昌。

这一路，走了近五个月。

途经湖北江陵，看到江边一个渔夫和一柴夫正在煮鱼喝酒，谈笑风生，杨慎不由得感慨万千，文思泉涌，写下了那首脍炙人口的《临江仙·滚滚长江东逝水》。后来，罗贯中把这首词用在了他的小说《三国演义》中，作为开篇词。

值得补充说明的是，关于杨慎这首词究竟写于何时何地，如今在学界还有争论，此处只是取其中较为主流的一种说法而已。

在云南，杨慎把所有心思都放在了做学问上。他四处游历考察，著书立说，设馆讲学，广收弟子。在云南的三十五年里，他的作品是整个大明朝最多的。《明史·杨慎传》中说："明世记诵之博，著作之富，推慎为第一。""诗文外，杂祝至一百余种，并行于世。"

王夫之极为推崇杨慎的诗歌，称赞其诗为"三百年来最上乘"，其人为"千古第一诗人"。

杨慎年近七旬时，曾在泸州短住，不久又被押回永昌。嘉靖三十八年（1559）七月，杨慎客死在永昌。

死前二十多天，杨慎写下一首名为《六月十四日病中感怀》的诗："七十余生已白头，明明律例许归休。归休已作巴陵叟，重到翻为滇海囚。迁谪本非明主意，网罗巧中细人谋。故园先陇痴儿女，泉下伤心也泪流。"诗中言辞颇为凄伤，字字血泪，令人唏嘘不已。

杨慎死后，新都杨氏家族开始走向衰落。

（本文原载于2015年3月15日《华西都市报》）

西充黄氏家族：一门三翰林，父子两帝师

西充县扶君乡黄家沟村有七个组，居民们大都姓黄，属于同一个家族。这个黄氏家族，在明朝后期以"一门三翰林，父子两帝师"而闻名。其中最有名的，当属有着"从今诗苑书坛史，记下东坡第二人"美誉的黄辉。

黄辉第十六代后裔黄格铭说，黄家沟村三组和四组居民是黄辉的直系后裔，其他组的是黄辉的旁系后裔。四组至今保留有黄辉的祖祠，但已经很古老、破旧了。黄辉的名字，也像这座祖祠一样，悄无声息地被岁月"湮没"了很久。

黄辉，何许人也？黄辉家族，在明朝创造了怎样的辉煌？

祖祠匾额，证明家族曾经辉煌

步入位于南充市区桑园路与红光路交会处的南充

文庙，走进清雅肃穆的乡宦祠。与其他地方文庙乡宦祠供奉牌位不同的是，这里供奉的乡宦们，是文字简介或简介加画像。乡宦祠供奉的是本地出身并有一定社会影响力的官员。

南充自古名人众多，在乡宦祠供奉的名人中，有的只有文字简介，有的则是简介加画像。黄辉属于后者："黄辉，字平倩，明时南充县人。万历进士，选入中秘。为光宗讲读东宫。长斋修净业，文名动天下。尤精翰墨，'诗书双绝'，海内多宝之。"

从画像来看，黄辉有着一张国字脸，高鼻、浓眉、大眼，厚实的下巴，给人以坚毅与稳重之感。当然，画像为今人所作，或许与真人差异很大，但透过文献的记载，还是有几分神似。

嘉靖三十四年（1555），黄辉出生在黄家沟的黄家老宅。如今的黄家沟村，仍保留有黄家老宅，当地黄氏族人称为黄家祖祠。

在扶君乡的乡道上，有一条岔路通往黄家沟。这条仅容一辆汽车通行的水泥路，在山间蜿蜒迂折，形势险要处，一侧数米高顶悬巨大岩石，一侧崖下是民居。

下得坡来，进入一片平坝。黄家祖祠，背后靠山，地势比附近民居高出一阶。祖祠青瓦覆顶，木结构，除正堂外，两侧为上下两层。正堂外两根粗大的

保存至今的黄辉祖祠　黄勇摄影

"父子承恩"匾 黄勇摄影

"簪缨世胄"匾 黄勇摄影

圆木支柱，朱漆剥落，依稀可见昔日神采。

黄格铭说，祖祠保存最为完整时，房屋一直延伸到一百米外的菜地，拥有多个天井和厢房。与此为佐证的是，清嘉庆版《南充县志·舆地志·古迹》中记载黄家祖祠时说："庭堂甚宏大……堂上木扁书'父子承恩'四字及黄子元、黄辉、黄熿职名，黄氏家谱藏于此宅。"

在黄家祖祠门上，挂着一块复制的匾额"父子承恩"，原件已被有关部门收藏保存。

匾的上方，写着："敕授王府长史赠翰林院谕德河涧府太守山东按察使司黄子元"；匾的左边是："赐进士第翰林院庶吉事钦命山西主考詹事府兼翰林院侍读学士东宫日讲礼部右侍郎黄辉"；匾的右边是："赐进士第内阁主事兵部武选司 钦命福建主考山东按察使司河南布政两省监察御史黄熿"。

有学者认为，"父子承恩"四个字，极有可能是黄辉的学生、明光宗朱常洛写的。黄家沟人一直把这块匾供在祖祠的祖宗牌位上，也就是神龛的上方。

以前，祖祠还有多块牌匾，如康熙五十四年（1715），四川省主管教育的提督学政廖赓谟，奉康熙帝之命，向在明朝世代做官的黄辉家族颁发"簪缨世胄"（特指世代做官的人家）匾额，以表彰黄家在明朝的功名业绩。

祠堂正门上方，以前挂着"天下太平"匾。此外，还有多块匾，都先后被毁了。当地一村民家柴门上镶嵌着的木板有残缺不整的字，是取自祖祠中的"远绍前徽"匾。

四川省江夏文化研究会的专家通过对"父子承恩"等匾以及《明史·列传·文苑四》《明清档案》《四川通志》、清嘉庆版《南充县志》、湖南宁乡县花明楼镇泉塘坪《黄氏族谱》《台湾黄氏族谱》等史籍和族谱的记载，大致还原了这个黄氏家族从发端到显赫到衰微的历史。

一家三代，奠定家族发达基础

明初，一支黄姓人迁到南充境内。由于缺失明确的史料，这支黄姓人入川后的数代人至今难以考证，只能追溯到黄辉曾祖父黄铣泽一代。

黄辉家族的兴盛发端，是从黄铣泽开始的。

黄铣泽通过发奋读书，考取了一等秀才，也就是廪生，每月能得到官府廪膳补助六斗米。黄铣泽一生没有做过官，但他培养出了儿子黄廷珍。

黄廷珍是正二品京官，曾任职江南按察使司，巡按苏州、湖州、河阳州，奠定了黄氏家族发达的基础。

黄廷珍的儿子，也就是黄辉的父亲黄希正（字子元，号春亭），读书很厉害。嘉靖十九年（1540），黄子元在四川乡试中，考取了解元（举人第一名）。此后，黄子元当过知县、同知（副知府）、知府、御史、按察使等。

因黄子元为官清廉稳练，严于律己，仁慈爱人，宽厚惠民，隆庆帝朱载垕敕授他为王府长史、翰林院谕德，黄子元由此进入翰林院。

翰林院谕德的职责，是专门负责对太子进行道德教育。黄子元的学生，是太子朱翊钧，也就是后来的万历帝。

隆庆六年（1572），隆庆帝驾崩，朱翊钧即位，年号万历。

因工作干得出色，按照首辅张居正规定的教学内容，黄子元继续担任万历帝的谕德老师。万历十年（1582），张居正去世。万历帝不仅废止了"万历新政"，还对张居正进行了清算。曾经对万历帝进行过严格教育的黄子元，毫无悬念地"失业"了。

黄子元赋闲回到老家，把黄家沟的老宅重新进行修整，在南充县境内选择自然条件好的多个地方购置田产，颐养天年，直到去世。黄家老宅，至今仍住着他的后裔。

黄子元有黄光、黄辉、黄耀、黄燿、黄烨五个儿子以及一个女儿。五个儿子中，最有出息的是黄辉。

十五岁那年，黄辉考中四川解元

黄辉，字平倩（昭素），号慎轩，又号无知居士、云水道人。

黄辉出生在黄家沟的黄家老宅，七岁时，进入顺庆府金泉书院读书，拜任瀚为师。任瀚也是西充人，嘉靖八年（1529）考中进士，官至翰林院侍讲，是"嘉靖八才子""西蜀四大家"（杨慎、任瀚、赵贞吉、熊过）之一。

万历元年（1573），十五岁的黄辉参加四川乡试，一举夺得解元，比父亲黄子元厉害多了。但黄辉没有进一步去参加会

南充文庙中的黄辉画像　黄勇摄影

试。万历四年（1576）八月，黄辉的母亲范氏去世。按古制，黄辉为母亲居丧守孝三年。

万历十七年（1589），黄辉进京赴考。经殿试后，黄辉位列二甲二十四名，次年被选为庶吉士，三年后出任翰林院编修。

这一年与黄辉一同考中进士的，还有后来大名鼎鼎的董其昌、陶望龄、焦

南充北湖公园东门的黄辉塑像　黄勇摄影

竑、高攀龙等人。

万历二十二年（1594），黄辉痛失夫人，此后"终不再娶"。

不久，黄辉升任右中允，担任东宫日讲官，给太子朱常洛讲课。万历帝一直不喜欢太子朱常洛，专宠郑贵妃，而王皇后体弱多病。朝中正直大臣私下认为，王皇后死后，郑贵妃就会升任皇后，郑贵妃的儿子也会替代朱常洛为太子。

黄辉作为朱常洛的老师，对此感触更深。万历二十八年（1600），黄辉与时任给事中的老乡王德完合计，由黄辉起草奏章，王德完呈进，"欲主上笃厚中宫"。希望万历帝对朱常洛好一些。

结果，万历帝看到奏章后，"震怒，立下诏狱拷讯"。王德完被痛打一百大板，差点遭打死，又被革职还乡。黄辉冒着风险奋力救王德完。有好心人劝他不要这样做，黄辉义正辞严地说："吾陷人于祸，可坐视乎？"

由于黄辉身份特殊，是太子的老师，万历帝没有过多追究他的责任。但他已经看破世事，心灰意冷。

万历三十年（1602），黄辉以"吾父春秋高，吾当归养"为由，辞去职务，请了长假，游历渑池、嵩山、登封、当阳后，经三峡回到老家。

万历三十九年（1611），黄辉被起用为右春坊右庶子、少詹事兼翰林院侍读学士。没想到，第二年七月，黄辉就病逝了。天启元年（1621），黄辉被追赠为礼部右侍郎。

对于黄辉去世的时间，如今有不同的看法。

另一种说法是，黄辉自辞职回乡后，一直闲居山野。万历四十八年（1620）初秋，万历帝驾崩，朱常洛继位，是为明光宗，改年号为泰昌。

朱常洛起用一批被万历帝打压的忠良大臣,黄辉被任命为少詹事兼侍读学士。为表彰黄子元、黄辉父子两代帝师,朱常洛叫人制作了"父子承恩"匾和"无死牌"（俗称免死牌）,送往黄辉老家。

没想到的是,刚当上皇帝二十九天的朱常洛,暴病驾崩了,成为中国历史上倒数第二的短命皇帝。

正在老家的黄辉,悲喜交加中病倒了。第二年,黄辉去世。清朝嘉庆《四川通志》载:"朝廷方欲大用,辉先期卒。"

诗书双绝,公安派重要成员

黄辉为人心口爽快,耿介仗义,加上才华横溢,与公安派的代表人物们志趣相投,交往密切。

黄辉在翰林院任编修时,与袁宗道、袁宏道、袁中道、陶望龄、江盈科等人,在北京西郊的崇国寺组织蒲桃社,饮酒谈禅,交流文学,成为公安派的重

黄辉行草《碧云天》真迹 （黄格铭供图）

要作家之一。

黄辉精通儒释道，刻意学习古文，推崇"文主秦汉，诗规盛唐"的主张，以韩愈、欧阳修的文体为范本，"推崇乐天、东坡诗文"，使得当时翰林院的文风大为改变。

黄辉的传世诗作有四十多首。他的诗，"清新轻俊，自舒性灵，状景抒情，真切动人"，与公安派主将陶望龄齐名。如《白沙驿》："山驿冷荒荒，昏烟带叶黄。窗交蛛网月，垣隙虎蹄霜。携手同人尽，回身独夜长。佳期唯有梦，梦去转苍茫。"

黄辉的文学作品除《铁庵集》《平倩逸稿》《怡春堂集》《慎轩文集》等传世外，清朝康熙《西充县志》和嘉庆《南充县志》，收录了他的疏、策、记、序、诗、赋及杂著五十多篇（首）。

黄辉更是著名的书法大家，有不少作品传世，件件堪称精品。他的书法，以行、草见长，特点是"布局疏朗，行气脱落，韵致潇洒，墨法圆润"。

据说，黄辉曾被万历帝称赞为"仙笔"。有一年春节，万历帝大宴群臣，黄辉写一幅"天下太平"的匾额挂上宫门。挂好后，大家才发现，"太"字少了一点，是"大"字。就见黄辉拿起毛笔，饱蘸浓墨，然后往上一扬，恰好在"大"字下添上一点，万历帝高兴地称

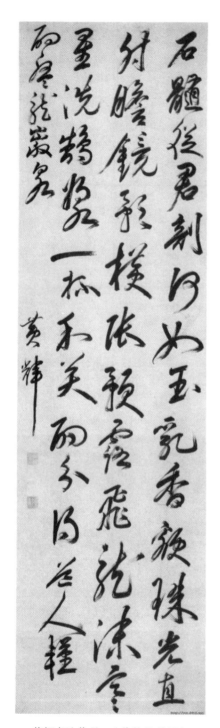

黄辉书法作品 （黄格铭供图）

赞他是"仙笔"。

清朝书法理论大家倪苏门评价说，明朝书法以邢侗、黄辉、米万钟、董其昌为四大家，与初唐的欧阳询、虞世南、褚遂良、薛稷，宋朝的蔡襄、苏轼、黄庭坚、米芾相提并论。世人称其书法成就"可比苏东坡"。

黄辉很珍惜笔墨，平时不肯多写字。

很多人仰慕他的字，经常通过各种门道向黄辉求字，有的很多年都没得到黄辉的一个字。有人说，黄辉生前，一个扇面的书法就能值"数金"。

黄辉告假回乡后，去拜访恩师任瀚。谁知，八年前，任瀚就去世了。黄辉为任瀚坟茔培修墓基，在凭吊任瀚在山中面壁读书的石屋时，在洞口上方题写了"飞仙洞"三个大字。如今，这三个字仍依稀可辨。

南充城区北湖公园东门的南充籍明朝四大文化名人塑像背后的书法墙，有黄辉书法展示，体现出黄辉书法"行气脱落，墨法圆润"的特点。

在黄辉任职的翰林院同事中，大家公认的是，诗文要数陶望龄，书画则是董其昌。而集诗文、书法二者之大成者，是黄辉。时人称誉黄辉是"诗书双绝"，风头盖过陶望龄、董其昌。

黄辉家族，明朝亡后走向衰微

黄光是黄辉的大哥，因父亲常年在外做官，懂事时就帮着母亲干活，照顾弟弟、妹妹和老人。黄光没读什么书，终身在家打理家业。

老三黄耀天资聪颖，十二岁就考中秀才。后来被南充县推荐进入国子监读书，成为贡太学生（相当于举人副榜）。

老四黄燿，字昭质，在黄辉考中进士后三年的万历二十年（1592），也考中进士，后来历任职汝南大参、山东按察使司、河南布政使司、山东河南两省监察御史、户部内阁主事、福建主考官、内阁主事兵部武选司等。明朝官员要进入内阁，先得进翰林院，所以黄燿也算是翰林。

老五黄烨，读书不多。一辈子在家协助大哥黄光打理家业。

黄辉的妹妹黄杨氏，识文断字，多有文采，嫁给同乡进士杨文举。杨文举官至通政司通政使（正三品）。

黄耀的儿子黄昌胤，崇祯十年（1637）考中进士。七年后，李自成攻进北京，明朝灭亡。吴三桂打着为崇祯帝报仇的旗号，引清军入关，包括黄昌胤在内的旧明官员，对吴三桂、多尔衮感激涕零。经多尔衮推荐，黄昌胤被任命为陕西巡按。

顺治二年（1645），黄昌胤在陕西"察吏安民"，看到清军对汉族人大开杀戮。尤其是"扬州十日""嘉定三屠"的消息传来后，黄昌胤发现走错了路。第二年，黄昌胤秘密派遣心腹，暗中与南明弘光政权联系。结果事情败露，被陕西总督孟乔芳以"通贼谋逆"罪处斩。

值得一提的是，在明末乱世中，黄辉家族出了一个被嘉庆版《南充县志》称为"烈女"的女子杜黄氏。她是黄辉儿子黄昌言的女儿，夫君早死，留下一个遗腹子。

明朝灭亡的消息传来，黄昌言和儿子黄仕愉悲痛万分。孀居在娘家、守节十七年的杜黄氏对哥哥黄仕愉说，黄家世代受皇恩，如今大明灭亡，黄家要有殉节才对，然后就上吊自杀了。此后，黄仕愉带着父亲黄昌言，避难到走马场的普济桥老宅。

黄辉的其他子侄，也纷纷到黄村宫、黄阁坪、花家坝、清水溪等地避祸。黄家沟人去楼空，荒草丛生。

清初四川又经历了多年战争，黄家部分子孙隐姓埋名远走他乡，如今自贡、大竹等地还分布着不少后人。康熙初年，黄仕愉悄悄回到荆棘丛生、断壁残垣的黄家沟老家定居下来。

康熙帝后来为缓和社会矛盾，公开表彰明朝忠良。康熙五十四年（1715），黄家沟黄氏家族得到"簪缨世胄"匾额后，族长黄鸿联络普济桥老宅、黄村宫、黄阁坪和花家坝、清水溪、濑滩等地的黄家后人，集资在黄家沟重修祠堂，为祖上有功名的人修建纪念牌坊，维修祖茔。

此后，黄辉家族后裔在当地不断繁衍生息，延续至今。

（本文原载于2016年4月9日、2017年4月15日《华西都市报》，系编辑组合而成）

蓬溪张氏家族：清朝蜀中第一家

蓬溪县任隆镇境内有一条长达十多公里的沟。古代，该沟风景幽美，植被茂密，翠柏长青，遮天蔽日，白天人行林中，犹如黑夜，故名黑柏沟。黑柏沟在明、清和民国时均为遂宁县管辖。1954年，划归蓬溪县。

明朝初期，这条沟里搬进一户张姓人家。主人张万，本是湖广麻城孝感乡白獭河（今湖北麻城市龙池桥街道白塔河村）绿柳村人。

张氏家族在这里繁衍生息，代有达人，名硕相望。尤其在清朝，出现了四川官位最显赫、名声最响亮、有清朝第一清官美誉的名相张鹏翮；与袁枚、赵翼合称清朝"性灵派三大家"，位居"清代蜀中三才子"（张问陶、彭端淑、李调元）之首，元明清巴蜀第一大诗人张问陶，家族到达了鼎盛时期。

长期致力于张氏家族研究的蓬溪县文史专家胡传淮说，张氏家族"以功德显，以文章著，以孝友称"，既是清朝的政治望族，又是文化望族、精神望族、文学世家。

张氏家族成员中，出了进士六人、举人十八人、贡生十八人；为官者八十多人，一人入《中国通史》、二人入《辞海》、三人入《清史稿·列传》、四人入《中国文学家大辞典》、七人入乡贤祠；有诗文著述流传至今者五十多人，可谓"一家男女尽能诗"。张问安、张问陶、张问莱三兄弟及其妻陈慧殊、林韵徵、杨古雪三妯娌，分别被世人称为"三弟兄诗人"和"三妯娌诗人"，为古今中外诗坛所罕见。

张氏家族从明初入川至清朝四百多年，有文学家十三代八十多人。康熙、雍正两帝为张家赠匾、赐书甚夥，蜀中张家荣耀之至，享誉西南，名满天下。蜀中世家望族，无出其右者，是名副其实的清朝蜀中第一家。

张氏先祖，明初迁到蓬溪黑柏沟

明朝洪武二年（1369），是一个比较特殊的年份。

在中国很多姓氏家谱中，都记载着这一年先祖迁徙移民的事情。这一年，原籍在湖广麻城孝感乡白獭河绿柳村的张万，入川定居在遂宁县黑柏沟大樟树湾（今蓬溪县任隆镇黑柏沟村境内）。张万死后，葬在黑柏沟大樟树湾观音寨山上，坟墓至今还在，人称始祖墓。

张万有5个儿子，大儿子张永成，像张万一样当农民。张永成的儿子张赞，字邦翊，号靖翁，是张家第一个有出息的读书人。张赞在景泰四年（1453）考中举人，第二年考中进士，历任礼部主事、员外郎、郎中。天顺八年（1464），张赞出任云南姚安府知府，颇有政声。

张赞有两个儿子一个女儿。二儿子张福暶，"隐居不仕"，没有功名。张福暶的儿子张尚威，也一样甘做处士，隐身乡野。张尚威的大儿子张惠，字教庵，同样"隐居不仕"，积善好施。张惠长寿，活了97岁，学者私谥他为"三多先生"。

张惠有张应仁、张应礼、张应智、张应信、张应灿5个儿子。

张应礼，字和斋，生活在明末时期。崇祯十年（1637），农民军攻打遂宁，张应礼招募民兵保卫遂宁，使得遂宁躲过一劫，由此当上怀远将军都司金书（相当于现在市级军区的处长）。第二年，官兵在梓潼打败农民军，农民军四散逃去，官兵乘胜追击。张应礼带领一支军队去追赶，导致孤军无援而战死。

张应礼的四儿子张烺，字冲寰，号松龄。听说父亲战死，肝胆欲裂，赶去把他的灵柩带回老家安葬。

清顺治二年（1645），张献忠部下孙可望兵临遂宁城下，恰好张烺因为办事进城。

他想到母亲还在乡下，要是听说遂宁被围困，一定会为在城里的几个儿子忧虑，就想回家去安慰母亲。晚上，张烺悄悄出了遂宁城。第二天，遂宁城被攻破，几个哥哥和其他张姓族人，全部遇难。

张烺带着母亲躲进深山，开始了颠沛流离的生活。

两年后，张母去世。顺治六年（1649），为躲避战乱，张烺又迁居到了顺庆（今南充顺庆区）。同年十一月十七日，张烺在刚搬来半年多的顺庆家中，做了一个奇怪的梦：房间里突然涌起祥云，缭绕不散。

梦醒后，他听到一阵嘹亮的婴儿啼哭声：夫人景氏给他生了一个大胖小子！张烺给儿子取名张鹏翮，希望他能大鹏展翅，鹏程万里。

张烺是个大善人，始终秉持"养子强于我，置产做甚？养子不如我，置产做甚？""积书与子孙，子孙未必能读；积金与子孙，子孙未必能受"的古训，一生热衷于做善事，视钱财如粪土，乐善好施，曾捐资金修复成都万里桥。

康熙五十二年（1713）三月，康熙帝举办千叟宴，八十七岁（虚岁，下同）的张烺收到康熙帝的请柬，乐呵呵地奔波千里到京城，与一干名臣坐在前列，成为美谈。

张烺写有《烬余录》《松龄老人笔记》等书，《烬余录》记载了他八十多年的见闻，对研究明末清初四川历史有较大价值。八十九岁那年，张烺去世，葬在遂宁县三汇场庆元山（今重庆市潼南区小渡镇月山村）金簪子坡，如今坟墓还在。

张烺有张鹏翮、张鹏翼、张鹏举、张鹏飞、张鹏鸯、张鹏搏六个儿子和两个女儿，其中大儿子张鹏翮最有出息。

小小年纪，张鹏翮学习天赋惊人

张鹏翮，字运青，号宽宇、信阳子，
自幼聪颖过人。

三岁那年，张鹏翮随父迁居到西充县
槐树场（今西充县槐树镇）大堰沟，开始
跟着张烺读书。张烺教他《大学》，他能
当场诵读出来。小小年纪，体现出了惊人
的学习天赋。

由于生计，张烺不停地搬家，张鹏翮
自然也跟着跑来跑去，但张烺从来没有停
止教儿子读书。张鹏翮十三岁时，张烺回
到遂宁，住在赤崖沟（今遂宁市船山区河
沙镇赤崖村）。

张鹏翮跟随川中名儒彭觉山学习。彭
觉山博通经史，长于诗文，对张鹏翮影响
很大。

张鹏翮少年有志，鸡鸣即起，孜孜不

张鹏翮画像

倦，读书论学，潜道修身，以圣贤自期。
一次，张鹏翮读《陆宣公奏议》，感叹地说："伊尹一介不取，孔明淡泊明
志，先圣后圣，其揆一也。"由此可见他的志向。

康熙四年（1665），十六岁的张鹏翮在县、州、道的考试中，都是第一
名，进入县学成为庠生。五年后，二十一岁的张鹏翮考中举人。

考官、时任蓬溪知县的江苏丹阳进士潘之彪，对张鹏翮非常赏识，称赞说
"此公辅器也"。张鹏翮后来的发展证明，潘之彪的眼光很准。

康熙九年（1670）二月，张鹏翮进京赶考，考中三甲第一百二十二名进

士，成为当年年龄最小的进士，进入翰林院当庶吉士。

此后，张鹏翮开始了五十五年的宦海生涯。他从中央到地方又回到中央，还出使过俄罗斯，任过知府、学政、巡抚、兵部侍郎、刑部尚书、两江总督、河道总督、户部尚书、吏部尚书、文华殿大学士，加太子太保、太子太傅，几乎把各种重要职务都当了个遍。要是写履历，估计要写好几十页。

这在当时的汉人官员中，是比较少见的。

清官廉吏，张鹏翮成为廉能典范

康熙十四年（1675），二十七岁的张鹏翮出任顺天府（今北京地区）乡试同考官（副考官）。

回朝后，康熙帝在懋勤殿召见他，叫他坐下又赐茶水，嘘寒问暖，问父母身体怎么样，很是亲切。张鹏翮对康熙帝的恩宠非常感激，以这次经历，为后代拟定了十六个字的字辈："懋勤顾问，知遇崇隆。清正仁厚，进德立功。"

直到现在，张鹏翮的后人还在沿用这个字辈。1988年冬，张氏家族后裔张清廉在《增修张氏族谱》中，考虑到张鹏翮拟定的字辈很快就要用完，新增了二十四字字辈："献策昌国，振兴中华。世代荣胤，兰桂安邦。经济宏学，光大远扬。"

康熙十九年（1680），张鹏翮外任苏州府知府。上任后，他发现苏州虽然富庶，但赋税沉重，又遇到连年干旱，民生艰难。他给朝廷上疏，奏请"缓积欠、宽考成"。

没想到的是，他刚到任六天，家里就传来噩耗：母亲景氏去世。按惯例，他回家奔丧，为母守孝三年，是为丁忧。

三年丁忧结束，张鹏翮被重新起用，出任兖州府（今山东济宁市兖州区）知府。他做的第一件事情是宽政省刑，把前任遗留下来的疑难案件全部重新查判，使得许多冤案得到昭雪，释放了三十个冤民。他还重视农桑，兴办教育，修缮学校，修撰《兖州府志》，移风易俗。

经过张鹏翮大力度的施政，兖州百姓安居乐业，民风大变，官民交口称赞，张鹏翮的清官名声开始叫响。

康熙二十三年（1684），朝廷评选全国七大清官廉吏，张鹏翮以无可争议的政声，成为康熙帝树立的"廉能"典范之一。在颁奖典礼上，康熙帝发表重要讲话说："今诸臣俱各称善，想当不谬。但从此以后果操守不改，永著清名，方为真实好官。"

张鹏翮把康熙帝的话记在心里，一辈子按照康熙帝的讲话精神去做，切切实实没有让康熙帝失望，没有让那些给他投票的百姓失望。

康熙二十四年（1685），张鹏翮在当了三年兖州知府后，被调到山西运城出任河东盐运使。离任那天，兖州百姓苦苦挽留，有的人攀爬到马车上，有的人干脆就躺到地上拦住去路。经好言相劝，百姓们才依依不舍地放他离去。

到了运城，张鹏翮着手修复盐池、疏浚河渠，并对运城开展修缮工程。

第二年十月，张鹏翮回朝任通政司右参议，一个月后转任兵部督捕右理事官。

出使俄罗斯，张鹏翮展现义勇胆识

康熙二十七年（1688），张鹏翮四十岁。对不惑之年的张鹏翮来说，这是一个难忘的年份：同年五月，他奉命出使俄罗斯。

俄罗斯军队入侵边境，清兵将其围困在雅克萨城。俄罗斯遣使到北京，要求谈判。康熙帝派大臣索额图带领使团到俄罗斯勘定中俄边界问题。因张鹏翮精通满语，康熙帝增派他为副使，掌管汉文文牍事务。

当时出使外国，不像现在有飞机、火车，那时全靠坐马车、骑马或走路。而且，使团走的路线条件相当艰苦。进入荒漠后，经常遇到风暴。张鹏翮两腿被马鞍磨得血肉模糊，仍然艰难前行。他在写给家里的书信中说："愿效张骞，以身许国，予之志也。"

使团在路过克鲁伦河时，遇到当地两个少数民族部落发生战事。大家商量咋办，张鹏翮主张派人去说明他们只是借路而已，不是去帮谁打仗，但没被采纳。使团派出前锋部队，想硬闯过去。结果，前锋部队遭到袭击被抓了起来。大家慌乱起来，想另找一条路绕过去。

张鹏翮大声制止说："不能后退！我们受皇上命令出使俄罗斯，应该奋不顾身继续往前走完成使命。如果撤退，他们来偷袭我们，我们如何抵挡？不如先找个安全的地方驻扎下来，做好防御工事严阵以待，然后派人去解释我们没有恶意。如果对方不听，我们再商量接下来该怎么做。"

大家仍在犹豫，张鹏翮又说，事出危急，正是臣子捐躯效命之时，"公等皆怯，某独当之！"张鹏翮一番大义凛然的话，终于让大家信服。

大家按张鹏翮的办法，派人前往解释原委，果然消除了误会。对方释放了前锋部队，并让出了通道，使团得以安全通过。惊险过后，大家都非常敬佩张鹏翮的义勇和胆识。

使团不辱使命，为第二年正式签订中俄《尼布楚条约》创造了有利条件，还为后来康熙帝亲征噶尔丹取得胜利提供了重要情报。

张鹏翮回京后，先是转任左理

张鹏翮手迹拓片

事，很快被提拔为大理寺少卿（相当于最高法院副院长），官至正四品。

出使俄罗斯期间，张鹏翮写了大量诗文。他在《奉命出使俄罗斯口占》中写道："阊阖銮云捧玉皇，同文盛治肃冠裳。一人有道来荒服，两曜无私照万方。威播楼兰能顺命，化行西域自尊王。皇华不暇歌将父，报国丹心日正长。"

此外，他还写了一卷《出使行程记》。

秉公执法，张鹏翮受到康熙褒奖

在大理寺少卿的位置上还没坐热，康熙二十八年（1689）二月，四十一岁的张鹏翮被任命为浙江巡抚（从二品）。这做官的升迁速度，简直就是在坐火箭啊！

张鹏翮到任后，一向生活俭朴的他，发现府邸内陈设华丽，立即叫人把那些奢侈的玩意儿拿走。

他勤理政务，革除陋规恶习，严惩贪官污吏，平反冤假错案。同时，重视教化以正民风，禁止摊派减免赋税，赈济灾民，兴修水利，发展生产，完纳历年积欠钱粮。他还奏请朝廷，建造定海县城，修学校、仓储、监狱等。

经过张鹏翮的治理，浙江"兵民相安，地方宁谧"，社会稳定，百姓丰足。张鹏翮不仅在老百姓心中有口皆碑，还受到康熙帝的褒奖。

康熙三十年（1691），八十一岁的大学者黄宗羲"造辕请见"张鹏翮。黄宗羲自明朝灭亡后，坚决不事清廷，即使康熙帝多次征召，他都拒绝前往。

清光绪版《遂宁县志》记载，黄宗羲虽然归隐乡野，但并非与世隔绝，张鹏翮的声名早已传入他的耳中。所以，他在杭州、苏州等地寻访旧迹、拜访朋友中，去见了张鹏翮。

张鹏翮和黄宗羲见面非常愉快，两人就做人、做学问等问题进行了深入探讨。黄宗羲称赞张鹏翮为"当代正人"，是"清正范俗"的表率。

康熙三十三年（1694），张鹏翮遭遇了人生的一次低谷。

他向朝廷奏请免捐公粮，康熙帝觉得他和去年说的话自相矛盾，要求查办。最初部议是革职，但康熙帝心软了，还是让张鹏翮留任巡抚，但要降级，而且是降五级。

同年十月，张鹏翮升任兵部右侍郎。

离开浙江时，当年他离开兖州的一幕重现，老百姓拦路阻轿涕泣挽留。有人还把他的像画在竹阁上，要子孙后代"无忘我公之惠政"。

鉴于当时科举考试营私舞弊严重，一个月后，康熙任命张鹏翮为江南学政。张鹏翮铁面无私，公正公开透明地主持科考，使得一批有真才实学的贫寒学子被选拔了出来，那些有靠山有门路的无才考生被拒之门外。江南士子对张鹏翮充满了感激之情。

康熙帝对张鹏翮的操行非常满意，赐书奖谕说："从前作清官者，宋文清一人，今日张鹏翮堪与之匹。"康熙帝说的"宋文清"，指的是南宋著名政治家徐侨，谥号"文清"。

值得一提的是，康熙三十五年（1696）四月，张鹏翮在主持科考中，选拔出了后来历任康熙、雍正、乾隆三朝的元老，官至保和殿大学士、军机大臣、太保的张廷玉。

康熙三十六年（1697）五月，张鹏翮被召回京城。康熙帝接见他时，盛赞他是"天下第一等人"，任命他为左都御史（正二品）。

第二年七月，五十岁的张鹏翮被任命为刑部尚书（从一品）。因他做事公直廉明，"不避权贵，人皆惮之"，凡是有重大的案件，康熙帝总是派他去处理。

张鹏翮刚上任不久，就接到一桩案件。

原任陕西巡抚布喀，弹劾川陕总督吴赫等人贪污挪用四十多万两白银。康熙帝叫张鹏翮等人前往陕西查办此案。张鹏翮到陕西后，严格查核，秉公执法，严惩贪污，把有关违法犯罪的官员，都按法律治罪。

康熙帝对此很高兴，夸奖张鹏翮说："张鹏翮前往陕西，朕留心察访，果一介不取。天下廉吏，无出其右者。"

同年十一月，张鹏翮出任江南、江西总督，即两江总督。但张鹏翮的主要工作，仍在办理陕西的案件上。

也就在这年，张鹏翮刻印了《耕织图》（又名《御制耕织图》），康熙帝题诗，著名宫廷画家焦秉员绘图，共计四十六幅图，是中国农业生产最早的彩色成套图像资料。

治理黄河，张鹏翮成为治河专家

康熙三十九年（1700）三月，张鹏翮出任河道总督（简称总河、河督）。

当时，黄河、淮河连年泛滥，许多人束手无策，康熙帝把希望寄托在了张鹏翮身上。张鹏翮到任后，认真钻研治河理论，总结前人经验，到现场仔细勘察情况，提出了"开海口，塞六坝"的治河主张和"借黄以济运，借淮以刷黄"的治河设想。

康熙帝同意了他的看法，批准采取"筑堤束水，借水攻沙"的做法。

张鹏翮按照自己拟定的治河方案，指挥数十万民工开始了治河工程。这一治就是八年，使得黄河、淮河得到有效治理，漕运通达，连年大丰收。尽管其间出现了一些波折，张鹏翮也受到相应的处分，但张鹏翮并没有自暴自弃，仍继续努力地治理黄河。

康熙四十二年（1703），康熙帝第四次南巡，对张鹏翮治理下的黄河非常满意，御笔题写"澹泊宁静"匾额赐给张鹏翮。

张鹏翮在河道总督任上干了九年，成为治河专家。他把治河经验写成了二十四卷的《治河全书》。《中国水利史》一书对《治河全书》给予了高度评价："就其科学水平，也居当时世界水利工程最先进行列。"

张鹏翮曾经写诗记述他治河的事情："九载劳心为治河，栉风沐雨靖洪波。平成奏绩民安乐，感戴尧天祝颂多。"一方面写了自己的工作情况，另一方面把功劳记在了康熙帝身上。

康熙帝也说："张鹏翮自任总河以来，克遵朕指示，修筑工程，殚心尽力，动用钱粮绝无靡费，比年两河安晏，堤岸无虞，深为可嘉。"

康熙四十七年（1708）十月，张鹏翮回京出任刑部尚书，第二年二月转任户部尚书。

就在这年，张鹏翮得知，老家黑柏沟祖宗传下来的田产被移民而来的"楚人"侵占。对此，身为户部尚书的张鹏翮无可奈何，劝说族人"安分受贫以享升平之福"。

年底，张鹏翮接手两江总督噶礼诬告苏州知府陈鹏年一案。陈鹏年为人一向耿直，与噶礼关系不好。噶礼就说陈鹏年写的《重游虎丘诗》是反诗，康熙派张鹏翮去查处此事。

当时张鹏翮的儿子是噶礼的部下，噶礼扬言说："张鹏翮要是整到我的头上，我就杀了他的儿子！"但张鹏翮没有被噶礼的威胁所吓倒，如实查证后，作出了"直鹏年而曲噶礼"的结论。

两袖清风，张鹏翮逝后无钱安葬

康熙五十二年（1713），张鹏翮出任吏部尚书，一直到康熙六十一年（1722）。

雍正元年（1723），七十五岁的张鹏翮出任文华殿大学士兼吏部尚书，成为雍正初期领导集团的核心人物，官至正一品，位极人臣。同年三月，张鹏翮受命修康熙帝的《实录》。四月，又受命出任《三朝国史》《大清一统志》和《明史》总裁官。

清同治版《成都志》记载，成都青羊宫原来有铜羊，明末张献忠进成都后失踪。雍正元年九月，张鹏翮在北京古玩市场上发现一尊铜羊，花重金买下，专门赠送给青羊宫，以弥补原来失去的铜羊。

如今，到成都青羊宫游玩的人，会发现三清殿阶沿上左右各有一尊被摸得发亮的铜羊（复制品）。其中左边那尊头上只有一只角的铜羊，就是张鹏翮送的。铜羊底座有铭文："京师市上得铜羊，移往成都古道场。出关尹喜似相识，寻到华阳乐未央。"落款为"信阳子题"。信阳子是张鹏翮的道号。

雍正元年年底，张鹏翮请假回乡省墓。

这是张鹏翮最后一次回故乡，他畅游遂州名山胜水，把遂宁山水题咏殆遍，写了大量诗文。他还探亲访友，过着短暂的自由自在的生活。

第二年回到北京后，张鹏翮年老体弱，患上了病，雍正帝特命御医为他治病。尽管如此，张鹏翮仍"励精图治，持大纲，去烦细，时议称贤相焉"。

雍正三年（1725）二月，七十七岁的张鹏翮在京病逝，谥号"文端"，雍正帝为他撰写碑文。

张鹏翮一生性情恬淡，做官期间没有搞副业、购置田产。他去世后，家里没有多余的钱财，舍宅只有几间竹楼。大儿子张懋诚"四顾茫然"，竟然穷得拿不出钱来安葬父亲。幸亏雍正帝赐给一千两治丧白银，张懋诚才得以扶枢回家，把父亲安葬在遂宁月山金簪子坡，与祖父张烺葬在一起。

2011年4月，蓬溪县政府在县城奎阁广场，为张鹏翮塑了一尊坐像。同年12月，张鹏翮诞辰三百六十二周年纪念日，张鹏翮少年时读书的今遂宁市船山区河沙镇赤岩沟村，为张鹏翮塑了一尊高二点九米的镀铜像。

张鹏翮做官五十五年，品行高尚，两袖清风，时称贤相、清官。除康熙帝的高度评价外，雍正帝也赞誉他是"卓然一代之完人"。他和狄仁杰、姚崇、包拯、况钟、于谦、海瑞、于成龙一起，被称为中国古代最著名的八个清官。

张鹏翮的文学素养非常高，工诗善文。他现存诗六百多首，题材广泛，体裁多样，语言清新，格调刚健，论诗主性情，开创清代性灵派先河，影响了玄孙、性灵派大诗人、位居"清代蜀中三才子"之首、元明清巴蜀第一大诗人张问陶。

张氏族人，功名与文名不断涌现

张鹏翮的二弟张鹏翼，字震青，庠生。张鹏翮出使俄罗斯时，张鹏翼跟随前往。回国后，论功加封为游击将军，后又加封为定远将军。

张鹏翮的三弟张鹏举，字扶青，由庠生进入太学读书，毕业考核后授职州同，归吏部铨选，例授儒林郎。张鹏举以孝行闻名，去世后，学者私谥"贞孝先生"，朝廷三十多个重臣联名为他撰写《祭扶青公文》。

张鹏翮的大儿子张懋诚，字孟一，号存庵，"性忠直，有气节"，读书时就不趋奉豪贵，平生爱读书，"手口诵作不辍"。

康熙二十六年（1687），张懋诚考中举人，出任安徽怀宁县知县。任上十年，他"抑豪强，处衙蠹，救穷民，爱寒士，开运河，护城池，作养斯文，文教大兴，治怀实政，民深感戴"。

康熙五十四年（1715），张懋诚出任辽阳州（州治在今辽宁辽阳市老城内）知州。在四年的任内，张懋诚一如既往地为官一任，造福一方，"特放科道，疏流民，纠保举"。

后来，张懋诚升任通政使司通政使，又署工部右侍郎，有古良吏之风。张懋诚擅长写诗，著有《通政诗集》。

张鹏翮的二儿子张懋龄，字与九、希龄，由监生考授州判，致力于河工，后升任淮安府山安河务同知。张懋龄的岳父，是孔子第六十六代嫡长孙孔毓圻，袭封衍圣公。

张鹏翮的四弟张鹏飞，官至直隶河间府泊头通判。张鹏飞的三儿子张懋中，字圣传，太学生，师从清代著名诗人、格调派主将沈德潜。沈德潜对这个弟子赞誉有加。九十七岁那年，沈德潜在为张懋中的《阐幽录》撰写的《序》中说："余为诸生时……初识张子圣传，年未弱冠，鹄立鸾翔，英睿之气流露眉端……予时见其所作，无不意新词练，笔健才雄，以为干宵直上，瞬息可期。"

张懋诚的儿子张勤望，字孚嘉，号后斋，又号莲洲，"天资敏悟，约己嗜学。"康熙五十二年（1713），张勤望因祖父张鹏翮而受到恩荫，补为顺天府粮马通判。后来跟随张鹏翮治黄河，用心做事，功绩突出，升任户部员外郎、郎中，又出任安徽宁国府知府。

张勤望上任，就遇到一桩积压了二十多年的案子。这是一桩官员与百姓因为争坟山而引发的案件，由于其中涉及官员，所以弄得很复杂，久而未决。张勤望秉公判案，"按册清查，而界址立分，悉以地归诸民"。张勤望的判决，得到了当地人的赞誉："不愧天下清官张相国之孙，二十年尘案，片言决矣！"

乾隆十一年（1746），张勤望先是被任命为莱州府篆，不久出任登州府（今山东烟台市蓬莱区）知府。在登州任上，张勤望劝课农桑，奖善惩恶，作育英才，政声远播。乾隆十三年（1748），他重修莲洲书院，改名为瀛洲书院，如今成为蓬莱市的历史名胜古迹。

张勤望也擅长作诗，民国版《遂宁县志》录有他的六首诗，《遂宁县志》有他的传记。

张勤望子嗣众多，有张顾鉴、张顾霖、张顾京、张顾墀、张顾銮、张顾瀛、张顾普、张顾振八个儿子和两个女儿。

张顾鉴，字镜千，号耐舫、冰亭。乾隆六年（1741）考中顺天府乡试副榜，历任遂平县、安阳县、嵩县知县。

乾隆二十二年（1757），因张勤望去世，张顾鉴回家丁忧。服除后，张顾鉴历任馆陶县（治所在今山东冠县馆陶镇）、冠县知县，均州、荆门知州，开化府知府等。

张顾鉴工诗善书，著有《撷芳集》《晓窗集》《近花集》等，时人把他比作白居易和陆游。张顾鉴与著名诗人袁枚、史震林、许瑗为少年诗友。

张顾鉴有张问安、张问陶、张问莱三个儿子和两个女儿。

发奋读书，张问陶展露超凡才华

张鹏翮去世四十年后，他的玄孙
张问陶出世。

张问陶（1764-1814），字仲冶，
号船山，遂宁市船山区就是因他而得
名。他不仅是一个被称为"大清神
断"的官员，更是诗人、诗论家、书
画家，与袁枚、赵翼合称为清朝"性
灵派三大家"，位居清朝"蜀中三才
子"（张问陶、彭端淑、李调元）之
首，被誉为"青莲再世"、"少陵复
出"、元明清"蜀中诗人之冠"。

张顾鉴一生辗转在各地为官，家
人也跟着跑来跑去。他在馆陶县任知
县时，张问陶出生了。张问陶自幼受
到家庭熏陶，在父亲的直接教导下，
发奋读书。他饱览群书，博研名画，

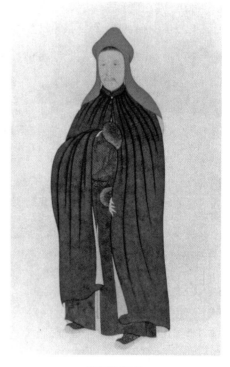

张问陶画像

勤学苦练，小小年纪展露出超凡的才华，被誉为"青莲再世"。青莲即李白
也，这样的荣誉太吓人了。

十五岁时，张问陶写了《壮志》一诗，其中写道："咄嗟少年子，如彼玉
在璞。光气未腾天，魖魖抱之哭。"俗话说，莫欺少年穷，十五岁的张问陶，
已经气概不凡。

可惜，好景不长。张顾鉴在开化府任上时，因在荆门任上对一个案子重案
轻判受到牵连被革职。受此影响，张家家财因赔偿而耗尽，一家人生活无着，

经常"数日不举火"。即使如此，张问陶仍顽强地坚持学习，"布衣不合饥寒死，一寸雄心敌万夫"。

张问陶受到的打击接踵而来。

乾隆四十九年（1784），二十一岁的张问陶，与涪陵人周兴岱（乾隆帝重臣、嘉庆帝老师周煌的儿子）的大女儿结婚。第二年，周氏病逝，生下的女儿也夭折了。张问陶的人生处于低谷，家境更为贫穷，甚至一度到了"仅求衣食亦无缘"的地步。

真是有多惨就有多惨，说多了都是泪。

这年秋天，张问陶和哥哥张问安去成都参加乡试。因张问陶写的"性灵"诗歌太有名气，被无数人手抄传阅，成都盐茶道林儁（后出任四川布政使）把女儿林颀嫁给了他。

乾隆五十三年（1788），张问陶赴京参加顺天府乡试，考中举人。两年后，考中进士，被选为翰林院庶吉士。在翰林院的同事中，当时已是名士的石韫玉、洪亮吉等人与张问陶交往密切。他们对张问陶写的诗非常钦佩。

乾隆五十八年（1793），张问陶出任翰林院检讨。第二年，他写成了《论文八首》《论诗十二绝句》，对自己的诗歌风格和理论体系进行了初步总结。

知府任上，张问陶断案深得民心

嘉庆十年（1805），张问陶出任江南道监察御史。张问陶性格直率，当了御史后，更是锋芒毕露。据说他曾一口气连上三道奏疏，第一个弹劾朝中的六部、九卿，第二个弹劾各省总督、巡抚，第三个弹劾漕运和盐政，几乎把全国的达官贵人都告完了。

有朋友劝他说："你就不怕把朝廷的官员们都惹恼吗？"他笑着说："我弹劾的是他们做得不对的事情，不是他们本人。他们如果想成为一代名臣，就应该感激我。如果有人没有这种想法，我把他的身份抬得这样高，他惭愧还来不及，哪里还会怨恨我？"

嘉庆十五年（1810），张问陶出任山东莱州府知府。赴任后，他风里来雨里去，跋山涉水，深入莱州辖下的七个县了解民情，清理积案。

张问陶审理案件灵活多变，不徇情枉法，深得民心。断案的判词，简切透辟，被人称为"神断"，与包拯、狄仁杰相提并论。至今，莱州民间仍流传着他审案的故事。

有个叫陶文凤的人，因垂涎弟媳丁氏的美貌，屡次调戏都没得手。一天，他的弟弟到外地办事未归，陶文凤持刀翻进丁氏房中。丁氏是个聪明的女人，假装应允，让陶文凤放松了警惕。然后，丁氏趁机拿刀杀死了陶文凤。

按照当时的法律，丁氏把人杀死，是要受到惩罚的。张问陶问清案情经过后，不但没有判丁氏有罪，反而在判决中对丁氏大加赞扬。

张问陶还断过一个非常好玩的案子。

一个少女夏天在房中洗澡，邻居李大根爬墙偷窥，被少女的父亲逮个正着，扭送到官府。案子本身不复杂，按当时的惯例，李大根少不了要吃顿板子还要被罚款。但张问陶没有打李大根的屁股，也没罚他的款，更没把他抓进监牢关几天，而是罚他把少女的洗澡水喝下去。

1934年，上海中央书店出版了襟霞阁主编纂、秋痕庼楼主校阅的《张船山判牍》一书，盛赞张问陶："其所著判牍批词，均斐然成章，为后世称诵。盖循吏而兼儒林也。"

《张船山判牍》收集了四十个案例，既有家长里短的民事纠纷案件，如夫妇失和、兄弟互殴、争夺遗产、一女两嫁等，又有杀人放火的刑事案件，如报仇杀人、因谑致命、新娘杀人等。

厌倦官场，流寓在苏州因病去世

尽管张问陶在当地很受百姓拥护，但他与上级巡抚的关系处得并不好。

莱州下辖的两个县农业减产、五个县遭严重水灾。张问陶向山东巡抚为民请命，请求减免、缓交税租，发放积谷，赈济饥民。但巡抚没有同意。张问陶为此郁郁不乐，第二年患上了病，心生去意。

嘉庆十七年（1812），张问陶打辞职报告，以病辞官，并发誓："绝口不谈官里事，头衔重整旧诗狂。"他在《平度昌邑道中感事》中写道："天意苍茫地苦贫，救荒无策愧临民。辞官也作飘零计，忏尔流亡一郡人。"

离开莱州前，他把家里历年的积蓄拿出来，买了七百石谷子赈济饥民。

这时的张问陶，有三个女儿，都未成年。为了赈灾，他全然没有考虑一家人今后如何生存的问题。

受朋友邀请，张问陶带着一家老小前往江南。走到苏州时，张问陶病情加重，租了一套房子寓居养病，自号"药庵退守"。张问陶一家的寓所位于苏州山塘街青山桥附近，靠近唐朝诗人白居易的祠堂，遂名为"乐天天随邻屋"。他在《题乐天天随邻屋》诗中写道："凭栏早醒繁华梦，点笔难删讽喻诗。"

嘉庆十九年（1814）三月初四，五十一岁的张问陶在苏州寓所病逝。

古人非常注重落叶归根，尤其是客死他乡的，一定要想方设法把灵柩弄回老家安葬。张问陶本来就家境困顿，他死后，家里根本拿不出钱来扶其灵柩回乡，只得寄殡在苏州光福镇的玄墓山。

一年后，因得到张问陶生前好友的资助，家人才把张问陶的灵柩归葬故乡两河口祖茔。1959年，张问陶墓被掘毁。2014年，得到修复。

倡导性灵，书法像米芾画似徐渭

张问陶一生，除按惯例考科举进仕途为官外，他还致力于诗、书、画，造诣精深，被称为"三绝奇才"。

张问陶一生写诗五千多首，今存三千五百多首。说他是乾嘉诗坛泰斗、清中叶诗冠、三百年来第一人，是毫不夸张的。

张问陶去世后，他的好友石韫玉将他所撰的《船山诗草》二十卷刊刻行世。石韫玉在《刻船山诗草成书后》中说："留侯慕道辞官蚤，贾岛能诗当佛看。"正是因为石韫玉的及时刊刻，使得张问陶的诗作得以基本完整留存至今。

在诗学主张上，张问陶认为诗歌应写性情，有个性，强调独创，反对摹拟："文章体制本天生，祇让通才有性情。模宋规唐徒自苦，古人已死不须争。"

张问陶承认，写诗这事儿，还是要讲究灵性的，也就是诗人的诗才。诗人有灵性的表现之一，是创作灵感："凭空何处造情文，还仗灵光助几分。奇句忽来魂魄动，真如天上落将军。"灵感是自然产生的，不可强求，"诗为无心如拾得"。

张问陶一再标举性灵，这与前辈袁枚"独抒性灵"的学说，在本质上是一致的。袁枚"独抒性灵"的核心要点，是强调创作主体应具真情、个性、诗才的主观因素，张问陶的性灵理论与此相通，又有补充与发展。

张问陶的书法像米芾，险劲放野，别具一格。

他的画，集明朝四大画家（沈周、唐寅、文徵明、仇英）的技艺精华，挥笔自如、线条流畅，工笔精湛、韵味宏厚，技艺一绝、别具风格。画面清爽，工笔水墨相间，图纹转折如行云流水，图文并茂。

张问陶书法作品

他的绘画风格类似徐渭，不经意处，皆有天然。他擅长画猿、马、鹰、鸟等，其中墨猴画技尤其精湛，为此曾自号"蜀山老猿"。

张问陶交往广泛，朋友圈都是一群大咖。从朋友圈对张问陶的评价，我们可以窥见张问陶是个有多"牛"的人。

乾隆诗坛盟主、性灵派主将袁枚，年轻时与张问陶的老爸张顾鉴是诗友。张顾鉴出事后，两人中断了往来。袁枚到了晚年，在与名士洪亮吉的书信往来中，发现"旷代逸才，目无余子"的洪亮吉多次提到一个叫张问陶的人。

洪亮吉对张问陶敬佩得不得了，说他的诗才"为长安第一"。在《题张同年问陶诗卷》中说："我狂可百樽，君捷亦千首。谪仙和仲并庶几，若说今人已无偶。"洪亮吉认为，张问陶可以与李白、苏轼媲美，乾嘉诗坛的所有诗人，无人能及。

袁枚还说："吾年近八十，可以死；所以不死者，以足下（洪亮吉）所云张君诗犹未见耳！"袁枚由此与张问陶神交，书信往来不断。袁枚惊喜地发现，这个张问陶居然是当年诗友张顾鉴的儿子。

张问陶谦虚好学的态度，让袁枚很高兴，"以执事（张问陶）倚天拔地之才，肯如此挹谦，亦是八十衰翁生平第一知己。"八十岁的老翁袁枚，把年轻的张问陶视为生平第一知己。由此可见，张问陶的才气是多么的让人感到震撼。

张问陶画作《四喜图》

与张问陶同时代的著名学者吴锡麒，在《哭张船山》中写道："如此惊才仅中寿，问天何苦更生才？"另一诗人朱文治在《书船山纪年诗后》说："随园毕竟耽游戏，不及东川老史臣。"认为张问陶的诗歌，甚至超过了在创作上有游戏嫌疑的袁枚。

张问陶的诗名还传到了国外，比如日本、朝鲜。日本嘉永元年（1848）的和刻本《张船山诗草》，全套七册，16开，线装书，刻印精美，是日本所见的早期张问陶诗刻本。

乾隆六十年（1795），朝鲜文学家朴齐家在扬州八怪之一的罗聘那里，看到了一卷张问陶的诗，爱不释手。朴齐家给张问陶写了一首诗："曾闻世有文昌在，更道人间草圣传。珍重鸡林高纸价，新诗愿购若干篇。"把张问陶比作文昌，这评价实在太高了。

家族罕见，三兄弟三妯娌皆诗人

张问陶兄弟三人都是名噪一时的诗人，他们的夫人（张问安妻陈慧殊、张问陶妻林颀、张问莱妻杨继端）都是诗人，张氏家族出现了世界诗坛罕见的"三兄弟三妯娌诗人"。

张问安，字悦祖，号亥白，学识渊博。乾隆五十三年（1788），"例授教职不就"，叫他去教书，他不去，而是遍游名山胜水。

张问安一生共参加了六次乡试、七次会试。借着考试的机会，他足迹遍及半个国家。后来，他在家奉养母亲，以图史自娱。晚年时，曾在华阳、温江书院讲课，多有成就。

张问安著有《亥白诗草》八卷，存诗八百四十多首。张问莱说："余伯兄亥白、仲兄船山，皆以诗名于世。"

张问莱，字承祖，又字寿门、蓬樵，号旂山。历任浙江候补主簿、嵊县县丞、鄞县典史、吉安县县丞、太平县县丞、余杭县县丞等，在浙江做了十五年的官，廉洁有声，退休后回四川。

张问莱工诗善楹联，与著名学者梁同书是忘年之交，还与著名诗人吴锡麒、石韫玉等经常相互唱和。

张问安的夫人陈慧殊，字细箸，浙江海宁人，江西南安府同知陈亿的三女儿。陈慧殊龆龄明慧，能写文章，被父母视为掌上明珠。

乾隆三十九年（1774），陈慧殊在汉阳与张问安结婚。夫妇都是诗人，平时相互吟咏，安于淡泊的生活，陈慧殊还当起了家族子弟的老师。

陈慧殊本来身体就不好，母亲徐夫人去世后，她恸哭不已；不久姑姑又去世，她哀伤过度，以致卧病在床。即使这样，她仍把张问安送去参加科举考试。

张问安上京赶考后，乾隆四十八年（1783）九月十五日晚上，陈慧殊在汉阳病逝，年仅二十九岁。张问安回来后，没能见上妻子最后一面，不胜悲痛，写了《悼亡诗二十首》，凄婉感人。

陈慧殊写的诗，构思巧妙，用语工整，意境新颖，画意浓厚。时人王廷璋称赞她是"从来闺秀第一"，感叹她"惜不为男，此翰苑才也"，如果陈慧殊是男人的话，一定会进入翰林院的，所以大家平时都叫她"女翰林"。

陈慧殊著有《香远斋诗词》《倚楼集》《寄愁集》《画阁联吟集》《花间倡和集》《墨香小品》等。

林颀，字韵徵，号佩环，祖籍顺天府大兴县（今北京大兴区），江苏人，父亲林儁在乾隆二十五年（1760）考中举人，次年入川为官，官至四川布政使，擅长作诗。

按照古人习惯以号为称谓，林颀一般被大家称为林佩环，是张问陶的继室。

因为林儁长年在四川为官，所以林颀生在四川，长在四川，自幼在父亲的熏陶下，勤奋学习，工于作诗，书画也都精通，有谢道韫的才华和风范，是蜀中有名的才女。

乾隆五十二年（1787）九月，张问陶与林颀在成都结婚。婚后，夫妻恩爱，林颀的才华让张问陶称赞不已："一编尽有诗情味，夫婿才华恐不如。""我有画眉妻，天与生花笔。临稿广寒宫，一枝写馨逸。"

杨继端，字明霞，自号古雪女史、四川女史，时人称为杨古雪，广元县长东路高城堡（今旺苍县普济镇）人，后迁南江县长池坝（今南江县长赤镇），出身于一个书香世家。

杨继端的父亲杨玺，乾隆二十五年（1760）考中举人，官至松江府（今上海市）代理知府。据说，杨继端的母亲何夫人在生她之前，梦到有个"大士"把一个玉孩送到她的怀中。何夫人醒来后，生下了杨继端。

杨继端天资聪颖，四岁开始识字，十岁知声律，习诗作文。老师夸奖她有东晋女诗人谢道韫"咏絮"的才华，赐号"古雪"。

十九岁那年，杨继端与张问莱结婚，夫妻恩爱，生活惬意。杨继端平时与张问安夫妇、张问陶夫妇常有诗词唱酬。

在张家，杨继端在张氏兄弟没在家的情况下，承担起了管理整个家族的重任。嘉庆二十二年（1817），杨继端去世，享年四十五岁。

杨继端钻研诗词，工于书画，喜欢刺绣，尤其擅长花卉、仕女和山水，有《烟雨楼》画幅传世。杨继端写的词，风格婉丽，写景佳美，含蕴无穷。

嘉庆十四年（1809），她把作品刊印成《古雪诗钞》《古雪词钞》，诗人吴锡麒、学者梁同书、状元石韫玉、名士徐步云等作序。

遗憾的是，张问安、张问陶都没有儿子，只有张问莱有一个儿子张知训。

虽然张氏家族此后也出了诸多人才，但他们在功名和文学上的知名度都不是很高。随着时间的推移，张氏家族逐渐走向衰落。

（本文原载于2015年7月25日、2017年4月8日、2017年5月30日
《华西都市报》，系编辑组合而成）

丹棱彭氏家族：一门六进士

在丹棱县的人口构成上，有一个比较独特的现象：彭姓是该县第一大姓。

究其原因，当然是多方面的。但在清朝时，以著名文学家、教育家彭端淑为代表的彭氏家族，对丹棱彭姓繁衍昌盛的贡献应该放在第一位。

这个彭氏家族，在清朝可谓文武全才，显赫一时，出尽风头。彭端淑、彭肇洙、彭遵泗三兄弟考中文进士，族人彭端笏、彭大力、彭承绪考中武进士，当时人称"彭氏一门六进士，文韬武略震京师"。

此外，这个家族还出了文举人八个，其中包括一个解元，武举人十三个，贡士二十二个。因学入仕者，难以准确计数，更别提因文治武功和治国有显著贡献而受封、赠、谥者了。

一个家族文昌武盛到这种程度，在中国其他姓氏的名门望族中，也不多见。

先辈学识渊博，致力教育儿子

丹棱彭氏家族先祖，可追溯到唐朝著名的哲学家、易学家、道学家彭构云。彭构云的后裔彭嵩，因做官定居在金陵（今江苏南京市）。

传到彭文进时，时值元末。因天下大乱，战事连连，彭文进为避战祸，带着全家迁到湖北，后来又从湖北迁进四川。彭文进的两个弟弟中，彭荣卿落业在丹棱县西边的桑黄坝，以耕田种地为生。

经过明朝两百多年的漫长沉淀，彭氏家族不管在经济上，还是仕途上，都有了不小的成就。

明末，彭氏家族中的彭万昆靠着军功，被封为怀远将军。怀远将军是一个武散官名，也就是说没有具体的职务，就是一个待遇，官阶为从三品，位列高级干部的级别。

清朝初期，彭万昆出任简州（今简阳市）判官。后来，彭万昆因战功被任命为四川都督佥事（相当于副都督或都督助理，官阶为正二品）。

不过，彭万昆拒绝了任命，因为他还有更重要的事情要做。他认为，官做得再高，都不如把子女教育好。只有子女有了出息，家族才会持久昌盛下去。

彭万昆下这个决定，应该是考虑了很久的，因为他有九个儿子。把九个儿子都教育好，培养成才，对彭万昆来说，是一个艰巨的任务，不比做官轻松。

彭万昆做到了，他的九个儿子大多有出息，有的考中了举人，有的出任知县。其中，让彭万昆最骄傲的儿子是彭珣。

彭珣，字璧，号三溪先生，康熙时的贡生。贡生是当时除科举考试外的一种人才选拔方式的产物，挑选府、州、县的生员（秀才）中成绩或资格优异者，进入京师的国子监读书，毕业后分配工作。

彭珣性格清雅，不愿与世俗合流，对做官什么的没有兴趣。他的兴趣在做学问上，他最喜欢研究易学，而且研究得很深。

彭珣有彭端洪、彭端淑、彭肇洙、彭遵泗、彭端洋、彭大泽、彭端徽七个儿子。彭珣以父亲为楷模，放弃仕途，回家致力于培养和教育七个儿子。

彭珣的岳父王庭诏是夹江人，进士出身，知识渊博，是夹江的名儒。彭珣在教育儿子时，王庭诏帮了不少忙，彭端淑等兄弟在学业上曾多次受到王庭诏的指点。

辛勤的付出总有回报。

彭珣和父亲彭万昆一样把精力放在了下一代身上，但他的收获却远远大于父亲的收获，因为他的三个儿子彭端淑、彭肇洙、彭遵泗都考中了进士并做了大官，文学成就也很大。

彭端淑有才干，做官清廉公正

"天下事有难易乎？为之，则难者亦易矣；不为，则易者亦难矣。人之为学有难易乎？学之，则难者亦易矣；不学，则易者亦难矣。"这是中学语文课本中的三百七十字短文《为学》（全名为《为学一首示子侄》），作者是彭端淑。

彭端淑，字乐斋，号仪一。在彭氏家族六个进士中，彭端淑的名气最大，他与李调元、张问陶一起，被后人并称为"清代四川三才子"。

彭端淑画像

彭端淑自幼聪敏颖异，深受先辈"崇实黜浮，又宜力学，毋自弃"的教诲，十岁能写文章，十二岁进入丹棱县学，与大哥彭端洪、弟弟彭肇洙、彭遵泗一起，在丹棱翠龙山的紫云寺刻苦读书。据说，四兄弟在山上读了五六年，从来没下过山，更别说回家了。

雍正四年（1726），彭端淑参加乡试，考中举人。雍正十一年（1733），彭端淑与双胞胎弟弟彭肇洙一起进京赶考，双双考中进士。这对彭家来说，可谓是双喜临门。

彭端淑被分配到吏部做主事（正六品），乾隆十年（1745）升任为吏部员外郎（相当于现在各部下设的司级机构副司长），不久被提拔到文选司（负责人事任免）做郎中（正司长）。

乾隆十二年（1747），彭端淑出任顺天府（今北京市）乡试同考官（协同主考或总裁阅卷的官员）。在这次考试中，彭端淑发现一个叫纪昀的人很有文才，把他拔取为解元。纪昀后来成为一代名臣、文学大家，他在民间以"纪晓岚"的名字为大家所熟知。

乾隆二十年（1755），彭端淑开始了地方锻炼的经历，出任"三江要口，五州之屏藩重地"的广东肇罗道按察使（巡察、考核吏治，主管刑法事务）。

彭端淑为人宽厚，以"清慎"作为做官准则。他出去巡查时，从来不组织车队前呼后拥，更不会提前让人给下面打招呼，而是身穿便装，带着一两个人就出发了。

到了地方上，他严格要求当地不准迎接款待，吃喝玩乐那些乱七八糟的事情不要来，走的时候也不许谁往车上悄悄放所谓的"土特产"。要是哪个不懂事，后果接着就来，让你哭都哭不出来。

彭端淑还是断案高手，放在现在，绝对是一个高水平的法官。

彭端淑刚到任，就收到一个特别的"见面礼"：三千多件积案。所谓积案，都是案情复杂不好判决的案件，所以一拖再拖，否则早就被前任给结案了。

彭端淑没有叫苦，也没有头疼，更没有对前任或前前任充满怨言。他调来各州县的案卷，与手下人充分合作，一起商量判案。不到一个月，三千多件积案全部结案，没有一件是判决不公的。彭端淑把小伙伴们都惊呆了，大家对他无不敬佩有加，朝廷里的官员听说后，也是"深相倚重"。

此外，彭端淑还大力促进当地的教育事业。他督促修理书院，请当时闻名的老师来给学生讲课，有时自己还去开开客座课堂，这为后来他投身教育事业打下了基础。经过彭端淑的努力，当地的学风逐渐浓厚起来，三年里有十多人考中举人。

彭端淑在广东一晃就干了六七年。

这段时间里，他过得还算充实，尤其是看到在自己的努力下，当地社会生活发生了一定的变化，那种成就感是令人心情舒畅的。

不过，彭端淑在官场待的时间长了，也感受到了官场的险恶，民生维艰的现实，而自己在很多事情上又无能为力。这与他的性格不相符，彭端淑感到很苦闷，又无处发泄，消极避世的退隐想法由此滋生。

最终让他下定决心归退的，是乾隆二十六年（1761）发生的一件事情。

退隐回川执教，文学成就很高

当时，两广总督李侍尧让彭端淑督运粤西的大米去广西接济灾民。返途中，船只开到了南海上，彭端淑不小心坠落到海里。他的随从和船工赶紧营救，彭端淑被打捞上岸，侥幸捡回一条命来。

惊魂未定中，已经年过六旬的彭端淑认为，这是大难即将临头的先兆："今天我没有被鱼吃掉，是老天对我宽厚，今后可就没这么好事了。"他决定退隐，递交了辞职报告，打道回四川，在成都南郊白鹤堂住了下来。

第二年，彭端淑被锦江书院（今成都石室中学前身）聘为山长（相当于现在的校长），后来又做一任，两任长达十四年。在执教锦江书院期间，彭端淑培养了众多人才。"清代四川三才子"之一、戏曲理论家、诗人李调元，以及张翯、钟文韫等，都是他的学生。

在人生的最后大约二十年里，彭端淑把心血全部奉献给了教育事业。

乾隆四十四年（1779），八十一岁的彭端淑在白鹤堂病逝。彭端淑去世后，没有回到老家丹棱安葬，也没在成都安葬，而是葬在今眉山市彭山区公义镇月台村。

彭端淑在文学上成就很高，他的诗歌和散体古文及文学批评理论影响非常大。

他在进入县学读书后，得到了合江人、出身进士的蜀中制义（八股文）高人董新策的点拨，对制义颇有天赋。他曾长期醉心于制义中，技压蜀中，名噪京师，深得当时的名儒蔡寅斗、胡稚威、沈适芳等推崇，称赞他是"不世之才""四川一大家"。

彭端淑五十多岁时，突然发现，制义脱离现实太远，还是要多关注民生为重。此后，他"诗学魏，文学《左》《史》"，受陶潜、杜甫、韩愈等人诗风的影响，文风大变。

辞官回川后，他更是与广大劳动人民打成一片，对劳动人民的疾苦了解得更为深入，笔下自然开始有了生活气息。彭端淑后期的作品，题材极为广泛，或忧国忧民，或愤世嫉俗，或抚时感事。

彭端淑的文章刚健清新，气势雄厚。他的名作《为学一首示子侄》，从正反两面说明难与易、昏庸与聪敏之间相互转化的辩证关系，短短三百七十字，说理深刻透彻。

他的著作有《白鹤堂文稿》《雪夜诗谈》《白鹤堂晚年自订诗稿》《白鹤堂时文稿》《粤西杂草》《曹植以下八家诗选》《国朝蜀名家诗钞》等。

为纪念彭端淑，丹棱县把城区一条大路命名为端淑大道。因彭端淑、彭肇洙和彭遵泗都考中了进士，又都在京城任职部员，时人把他们称为"三彭"。丹棱城区有条三彭街，就是纪念他们的。

彭肇洙为官正，喜欢著述写诗

彭肇洙，字仲尹，是彭端淑的双胞胎弟弟，两人有很多相似之处。

雍正元年（1723），彭肇洙考中举人，比彭端淑早三年中举。雍正十一年（1733），彭肇洙与彭端淑一起进京赶考，双双考中进士，彭肇洙被分配到刑部担任主事。乾隆三年（1738），彭肇洙转任户部主事。四年后，迁任户部员外郎。又四年后，被提拔为户部郎中。

乾隆十四年（1749），因母亲王氏去世，他和彭端淑一起回家丁忧。乾隆十六年（1751），丁忧期满后，他被任命为河南道监察御史，与彭端淑一样，开始了外放做官的经历。

彭肇洙为官严正不阿。特别是当上监察御史后，遇到事情更是敢言。可惜至今寻找到的史料对他为官的事迹记载几乎空白，只知道他年岁大后回到了丹棱。

彭肇洙晚年做了一个事情。

乾隆二十六年（1761）初，他得知明朝时的夹江进士宿进，因在正德年间耿直进言遭到杖责贬黜的事情后，跑到夹江去拜访宿进的后人。他发现，宿进遭到了更不公平的待遇：如此"忠贞流芳千古"的人物，居然"名不见之于史册，祀不享于祠庙"。

彭肇洙感慨万千，提笔写了一篇二百四十六个字的悼念宿进的祭文，对宿进的遭遇表示同情，对宿进的精神充满敬佩。这篇祭文后来由工匠雕成大木匾，悬挂在宿氏祠堂。

彭肇洙一生喜欢著述，擅长写诗，著有《竹窗巽言》《抚松亭遗编》《抚松堂诗文集》等。

彭遵泗嗜历史，著述多有价值

彭遵泗，字磐泉，号丹溪生，彭端淑的弟弟。

七岁那年，他在水边洗手，随口吟出一首诗："素手濯长渠，扬波混太虚。还将指上沥，惊散水中鱼。"旁边的小伙伴都听呆了。

十二岁时，他和几个同学一起玩耍，有人提议玩指题作诗的游戏。轮到彭遵泗，同学指扇为题，彭遵泗写出《咏扇上美人吹箫桥边》，最后一句是："仙音不肯随凡响，恐引牛郎渡石桥。"这句诗想象力独特，"语惊四座，人皆异之"。

雍正十三年（1735），彭遵泗参加乡试，考中解元。乾隆二年（1737），在彭端淑、彭肇洙考中进士四年后，彭遵泗也考中进士，入选为翰林院庶吉士，第二年调任兵部任主事。

乾隆七年（1742），彭遵泗升职为兵部员外郎。乾隆十五年（1750），出任凉州（今甘肃武威市）同知（副知州）。乾隆十七年（1752），转调湖北黄州府同知。乾隆十九年（1754），又改任江防府同知。

彭遵泗在地方上任职期间，颇有政绩。但他在不同地方转来转去，职位上总是平级调动，没有升职迹象。乾隆二十一年（1756），又一次任期满了，彭遵泗看到还是没有升迁希望，"以卓异之才不为世用"，不想再干下去，打报告辞职回家了。

彭遵泗写了很多书，但他不怎么整理写出来的东西，经常是随写随扔，或者胡乱放到书箱里，希望到晚年的时候再整理出版。没想到他英年早逝，后人在整理遗作时，发现他的作品太零乱，字迹也潦草，墨迹沾成一团，难以识读。

彭遵泗最著名的作品是《蜀碧》，是早年在北京时写的。

《蜀碧》详细记载了张献忠入川的情况，所引证的书目包括《明史》《明史纲目》《明史纪事本末》等二十五种，几乎收尽了当时记载张献忠占据四川的所有史料。《蜀碧》对研究明末四川社会状态，特别是张献忠入川后的活动，具有极高的史学价值。

彭遵泗还编修了十二卷的《丹棱县志》，是他受丹棱县知县黄云的邀请写的，在他临死的前一年成书。《丹棱县志》是丹棱县现存最早的县志。

彭遵泗的另一部作品是《蜀故》，辑录了四川古今各行各业的大量资料，对研究四川风土人情、社会风俗、山川地理、人文教育有重要的参考价值。

（本文原载于2016年1月3日《华西都市报》）

第四编

蜀地名贤

五帝之前无帝号，有国者不称国，惟以名为氏，所谓无怀氏、葛天氏、伏羲氏、隧人氏者也。至神农氏、轩辕氏，虽曰炎帝、黄帝，而犹以名为氏，然不称国。至二帝而后，国号唐、虞也。夏、商因之，虽有国号，而天子世世称名。至周而后，讳名用谥，由是氏族之道生焉。最明著者，春秋之时也。

——南宋·郑樵《通志·氏族略》

何武：
西汉政权职能改革『第一人』

西汉时，蜀郡郫县（今成都市郫都区）有一个何姓家族。其先祖因经商入川，定居在郫县。这一支何姓家族，最为有名的是何武（？—3），东汉班固在《汉书》中，为他写了传记。

何武不仅品德好，而且喜欢推荐优秀人才为国效力，常璩在《华阳国志》中称赞他"进贤为国，稽考典型"。宋仁宗时，益州知州宋祁修建文翁祠堂，叫人画了四川九个先贤的画像挂在祠堂里，何武位列其中。

此外，何武还以居官清正、秉公执法、善于断案出名，他还是最早提出"大司空、大司马、丞相"三公分权制衡国家政治制度的人，可以说是中国历史上政治改革的先驱人物之一。

擅长歌舞表演，受到皇帝奖赏

西汉时，成都、临邛（今邛崃市）、郫县，是西蜀最为富饶的三个地区。何武，就出身于郫县一个家境殷实的家庭。

尽管家境不错，但何武的父辈没有人做过官。在那个时代，他和四个弟弟仍属于平民家的孩子。平民的孩子要想做官，就得读书。不过，好在家里有钱，读书是没问题的。何武被送入成都石室学校读书，当然是自费生。那个时候，石室学校还属于私学，当然得收取学费，不然怎么维持学校的正常运转呢？

何武在校期间，不仅成绩好，而且还是文艺积极分子，喜欢表演，尤其是唱歌、朗诵什么的。

何武是幸运的，不仅因为家里有钱，而且当时天下太平，国运蒸蒸日上。为表达对国家的赞美之情，时任益州刺史的王襄，为颂扬汉宣帝的政德，想了一个表功的好办法。

他让能言善说的名士王褒创作了《中和》《乐职》《宣布》三篇诗章，找来一群学生娃，组成一个文艺宣传队。十四五岁的何武，因在校表现突出，被选入文艺宣传队，"与成都杨覆众等共习歌之"。

后来，王褒带着这个文艺宣传队到京城汇报演出。汉宣帝看后，高兴极了，不仅把王褒留在京城让他做官，还大大地奖赏了文艺宣传队的小伙子们。何武，给汉宣帝留下了深刻印象。不过，因为何武岁数还小，他和其他小伙伴在表演结束后，就回成都继续念书。

再后来，何武被保送到京城深造，与后来成为丞相的翟方进志趣相投，友谊深厚。

外放蜀郡任官，调任扬州刺史

何武学成后，按当时的射策考试制度，与匡衡、翟方进等人参加了结业考试。何武考得了太学举士考试的甲科，相当于后来的状元，进入光禄勋属下的郎官行列任职。郎官是西汉时专门储备人才的职官部门，凡是能当上郎官的人，后来大多被外放地方任官，经基层锻炼后，再回京城担任朝廷高官。

果然，没多久，何武被外放到蜀郡任官，上级领导是蜀郡太守何寿。何寿久在官场，练就一身识才的本领。在与何武的交往中，何寿认为这个小伙子很有能力，而且又是朝廷下派锻炼的年轻干部，是一只当丞相的"潜力股"，前途不可估量，所以对他很是关照。

后来，太仆王音推举何武为贤良方正，何武被提拔为谏议大夫，调任扬州刺史。当时的刺史，是朝廷下放到地方的监察高官，级别和工资不高，权力却很大。西汉后期，刺史成了地方上的实际行政高官。

作为刺史，每年要向朝廷上报地方官吏的政绩。何武一改当时的秘密上报做法，把要上报的内容公之于众，让官员和老百姓都了解自己写了什么，怎么写的，大家可以进行评议。错了的，经核查无误后就修改。经过大家的评议后，确定没错的，他就上报。

如果有犯错的官员愿意改正错误，并提出在今后的工作中有哪些改正措施，他就取消之前的上报。如果犯了错的官员还顽固地坚持错误不改，他不但要如实上报，还要加上更多的抨击之词，让对方受到更重的惩罚。

何武的这一做法，受到了大家的尊敬，好评如潮，满满的五星。

在扬州做了五年刺史后，何武进京出任丞相司直。这个职务是协助丞相监察不法官员，同时也监察丞相。后来，他又出任清河郡太守。但没几年，因为郡中大面积遭受灾害，他受到牵连被免官。

这次被免官，让何武的仕途陷入了低迷状态，而且持续了很长一段时间。究竟有多少年，史书上没有说。

政权职能改革，中国史上最早

经大司马王根大力推荐，把冷板凳都坐得发烫的何武终于进入仕途的高速路，开始了眼花缭乱的任职经历。

最初，他被任命为谏议大夫，调任兖州刺史，不久进京任司隶校尉、京兆尹。但他进入仕途高速路不久遇到了"堵车"，因为"行礼容拜"的问题获罪，被降职出任楚内史。

幸亏"堵车"的时间不长，很快他就升任沛郡太守，又进京担任廷尉。汉成帝绥和三年（前6），何武升任御史大夫，进行了在中国历史上最早的政权职能改革工作。

当时的现实情况是，国家机构设置繁多，官员们的管理职能很混乱，丞相包揽一切政务工作，权力过大。何武认为，应该分清楚官员们的职能，提高政府的工作效率，尤其是要对丞相进行分权，防止因丞相职权过大而出现大权集于一人之手的弊端。

所以，何武向朝廷提出"三权分立"的改革建议，把丞相的职能一分为三，废除过去"丞相、御史大夫、大司马"的三公制，改为三公分权且互相制衡的"丞相、大司空、大司马"的新三公制。

汉成帝接到何武的上奏后，觉得挺有道理，但还不敢轻易答应，就去找老师安昌侯张禹征询意见。张禹看了何武的建议后，点头说："我看行！"

老师都说行，那就行啊！汉成帝采纳了何武的建议，任命何武为大司空，封为汜乡侯，食邑一千户。后来汉哀帝即位，又把南阳郡的博望乡作为何武的封地，增加食邑一千户。

中央的改革推行后，何武又把目光瞄准了地方。

他和丞相翟方进提出建议说，刺史虽然地位和工资不高，但权力很大，使得郡守不敢放开手脚做事情，生怕一不小心就被刺史给"刺"一下，耽误了前途。所以，地方官员应该职权相称，取消刺史制度，改为统治一方的州牧。

此外，何武还提出，应该对郡国中的官职进行改革等。

这次改革，虽然得到皇帝和部分大臣的支持，但由于触犯到一些人的利益，阻力还是很大的，何武也一直遭受非难。

汉成帝时期，太后王政君及王氏家族独揽朝政大权。虽然在汉哀帝时有所收敛，但在少不更事的汉平帝时期，王氏家族更是肆无忌惮地把持了朝政。何武虽然身居高位，但却像大海中的一叶孤舟，活得异常艰难。

汉平帝元始元年（1），王政君开始大量扶持王家势力，把董贤的大司马职务撤了，叫大家举荐能担任大司马的人。王政君此举的真正意图是，想让侄儿王莽出任大司马。

当时担任前将军的何武，为遏制王家权力太大，与另一个与王家没有关系的公孙禄互相推荐大司马职务，以试图阻拦王莽。但最后，他们不但没有阻止王莽担任大司马，反而得罪了王莽，被王莽一直记恨在心。

王莽当上大司马后，叫人揭发何武、公孙禄互相荐举的罪状。何武、公孙禄双双被免官，何武回到自己的封地。

元始三年（3），王莽的儿子王宇害怕汉平帝长大后会加害父亲，与妻弟吕宽合谋，使用谶纬迷信的方法，想恐吓王莽退下来。王莽察觉到这事背后的真正原因，一怒之下杀了王宇，追查其同党，还想顺便把自己一直不爽的人都扯进去干掉。

这事株连了几百人，何武也受到了指控。何武此时就是跳进黄河也洗不清，悲愤之下自杀了。后来，大家都觉得何武死得冤枉。王莽为堵住大家的嘴巴，让何武的儿子何况继承侯爵，给何武谥号为刺侯。

王莽篡位后，撕下最后的面纱，把何况贬为庶人。

善于发现人才，执法秉公正直

何武注重发现人才，并喜欢向朝廷举荐。

他在担任楚内史时，发现了龚胜、龚舍，在沛郡时觉得唐林、唐尊不错。他担任公卿后，将四人向朝廷大力推荐。这四人后来都很有名气，在《汉书》中都有传记。

何武在扬州做刺史时，弟弟何显的管家经商，仗着家族有权势，一直不交纳赋税，当地县令也拿他没办法。

后来，新来的税务员求商不惧权势，把拒绝交纳赋税的管家痛打了一顿。何显心里不爽了，这个求商真是胆大包天，打人都不看看打的是谁，就找到何武，结果却被何武批评了一番。

何武说，我们何家家大业大，老百姓都看着呢。交纳赋税是每个人的义务，你的管家不给老百姓带个好头，还比不上一般的老百姓。你还跑来找我说七说八，这就是你的错了，你的管家该打，打得好。

事后，何武建议把求商提拔为税务官。

何武为人正直，工作上秉公执法，生活中对人和颜悦色，不挟私报复。

何武担任扬州刺史时，当时的九江郡太守戴圣是研究《礼经》的牛人，名气很大。可能是文人气息太浓，戴圣恃才放任，经常不守法规。上行下效，他的家人和手下也大多不守法，胡作非为。何武之前的历届刺史，慑于戴圣的学术地位，都不敢去管他的事情。

何武当扬州刺史时，很年轻，才三十多岁。戴圣心高气傲，哪里把这个年轻人放在眼里。何武也不生气，暗中派人把戴圣的罪行查得一清二楚，然后故意把罪证透露给他。

看到罪证，戴圣傻眼了，赶紧主动辞职，保住老命，逃过一劫。但戴圣的治学名气太大，后来通过走关系，进京当上了博士。想起往事，戴圣对何武恨得咬牙，经常有意无意在朝廷中对何武"扔死耗子"。何武知道后，一笑而过，既不去申辩，也没有以牙还牙地向大家揭露戴圣在九江时的不法行为。

不久后，戴圣儿子的门客勾结江湖大盗犯下抢劫大罪，戴圣的儿子受到牵连入狱。处理这个案子的人，正是何武。戴圣听说后，吓得差点晕过去。山不转水转，转来转去，又转到何武头上来了！此前在朝廷里老是说何武的坏话，这次何武还不变本加厉地对他进行报复？儿子这次完了，肯定要遭何武弄得死翘翘的。

戴圣想得太复杂了。何武经过认真仔细的审讯后确认，戴圣儿子不是这个案子的主犯，主犯是他的门客。所以，戴圣儿子罪不该诛。

戴圣得知儿子保住小命，全靠何武秉公执法后，感动得一塌糊涂。此后，何武只要进京，戴圣都会去拜访他，感谢他。

何武最为有名的一个故事是"何武断剑"，这也是中国历史上有记载的第一份遗嘱继承案件。

沛郡有一个财主，岁数大了，又有病在身，眼看活着的时间就不多了，心里着急得很。着急什么呢？为年幼的儿子着急。儿子是小妾生的，小妾生了儿子不久就死了。大老婆生了几个女儿，但那几娘母品行都不好。自己死后，儿子肯定要吃大亏，搞不好香火就断了。

财主想来想去，想了一个好办法：他立下遗嘱说，家里的所有财产都归女儿，但有一把宝剑，等儿子长到十五岁时，就交给他。财主的儿子成年后，找姐姐们要那把宝剑，但姐姐们不给。儿子告到官府，断案的正是何武。

何武了解案情的前因后果后，明白了财主的良苦用心。何武判决说，财主的儿子现在已经十五岁了，按法律规定，具备了民事行为能力，具有掌管家族事务的资格。剑，是用来断决事务的意思，财主当初说把宝剑给儿子，就是暗指把家族事务交给儿子管理。女儿们享受了家族这么多年的福利，已经够了。

何武的这个判决，符合"原情度事"，大家都觉得很合情合理。

位居文翁祠堂，九个先贤之列

何武死后，葬在河南洛阳的北邙山。

三十六年后，他的儿子何况把他的遗骸迁葬回老家，葬在郫县城南（今郫县一中校内）。北宋时，郫县知县在何武墓的南边修建祠堂，"用以劝忠也"。

1998年，郫县一中修建学生公寓时，出土了一块创建岷阳书院的石碑。这块石碑立于清朝乾隆十八年（1753），碑文中说，岷阳书院，"即何公旧祠而扩之"。学校建在祠堂里，办学者的意图，估计是想让学生以祠堂的主人为榜样。

汉景帝末年，当时的蜀郡太守文翁在成都创办了中国历史上第一所省级地方政府官办学校——石室学校。

宋仁宗嘉祐三年（1058），益州知州宋祁为文翁修建祠堂，叫人画了四川的九个先贤画像在祠堂里，何武与司马相如等人位列其中。

宋祁还写了《文翁祠堂画像赞》，其中的《何武赞》是："氾乡为人，鲠固清明。嫉恶比周，直鞅安行。先问儒官，已乃事事。望侈德充，晚相天子，天子倚之。奸臣内增，天丧道消，卒为贼乘。玉折不挠，身没名升。"对何武的一生作了客观公正的评价。

（本文原载于2017年4月1日《华西都市报》）

蒋琬：诸葛亮的接班人

227年，三国蜀汉丞相诸葛亮平息南方叛乱后，为实现全国统一，决定北上讨伐魏国，准备夺取魏国占据的长安。临行前，诸葛亮写了一篇《出师表》给后主刘禅。在《出师表》中，诸葛亮写道："侍中、尚书、长史、参军，此悉贞良死节之臣，愿陛下亲之信之，则汉室之隆，可计日而待也。"其中的参军，就是蒋琬。

蒋琬，字公琰，零陵郡湘乡县（今湖南湘乡市，另一说为今广西全州县）人。跟随刘备入蜀后，受到诸葛亮的重用。诸葛亮死后，蒋琬成为诸葛亮的接班人，很快将朝野惶恐的局面稳定下来，为蜀汉政权的延续做出了巨大贡献。

年少有才，跟随刘备

蒋琬可以说是个少年天才，十多岁的时候，就以才干闻名乡里。

与他同样闻名的，还有他的表弟刘敏。刘敏是个很有雄心的人，不甘心在乡下挖一辈子的泥巴，跑到驻扎在荆州的刘备那里，送上一份自荐书。

刘备当时人少力薄，正是需要用人的时候，看到刘敏少年英俊，把他留了下来。刘敏跟着刘备干了几年，得到刘备等人的认可，大小也还算是个人物，不说是处级也是科级干部了。

刘敏想到了还在挖泥巴的表哥蒋琬，想叫他出来一起给刘备打工。这个时候的蒋琬，正面临人生一大痛苦，他的夫人林氏因为染病去世了。蒋琬和林氏感情很好，心意相契，林氏一死，蒋琬觉得天都塌下来了，不禁意志消沉，形容憔悴。

乡里人暗地里一边同情蒋琬，一边摇头叹息说："这么一个大能人，为了一个女人弄成这样，太让人失望了。"

刘敏把大家的话告诉蒋琬，蒋琬不但没有生气，反而说："他们像法海一样不懂爱！不错，世上的好女子的确很多，但要找林氏那样的女人，恐怕这辈子都很难找到了。"

刘敏叫他以事业为重，比如，投奔潜力无限的刘备。蒋琬想了想，同意了。那天上班后，刘敏敲开了刘备的办公室大门，把蒋琬郑重地引荐给了刘备。

刘备对蒋琬嘘寒问暖说了一阵后，算是面试了。但刘备对蒋琬的印象并不好，不管从言谈还是举止来看，他就是一个普通人而已，根本算不上什么优秀人才。不过，当下正是用人之际，不管有才无才，只要是个人，力量就大了一分。再说了，这个蒋琬又是刘敏大力推荐的，再怎么着也得给个面子吧。

于是，刘备任命蒋琬为书佐，做一些文卷整理和书写文书的工作。

蒋琬没说什么，欣然接受了。虽然这个职位发挥不了什么才干，但可以经常写字，就当是练书法，把字写好了，今后退休，还可以去书协当个副主席什么的。

满怀希望的刘敏本以为有才表哥再怎么的也该捞个科级干部当当，没想到结果居然是这样。平时的言谈中，不免发一些牢骚。刘敏的牢骚幸亏没被老板刘备听到，但被另外一个人知道了，这人就是诸葛亮。

诸葛亮当时正在为刘备的"公司"谋划更大发展，争取尽快"上市"，对于有才的人，他格外留意。

一天晚上，诸葛亮提了一罐美酒，跑去找蒋琬摆龙门阵，顺便说说天下大势。蒋琬没想到有人跑来找他喝酒，估计平时也很少喝酒，加上诸葛亮又能说会道，两人对天下大势的看法也很有相同之处，不禁越喝越高兴，话也越来越多，把肚里的才干统统倒了出来。

两人一直喝到天快亮时才结束。走出蒋琬的家门，诸葛亮高兴得差点蹦起来。蒋琬这个年轻人，不仅气度优雅，而且才学满腹，即使是刘巴、马良，也未必赶得上他。如果组织上能对他进行正确引导，帮他树立坚定的立场，给他机会进行磨砺，今后一定会成为国家的栋梁之材。

诸葛亮走后，蒋琬倒头就睡，直到中午时才醒来，只隐约记得昨晚有客来访。但他并不知道那个客人叫什么名字，也就没把这事放在心上。

211年，刘备入蜀，蒋琬跟着一同前往。一路上，刘备觉得蒋琬这个小伙子还真不错，想到他跟了自己这么多年，没有功劳也有苦劳，就鼓励他好好干，今后一定给他更高的官职。

出任县长，差点被杀

214年，刘备在成都站稳脚跟。他没有忘记当初对蒋琬的允诺，正好广都县（今成都市双流区）缺个县长，就任命蒋琬为广都县县长。那时，小县的长官叫县长，大县的长官叫县令。

广都县县长职务虽然小，但大小也是个县长，位列处级干部了，他雄心勃勃，摩拳擦掌，准备在新的天地里好好施展才华，努力干出一番政绩来。

理想是美好的，现实是残酷的。

到了广都县后，蒋琬才发现，这个地方虽然小，但土豪太多，都是有钱又任性的人，一个个走路不看地只看天，两手张开像螃蟹一样横着走路。更让蒋琬憋成内伤的是，他进入广都官场后，就像陷入了一张无形的网中，稍微有点什么新想法、新措施，就会被下属的"太极拳"给消掉。

也难怪，这么年轻的一个人，缺乏基层锻炼，一来就当县长，哪里能有什么威望？

蒋琬的确年轻了，他很快就"自甘堕落"，把自己重新定位为书佐，平时处理一些文书，接待上级应酬应酬，大把的闲暇时间，用在了抄先秦诸子和两汉文章上。

他每个月安排自己"放纵"三次：月初、月中、月底大醉一番。别人都是在深夜买醉，他是在白天上班的时间喝醉。

潇洒日子没过多久，事情来了。

刘备位高权重后，仍保持着经常深入基层、深入群众的优良习惯。一次月中，刘备来到了广都县。

在大街上，刘备亲切地拉着乡亲们的手，和蔼可亲地问道："你们的县长是谁呀？你们对他的工作满不满意呀？"结果，老百姓们都摇头说，不知道县长叫什么名字，更别说评议他的工作了，全部是差评。

刘备暗自诧异，难道这个蒋琬真是一个低调的县长？到广都这么久了，都不在报纸、电视上露面？真是一个好干部啊！

刘备兴冲冲地来到县衙，结果看到蒋琬的案桌上堆满了案卷文书，蒋琬趴在办公桌上烂醉如泥。刘备气得不得了，身为县长，工作作风竟然如此庸懒散漫，一定要好好惩罚，抓他的典型！

蒋琬正陶醉在美酒中，忽然发现被捆着跪在地上，身边站着一个手拿鬼头大刀的人。糟了，这下吃饭的家伙要没了，蒋琬惊出一身冷汗。

不过，蒋琬最终还是把命保住了，但县长没法当了，被撤了。保住蒋琬命的人，是诸葛亮。

诸葛亮听说刘备要杀蒋琬，连忙对刘备说："这个蒋琬啊，是年轻了一点。不过呢，他的才干是做大事的，不是做小事的。他的治政理念，是以安民为本，而不是做一些花架子的事情。刘总啊，一兵易得，良将难求。你要是把他杀了，过了这个村就没那个店了哦。"

诸葛亮是谁？那可是刘备三顾茅庐请来的，公司今后要"上市"，全得靠诸葛亮运作。所以，刘备自从把诸葛亮请来做事后，就一直很敬重他。既然军师都为蒋琬求情，那就算了嘛，典型也不抓了，人也不杀了，但总得要给自己深入基层的辛苦一个交代，就把蒋琬的职务给撤了。

但没过多久，新的任命下来了，叫蒋琬去当什邡县的县令。相比广都，什邡虽然离成都远了一点点，也还是当县长，但什邡是大县，当大县的县长，算下来还是升了半截。

工作出色，内定接班

时光斗转。219年，蒋琬被任命为尚书郎，结束了基层锻炼，回到中央。

尚书郎是跟随刘备左右，帮着处理政务的官职，相当于是刘备的秘书之一，算是领导的身边人了。

尽管如此，蒋琬在这个职位上一干又是多年，没得到什么升迁。甚至两年后，刘备在成都称帝，建立蜀汉政权，"公司"正式"上市"，蒋琬也没有什么搞头。

又过了两年，刘备在白帝城驾崩，诸葛亮开始主持朝政，蒋琬的春天才算是真正来了。

在刘备身边做事的几年里，蒋琬痛改前非，认真敬业。诸葛亮主政后，开始有意识地重点培养他。先是让他到丞相府做东曹掾，相当于是管人力资源的负责人，主要工作是向国家举荐人才。

不久后，蒋琬转任参军（军事参谋）。诸葛亮去汉中主持北伐，蒋琬与长史张裔一起留在丞相府中处理政事。三年后，张裔去世，蒋琬当上长史，加授抚军将军，负责北伐的后勤粮草和兵源供给。

在当后勤部长期间，蒋琬的工作干得非常出色。诸葛亮非常满意，经常说："小蒋忠诚可靠，一定会和我一起共同辅佐蜀汉的大业。"

后来，诸葛亮还暗地里对刘禅说："如果我有个三长两短，以后的事情可以依靠蒋琬。"由此可见，诸葛亮已经把蒋琬视作接班人了，也把蒋琬正式推向了前台。

主持朝政，政清人和

234年，诸葛亮在北伐中去世。

作为诸葛亮暗中钦点的接班人，蒋琬立即被任命为尚书令。

尚书令是对皇帝负责总揽一切政令的负责人，相当于秘书长。虽然实权很大，可以批驳三公九卿的奏章，但仍只是主管皇帝在宫内的秘书处而已。而且，在尚书令上面还有一个叫录尚书事的职位，那才是真正意义上的丞相。如诸葛亮就是丞相、录尚书事。如果蒋琬只是丞相，没有兼任录尚书事的职位，就没有真正的丞相实权，不过是名义上的丞相而已。

刘禅任命蒋琬为尚书令，没让他兼任录尚书事，难道是在敷衍诸葛亮吗？当然不是。诸葛亮去世时，蒋琬只是"丞相留府长史，加抚军将军"，地位太低，声望不够高。要让蒋琬接班，得一步一步把蒋琬提拔起来，组织程序还是要走的，不然提得太快了，其他人怎么服气？

所以，刘禅先升蒋琬为尚书令，很快又升他为行都户、假节、领益州刺史，最后任命他为大将军、录尚书事，还封他为安阳亭侯。为什么还要封侯呢？因为当时要做丞相，就得是封侯的人，否则没资格。

就这样，蒋琬在很短的时间里，就像乘坐了火箭似的，蹭蹭蹭几下，进入了蜀汉政权的核心层，而且是最里面仅次于刘禅的那个，正式主持起朝政来。

官职倒是刷刷刷地给蒋琬升上去了，但刘禅升他的官，本意是为了什么？当然是为了蜀汉政权的稳定和长治久安，让蜀汉这个"上市公司"的股票不致于连遭N个跌停甚至被"退市"，而不仅仅是为了遵循诸葛亮的遗嘱。

当时诸葛亮刚去世，朝野上下，似乎一下子没了一个主心骨，大家都没了抓拿，不知如何是好。蒋琬果然没让诸葛亮看走眼，上任后，他"既无戚容，又无喜色，神守举止，有如平日"，镇定自若地指挥着蜀汉"公司"正常运行。

上班的继续打卡考勤，食堂在工作日正常开伙，抓纪律督查的照常工作，该开的各种会议继续开起走，休年假的就别惦记着工作……很快，民心安定了下来。

蒋琬在没有诸葛亮的日子里，遵循诸葛亮的执政风格，不折腾，不搞政绩工程，不喜阿顺，不听谗毁，大家对他都很认可，乐于效命。

蒋琬为人宽厚。东曹掾杨戏性情孤傲，对上司从来不阿谀奉承。蒋琬找他谈事的时候，他经常腔不开气不出，不说"是"也不说"不是"。有人看不下去了，想搞一搞杨戏，就对蒋琬说，杨戏工作态度不端正，轻慢上级领导，简直太不像话了。

蒋琬不但没有听进谗言，反而驳斥道："莫说那些哈！杨戏这个同志，我是了解的。他就是那样的人，他不说话，就表示赞同我的意见和看法。"

蒋琬做事公允，不挟私报复。督农杨敏在蒋琬刚主政不久，公开在人多的场合批评蒋琬，说他做事糊涂，能力有限，前任诸葛亮把他甩出了好几条大街。

有人把杨敏的话汇报给了蒋琬，说这娃太不懂事了，竟然这样公开贬低领导，应该把他弄来关起。结果蒋琬一点也不恼怒，反而十分平静地说："杨敏同志说得很对嘛！我的才干的确不如前任，这是明摆着的事实。"

杨敏也是太不争气了，公开批评领导后不久，就因为犯罪被抓进了大牢。大家不禁为杨敏捏了把汗，你娃嘴巴没有遮拦，乱说领导的坏话，这下被弄进去了，要想活着出来，恐怕只有等外星人入侵地球了。

结果，蒋琬并没有对杨敏进行报复，而是依法秉公处理了这个案子。杨敏不但没有被判死刑，连无期徒刑也没有，就判了个与罪行符合的有期徒刑。

谋划北伐，病死绵阳

238年，刘禅听说曹魏统治下的辽东三郡人民生活在水深火热中，在闹事，曹魏兴师动众去讨伐那里，觉得自己应该对曹魏做点什么才对，就下诏给蒋琬，叫他统率诸军屯驻汉中、开府，准备北伐。

第二年，刘禅晋升蒋琬为大司马。蒋琬仔细分析了诸葛亮几次北伐都收效甚微的原因后认为，诸葛亮都是从秦川北伐，而秦川山路崎岖，粮草运送很不方便，拖了前方的后腿。蒋琬决定换个方式，挥师东下走水路，从汉水、沔水袭击上庸、魏兴（今湖北、陕西交界处）。

计划制定好了，蒋琬旧疾复发，无法指挥，这事就拖下来了。

蒋琬的这个计划，带有一定的冒险性，朝中反对的声音不少。241年，刘禅派尚书令费祎、中监军姜维向蒋琬传旨说，鉴于目前的国内国际形势，暂缓伐魏。蒋琬对刘禅的决定持保留意见，建议应该继续联吴伐魏，可让姜维担任凉州刺史，率军出征，他驻扎在涪县（今绵阳涪城区）负责接应支援。

244年，病中的蒋琬进驻涪县。到了涪县后，蒋琬的病情加重，不能打理政事。刘禅任命费祎为大将军，代理军国大事。

246年，蒋琬在涪县与世长辞，谥号为恭。蒋琬死后，葬在涪城西山（今绵阳市西山）。

后世子孙，兴旺显赫

蒋琬有三个儿子。

大儿子蒋斌，承袭蒋琬的爵位，官至绥武将军、汉城护军。蜀汉灭亡后，蒋斌投降钟会，跟随钟会到了成都，后来被乱兵所杀。

二儿子蒋显，官至太仆（主要职责是掌管官府的畜牧业）。蜀汉即将灭亡时，刘禅派他前往剑阁，叫姜维投降钟会。后来在成都被乱兵杀害。

蜀汉灭亡时，蒋琬的三儿子蒋赟年龄尚幼。蒋琬的夫人毛氏，带着蒋赟和蒋斌的儿子蒋珩，历经千辛万苦从四川回到老家湘乡县，依附在蒋琬弟弟阳羡侯蒋瑜门下。

西晋咸宁元年（275），由于蒋琬生前在零陵郡洮阳县（今广西全州县黄沙河镇）置有产业，毛氏带着蒋赟迁居到洮阳县以北二十五里的龙潭（后改名为梅潭），并在那里繁衍发展。

蒋赟有两个儿子：蒋炳、蒋炽。蒋炳后裔分布在全州县一百多个村落，蒋炽后裔兴旺，发展成了梅潭蒋姓十大房，十大房后裔现遍布全州县各乡镇五百多个村庄。

如今，全州县百分之六十的蒋姓人，都出自蒋赟这一支蒋姓家族，蒋赟被奉为全州蒋氏的开基祖。

蒋赟后裔人才辈出。蒋昇、蒋冕是明朝广西唯一的兄弟尚书。嘉靖三年（1524），蒋冕成为内阁首辅，成为广西有史以来的第一个"宰相"。歌陂村蒋遵箴一家，祖孙三代出了四个进士；大西江村蒋信福一家，出了"一知府、四大夫、五知县"，在当地显赫一时。

毛氏带着蒋赟迁居全州县后，蒋珩及儿子蒋恭仍居住在零陵郡。蒋珩的后裔也很兴旺，后来发展为世德堂蒋氏。

（本文原载于2015年6月21日《华西都市报》）

赵抃：
铁面御史四次入川治蜀

2015年4月17日，成都青白江区举行首届铁面御史赵抃与清白文化学术研讨会，旨在弘扬赵抃清白文化，推动廉政文化建设。

赵抃是谁？青白江为什么要把他和清白文化、廉正文化联系在一起？

赵抃是宋朝与包拯齐名的清官，四川历史上治蜀兴川的四大名臣（西汉文翁、三国蜀汉诸葛亮、宋朝张咏和赵抃）之一。他在清白江上曾对江水自誓清白说："吾志如此江清白，虽万类混淆其中，不少浊也。"青白江的得名，来自赵抃。

赵抃虽是衢州西安县（今浙江衢州市衢江区）人，但他与四川很有缘分，先后四次入川为官。宋神宗赵顼对赵抃之后的新任成都府知府发表重要讲话时，都要提到当年赵抃治蜀的成功经验，勉励新任官员要好好地向赵抃学习，学习他"一琴一鹤"简装入川、清白治蜀的廉正精神。

第一次入川：出任江原县知县，主持兴建杜工部祠

宋仁宗赵祯皇祐元年（1049）冬，泰州如皋县知县、四十二岁的赵抃，接到新任命：调任他去江原县（今崇州市）当知县。

江原县远在蜀地，那是赵抃从来没去过的地方。对于蜀地，赵抃还是有一定印象的。蜀地少数民族较多，是朝廷镇抚和稳定西南的重镇。朝廷选任到蜀地的官员，都是经过精挑细选出来的，每个官员都要身负维护蜀地稳定、教化当地风气、巩固朝廷统治的重任。如今，朝廷任命他去江原县任职，说明组织对他是充分信任的，而且也是充满期待的。

接到调令后，赵抃把交接手续办完，与弟弟赵抗、赵扬一起，向蜀地进发。

他们乘船沿着长江逆流而上，经三峡入川。经过武汉暂歇时，赵抃思绪万千，

赵抃画像

想念远在他乡的兄长。想到自己在官场打拼十多年，还在基层辗转锻炼，心情很是惆怅。

到达临江县（今重庆市忠州区）时，正是除夕那天。赵抃写下《除夜泊临江县言怀》，感慨年华易逝。对江原县那个陌生的地方，他有些迷茫。

到了江原县，赵抃履新上任。赵抃在江原县三年任上的工作，现今史料记载很少，但也有据可查。

第一件事情，他主持兴建了杜工部祠。杜工部就是杜甫，曾在江原县住过一段时间，留下了一些诗句。

第二件事情，赵抃很重视教育，曾写了《劝学示江原诸生》，教导江原县的学子们要一心求学，不要受社会不良风气影响而荒废学业。

崇州人民没有忘记赵抃。明朝时，崇州人为他和曾任崇州通判的南宋大诗人陆游修建了一座赵陆公祠，后改称二贤祠，现在改建为陆游纪念馆。另外，现今崇州市中心的琴鹤广场，也是从赵抃"携一琴一鹤入川"的故事而得名的。

在这个时期，赵抃与著名诗词书画大家苏轼的表兄文同认识并成了好友。

第二次入川：携带一琴一鹤，大力整顿蜀地风气

宋仁宗嘉祐三年（1058）六月，在睦州（治所在今浙江建德市）知州任上期满的赵抃，接到新任命：调任梓州路（治所在今三台县）转运使。转运使的主要职责是掌管当地财政，监察地方官员，兼管边防、治安和巡察等，实际上是府州以上的行政长官。

四年前，时任殿中侍御史的赵抃，得知宰相陈执中的一个小老婆在一个月内虐杀了三个使女，而陈执中却纵容小老婆胡作非为。赵抃上疏弹劾陈执中，但宋仁宗没有理会。赵抃充分发挥敢打敢拼的精神，半年内连续递交十二道奏章，最终，宋仁宗不得不罢免了陈执中。由此，赵抃获得"铁面御史"的美誉。

赵抃这次入川，摆在面前的难题还是很多的。

虽然当时蜀地的政局已经安定下来，但各地各级官员在权力上很任性，目无法纪、胡作非为者比比皆是。而且，蜀地社会风气很糟糕，奢靡之风甚嚣尘上，老百姓苦不堪言。另外，少数民族众多，民族问题突出。

俗话说，打铁还需自身硬。赵抃有底气把蜀地治理好，因为他本身就是一个清官，他能从自己做起。

入川时，他只带了一个随从（一说为没带随从），牵着一匹马，马上的行囊中有一架琴，一只白鹤。成语"一琴一鹤"就出自于此，用来形容为官清廉。

史料记载，赵抃在渡清白江时，看到江水清澈透亮，船行至江中，他发誓说："吾志如此江清白，虽万类混淆其中，不少浊也。"此后，这条江被称为清白江，如今的青白江区因清白江而得名。

赵抃上任后，发表了重要讲话，大力提倡"三廉"：廉于自身，从自己做起；廉于职务，不能利用手中的权力谋私利，要干净干事；廉于社会，提倡节俭，反对奢靡。

先把招呼打了，就要开始逗硬。

接下来，赵抃开始访察民情，没想到奢靡之风达到了非常严重的程度，他的心沉甸甸的。他写了一道名为《乞绝川路州军送遗节酒》的奏章上报宋仁宗，把蜀地因奢靡之风给老百姓带来的危害如实汇报："多差衙前急脚子驱送递铺兵士，并役使百姓人夫，往来络绎，提挈劳苦，州县骚动，嗟叹之声，不绝道路。"

赵抃提出了他的对策：宽贷民力。意思是，要给老百姓减负。同时，他向朝廷表明决心：要以身作则，"身帅以俭"。对顶风作案的官员，要严惩法办。

后来，赵抃还了解到另一个特别而隐性的奢靡之风。

成都当时的蜀锦全国闻名，又是全国的版刻业中心，宋仁宗不断地派宫中太监来成都织造蜀锦，版刻新书。这些人到成都后，成都的官员们对他们百般讨好，每天都是大鱼大肉，好吃好喝。而且，这些人要性很大，经常要住上两三个月才走，走的时候，车上还塞满了大包小包的财物。

为此，赵抃向宋仁宗又写了一道《乞降指挥内臣入蜀只许住益州十日》的奏章，说内臣（即太监）们经常"盘桓成都七十余日，别无公事勾当"，明确反对内臣们到蜀地"频来久住"。他希望朝廷赶紧制定规章制度，要么少派人来蜀地，即使非来不可，也要对在成都的逗留时间做出适当限定，一般不要超过十天，以此切实减轻老百姓的负担。

赵抃的两道奏章，都得到了宋仁宗的批准。有了皇帝的批复文件，赵抃的底气更足了。对那些胆敢违抗的官员，赵抃该抓的就抓，该免职的就免职，构成犯罪的，移送司法机关处理。赵抃还把狠刹奢靡之风的措施推向各地，连那些偏远地区的小镇都照样严格执行。

经过赵抃雷厉风行的治理，官员们的行为大大收敛。老百姓们欢喜异常，盛赞赵抃治蜀有方。赵抃欣慰地看到，蜀地的社会风气的确得到了有效转变。

这段时间，赵抃和著名的"三苏"建立了深厚的情谊。

当时官场上有个礼节，凡是当地考出去的进士，不管是回家还是离家，都要去拜见地方长官。嘉祐二年（1057）春，苏轼、苏辙兄弟一起考中进士。不料，四月时，苏母病逝，苏轼兄弟回家为母守孝，当时赵抃还没到四川。

嘉祐四年（1059），赵抃移任益州路转运使，苏轼家乡眉州属于益州路管辖，赵抃是苏家兄弟老家的父母官。苏轼兄弟到成都拜见赵抃。

苏洵当时抱病在家，眉州离成都还是有一百多公里路程，苏洵身体吃不消，所以没去拜见赵抃。赵抃对苏轼、苏辙两个青年才俊的印象非常好，也对他们的父亲苏洵有所了解。尽管他从没见过苏洵，"却已心知"。

第二年，赵抃在例行向朝廷推荐本地人才时，努力地把苏洵推荐为试校书郎（负责校雠典籍、订正讹误等事务）。苏轼兄弟对赵抃推荐父亲一事非常感激。此后，苏轼和赵抃经常有书信往来，忘年之交，情谊深厚。

赵抃去世三年后，他的儿子赵屼向朝廷打报告，请求为父亲撰写碑文，这事落到了苏轼身上。苏轼对这个差事非常乐意，因为他对赵抃充满了真切的情谊。

苏轼是不会轻易给谁写行状、碑铭、墓碑之类的，这事"士大夫所共知"。宋哲宗曾叫苏轼给同枢密院赵瞻等撰写神道碑，苏轼都拒绝了。苏轼一生中，只给四个人写过碑文：第一个是宰相富弼，第二个是司马光（司马光曾为苏轼母亲写过碑铭），第三个是史学家范镇（范镇是苏洵的铁哥们），第四个就是赵抃。

因对赵抃情谊深厚，作为大文豪的苏轼，下起笔来，就收不住了。他虔心尽意地写下了三千五百字的《赵清献公神道碑记》。现在看来，三千五百字好像也不多，但古时写文章是文言文，不是现在的白话文，基本上没口水话，全是实实在在的干货。

嘉祐五年（1060）八月，赵抃因履新右司谏离开四川。

第三次入川：出任成都知府，宽容主政百姓爱戴

宋英宗治平二年（1065），赵抃以龙图阁直学士的身份出任成都府知府。

宋英宗之所以让赵抃再次入川，一是出于对他的政治品格和处事才干的肯

定，二是对他在梓州路和益州路转运使任上对蜀地的治理感到满意。

赵抃刚到任，就遇到一起聚众祭祀妖邪的事件。

赵抃在第二次入川时，就遇到了此类事件。蜀地文化落后，一些不法分子喜欢通过装神弄鬼来欺骗老百姓获取钱财。赵抃得知后，先是下文要求禁止，但几乎没有效果。赵抃果断下重手，把为首的人抓起来，脸上刺字发配到蜀地以外的偏远之地。这样的处罚，在当时算是比较严重的刑罚，那些不法分子有所收敛。

现在，又出现了这样的情况，大家想起以前的事情，都觉得赵抃会严加处罚。但赵抃对这个案子仔细调查后，发现案件没有预想中的那么严重，参与者绝大部分人都不是恶意的，而是觉得好玩而已。赵抃决定对此宽大处理。

他对那些被抓起来的人说："你们搞出这样的事情来，只不过是喝酒喝高兴了，没有什么大问题，我判你们无罪。"赵抃把为首者判了刑，其他的人都放了。这事得到圆满处理，"蜀人欢服"。

治平三年（1066），朝廷派人到蜀地考察。老百姓以为朝廷是来召赵抃回京的，数千人把考察官的车子拦住，声泪俱下地讲述着赵抃治蜀的成绩，并表达了大家的心声："愿上书借公留。"宋英宗不但没把赵抃召回去，反而褒奖了他。老百姓闻讯后，高兴得手舞足蹈，奔走相告。

治平四年（1067），宋神宗即位后，把赵抃召回京城任知谏院谏官。在接见赵抃时，宋神宗说："闻卿匹马入蜀，以一琴一鹤自随，为政简易，亦称是乎？"

第四次入川：再任成都知府，有效掌控四川局面

熙宁五年（1072），蜀地出现不安定因素，守边兵卒中接连发生意图谋反的行为，宋神宗想派一个得力的官员去四川把控局面。想来想去，宋神宗觉得还是赵抃为最佳人选，因为赵抃此前治蜀政绩卓著，在蜀地有很高的声望和威信。

不过，宋神宗也有顾虑，一是赵抃已经六十八岁高龄，二是此前没有从宰

相之位再任地方官员的先例。没想到赵抃二话不说，满口答应了。

当年七月，赵抃以资政殿大学士的身份，再次出任成都府知府。到了成都后，赵抃向宋神宗上疏，请求他在处理蜀地政务时，可根据实际情况自行处理，不必凡事都要请示，宋神宗同意了。

赵抃没有实行严刑峻法，而是"治益尚宽"。他成功地劝导了有谋变之心的卒长，"人知公有善意，转相告语，莫敢复为非者"，完满地解除了危机。

熙宁七年（1074），赵抃主持编纂了记录成都历史地理风俗等方面情况的百科全书式地方志《成都古今集记》。书中内容丰富，包罗万象，还总结了历代治蜀的经验教训。这本书如今对研究成都仍有着巨大的价值。

熙宁七年（1074）十月，赵抃调任越州知州。直到元丰七年（1084）去世，他再也没有回过四川。

（本文原载于2015年11月7日《华西都市报》）

文同：苏轼表哥，诗词书画『四绝』

很多人对成语"胸有成竹"非常熟悉，在小学的时候就学过了，但记得这个成语出处的人估计不多。这个典故的主人公叫文同，北宋梓州永泰县（今四川盐亭县永泰乡）人，著名画家、诗人。大名鼎鼎的苏轼是他的表弟，苏轼的弟弟苏辙是他的亲家，苏轼称赞他的诗、词、画、草书是"四绝"。

文同（1018-1079），字与可，自号笑笑先生、笑笑居士、锦江道人。因他是文翁后裔，所以大家又称他为石室先生。不过，后人还是喜欢称他为文湖州，但他从没去过湖州（今浙江湖州市吴兴区），只是因晚年奉命出任湖州知州，没到任就去世了。古人爱以官职称谓人，所以称他为文湖州。

文同的墨竹画名扬天下，开创的文湖州竹派是中国文人画的真正源头，如今有四幅墨竹画传世。

三十一岁参加乡试，考中举人第一名

文同出身于农民家庭，家境贫困，但他自幼勤奋好学。

庆历八年（1048），文同三十一岁那年，参加乡试，成为举人中的第一名，也就是俗称的解元。第二年，文同进京赶考，考中进士，后出任太常博士、集贤校理等。

再后来，文同出任邛州（今邛崃市）通判（以中央派员的身份下到地方，作为地方行政长官的副手，负有地方行政及监察职权），开始了在地方任职的经历。

在邛州期间，文同喜欢去竹林茂密的天台山观竹画竹，尝试以深墨为叶面、淡墨为叶背的不施勾勒的写意墨竹新画法。他还在天台山留下了多首诗作。

皇祐四年（1052），文同出任蒲江县代理知县，不久后改任大邑县代理知县。在大邑任内，因当地民治较好，没有多少政务，文同得以有时间游览大邑的山水胜迹。在游览药师岩、鹤鸣山、雾中山等地后，他都留下了诗作。

治平四年（1067）冬，因母亲李氏去世，文同解官回家丁忧。

第二年，宋神宗召见王安石，听取王安石的变法构想，准备实施变法。文同远在乡下，对此根本不知情。

文同这段时间过得很寂寞，每天靠读书、写字、作画、睡觉打发时光。他在家附近修了一间宽敞的房屋，作为书房兼画室，命名为墨君堂。墨君就是墨竹，东晋王徽之称墨竹为墨君。

到了冬天，文同迎来了两位贵客：苏轼、苏辙。苏轼、苏辙在为父亲苏洵丁忧期满后，取道成都、梓州、阆州、长安返回京城，盐亭是必经之地，他们顺道来拜访表兄文同。

文同对苏氏兄弟的到来，表示了热烈欢迎，并请他们为墨君堂作文赋诗。苏轼作了文章《墨君堂记》，苏辙写了五言律诗《文与可学士墨君堂》，一文一诗，珠联璧合。三人聚在一起把酒言欢，谈诗论文，其乐融融。

苏轼知道文同的墨竹画得非常好，毫不客气地要求文同送画，而且是多多益善。文同也不拒绝，现场为他们作画。文同高超的墨竹画艺，让苏氏兄弟看得目瞪口呆，苏轼当场表达了要学画竹的想法。

熙宁二年（1069），宋神宗起用王安石，开始变法。苏轼等人上书反对新法，围绕变法的党争之祸随后开始。第二年，文同丁忧期满，动身还朝。在返京路上，文同四处游览，访亲问友，心情愉快而轻松。

他根本没有想到，自己正一步步走进权力斗争的政治旋涡。

回到京城任职，与苏轼交往密切

回到京城后，文同被任命为太常礼院知院兼编修《大宗正司条贯》，负责讨论拟定朝廷、宗室礼仪制度的事务。

刚履职不久，文同就感受到了政局的巨大变化。已年过五旬的文同，在官场摸爬滚打多年，熟知官场的游戏规则，信守"君子不党"的处事原则，希望做一个堂堂正正的循吏。

尽管他和王安石是好友，但他对党派之争采取了"独远之"的超然态度。可年富力强的苏轼却锋芒毕露。作为表兄，文同经常对苏轼进行劝告。

他们当时都住在一个地方，往来密切。要么坐在一起喝茶闲聊，要么默默对坐，要么谈诗论文，要么下棋、弹琴、作画消磨时间，度过了一段难忘的岁月。

苏轼对文同的书画造诣非常景仰，文同对他也是悉心教授，使得苏轼的绘画技艺得到很大提高。

文同去世后，苏轼在《文与可画筼筜谷偃竹记》中写道，文同在教他画竹时说，画竹不能一节一叶地画，要"先得成竹于胸中"，快速下笔，一气呵成。"胸有成竹"这个成语，就是这么来的。

由于文同的画作太有名气，很多人都想得到他的画，但文同基本上不会轻易把画送人。那些人知道文同和苏轼关系好，就转弯抹角地找苏轼，希望通过苏轼搞到文同的画，但还是得不到。

文同的工作是负责讨论拟定宗室礼法制度的事务，看起来似乎就是坐坐办公室，写写公文，没有什么风险，其实不尽然。因为涉及的都是王公大臣，公文中即使一个错别字都会导致一个大事件。

在讨论皇室几个后裔袭封爵位的事情上，文同等人根据以前的规章制度，没有进行变通和修改，让宋神宗很是不爽。结果，文同受坐（处分）夺一官，官职品级从五品降成六品。其他参与此事的官员如司马光等，也受到了处罚。

这个事情对文同的打击非常大。他想不通的是，自己一直小心谨慎地做官，对工作兢兢业业，恪尽职守，为什么还换来这样的结果？文同的情绪很低落。经过痛苦的思索和考虑，文同决心离开凶险的京城官场，到地方上去做官。

年轻时，他在地方上干得很愉快，所以这次希望能在余下的时光中，重新拾回当年的快乐。他向朝廷打报告，请求到四川的基层去再锻炼。朝廷很快批准了他的请求，以太常博士的身份出任陵州（今仁寿县）知州。

文同还没动身，苏辙出事了。

苏辙与哥哥苏轼不同，他是拥护王安石变法的，并被选入制置三司条例司，参与制定新法。但在颁布《青苗法》的时候，因为王安石没有采纳自己的建议，苏辙直接上疏宋神宗表达了反对意见。

王安石想治苏辙的罪，宋神宗没有同意。但苏辙在京城是再也不可能待下去了，他去了陈州（今河南淮阳县）的州学当教授。

文同和苏辙的关系也很好，两人经常有书信往来。苏辙在仕途上遭受如此打击后，文同多次写信安慰他，使得两人关系更为亲密，苏辙后来把女儿嫁给了文同的儿子，两人成为亲家。

出任陵州知州，新官上任三把火

文同带着一家老小入潼关、渡秦川、到凤翔，然后向南进大散关、上秦岭，在风雪交加中翻越铁山青泥岭（今陕西略阳县西北）后进入四川境内。

熙宁四年（1071）春天，文同回到老家。祭拜父母坟墓后，前往陵州上任。

当时的陵州下辖仁寿、贵平、井研、藉县四个县，户数不到三万，田地贫瘠，商业也不发达，平时大街上只有稀稀拉拉几个行人。但这里的老百姓勤劳善良，耕作不辍，也不惹官司，老老实实做人。

文同把治下情况了解清楚后，给宋神宗写了一份《陵州谢上任表》，汇报自己到任后的情况和想法。他说了在陵州的为政思路："抚柔良，抑强悍，宣教化，齐咸俗，行二年之政，成一方之善。"

再穷再偏僻的地方，都有不法分子和盗贼。

文同到任不久后，接到群众举报说，城里有一伙地痞流氓，经常在晚上出没，拦路抢劫，调戏妇女，人民群众到了傍晚就吓得大门紧闭，没有要紧的事情根本不敢出门。

文同决定先从社会治安着手，烧起"新官上任三把火"的第一把火。

他暗中调查清楚后，叫官差把那伙人一个个捉拿归案。经过审讯，他对那伙人进行了区别惩罚：为首的、罪恶大的，关进班房；其他情节轻微的，经过思想教育后，给予释放。

惩罚了地痞流氓，人民群众再次送来一条线索：陵州有盗贼，好多人家都遭了偷盗，损失惨重。

一天，文同到西山走了一圈，回来对手下人说："西山那边的山湾里，有几户人家，盗贼就藏在那里，你们去把他们抓回来。"官差前往围捕，果然发现那里是盗贼的窝子，把所有的盗贼全部捉拿归案，"乡人神之"。

文同烧的第二把火，是惩治迷信活动。

贵平县（县治在今仁寿县向家镇境内）的迷信活动猖獗，有几个人自称是真神，用鬼道迷惑人，蒙骗老百姓的钱财。

文同带着相关部门的人员赶到现场，把为首分子抓捕。那些所谓的真神当着老百姓的面，承认了装神弄鬼、诈骗钱财的犯罪行为。以前受骗的人这才醒悟过来，迷信活动得到了有效制止。

经过文同的大力整治，陵州的社会治安大为好转，老百姓走夜路再也不用担心遇到歹徒了，城市也开始热闹起来。人民群众纷纷称赞文同说："我们这个偏僻的小城市，经过文同的治理，现在可以和成都相比了。"

文同烧的第三把火，是根据陵州的实际情况，积极施行正在全国各地推广的新法。

当时陵州的盐业很发达，是当地的支柱产业。但法律规定，制盐用的柴火，由陵州老百姓按户缴纳，这使得老百姓一方面大肆砍伐林木，另一方面老百姓为运送柴火得不到休养，实在辛苦。

文同向朝廷建议，改变旧法律，把小盐井的管理从官办改成民办，国家通过征税的方式充实财政。同时，把陵州改为"监"（有特殊物产的地方，由中央直接管理），实行国家对"监"的政策法令。第二年冬天，朝廷批准了文同的建议。

文同的政绩得到上级领导的重视和肯定。经过上级的汇报和请求，文同在京城受到的处罚被取消，官职品级恢复为五品。

熙宁六年（1073），五十六岁的文同接到朝廷新的任命：转任兴元府（今陕西汉中市）知府。

在陵州期间，文同把业余时间用在了诗文书画上。他创作了大量诗作，艺术境界达到了新高峰。

尽管文同在陵州待的时间不长，但在陵州有很多关于他的传说。在如今黑龙滩龙岩山山岩的石窟壁上，有一幅神奇的怪石墨竹图。据说此图是文同画的，平时看不到图画，但只要泼上水，就会出现一幅墨竹图来。水干后，图画又消失了。这幅神奇的怪石墨竹图被誉为"蜀中一大奇观""中华一绝"。

任职汉中洋州，赴任湖州途中去世

文同到任兴元府后，先到府学视察。

他发现学校修建在城郊，校舍破旧，学生稀稀拉拉几个人，一个个灰头土脸的。询问得知，当地对教育一点也不重视，读书无用论甚为盛行。

文同决定重点抓教育。他召集大家开会，商讨如何办学兴教。听取大家的意见后，文同发表重要讲话，指出了办学兴教、培养人才、读书明理、齐家修身、礼义教化、安邦兴国的重大意义。然后，文同表态说，官府非常支持兴学，将把官府多余的办公场地改为校舍，请大家推荐品学兼优的老师，动员老百姓把孩子送来读书。

新学校办起来后，文同经常去督促检查，还亲自给学生上课。很快，当地兴起了崇教向学的风气。

看一个地方百姓是否安居乐业，社会治安是一个重要的指标。文同似乎天生和盗贼有仇，他到兴元府后，也狠抓治安问题。

得知城市中有一伙盗贼四处作案后，文同派人把那伙盗贼人赃俱获。在交通要道褒斜道上，有一伙贼人出没，他的前任打击过多次都收效甚微。文同没有急于出击，而是派人先周密侦查后，再设下埋伏圈，一举把贼人抓获，严惩贼首，根除了祸害。

文同到任不久后，听下属说城固县的旧巴城老百姓生性刁蛮，一直拖欠租税不缴，官府对此很头疼。

文同暗中前往查访，发现那里的徭役很重，老百姓如果按照规定缴纳租税后，一年劳作下来的粮食基本上就所剩无几了，最终只能饿死。文同大为光火，把当地的官员痛斥一顿后，要求减免赋税，让老百姓休养生息。

在文同的治理下，兴元府的政务有了很大起色，老百姓对此赞誉有加。文同在公务之余，更加沉醉于他的艺术天地中，书画诗词，乐在其中。

熙宁七年（1074）八月，按规定，文同又要调离，但他又不愿回京城，请求调任到附近的洋州（今陕西洋县）。朝廷同意了他的请求，并授予他度支员外郎、加轻车都尉官衔。

熙宁八年（1075）夏天，在赴任洋州前，文同回了一趟朝思暮想的老家，这是他最后一次回到家乡。深秋时节，文同离开家乡前往洋州赴任。

到了洋州，文同发现城池毁败，他组织民力修建，使得城池焕然一新。他又上疏朝廷，革除了当地对茶盐的禁令，老百姓为之欢欣鼓舞。

熙宁九年（1076），文同发现城东北有一个山谷，里面生长着又高又粗的筼筜竹，谷底有溪水，环境幽雅。他把山谷开辟为一处园林，命名为筼筜谷。苏轼后来写的《文与可画筼筜谷偃竹记》，就是写的这个地方。

熙宁十年（1077）冬天，文同任期满了，离开洋州，回到京城，等待朝廷任命。

不久，任命下来了：到登闻鼓院（相当于现在的信访部门）上班。文同把工作做得很好，引起宋神宗的注意，召见文同询问政事。

文同发现自己不适宜在京城为官，还是到地方上去最好。本想回四川，但根本没有可能，只得请求去东南一带，朝廷派他去湖州做知州。

元丰二年（1079）正月，新春佳节刚过，文同与亲友道别，冒着凛冽寒风奔赴湖州。走到陈州（今河南淮阳区）宛丘驿时，文同感觉身体不舒服，在驿站宾馆暂停下来。

文同晚年备受糖尿病折磨，此时，他预感到生命即将走到尽头。他吩咐家人拿来纸笔，交代后事。然后，洗了一个澡，穿好衣服，端坐着，溘然去世。

苏轼闻讯后，泪如雨下，"气噎悒而填胸"，整整三天，"夜不眠而坐喟，梦相从而惊觉，满茵席之濡泪"。

半年后的七月一天，苏轼在湖州官居庭院中晾晒书画，看见文同给他画的《筼筜谷偃竹》画卷，睹物思人，不禁又失声痛哭。

文同未能抵达湖州任职，但因在湖州知州任上去世，世人遂称他为文湖州。他创立的墨竹画派，也被称为湖州竹派。

（本文原载于2015年9月12日《华西都市报》）

蒲宗孟：备受争议的北宋另类名臣

蒲宗孟，字传正，阆州新井县大成村（今四川南部县宏观乡老观村）人，北宋著名大臣。蒲宗孟在官场上几起几落，职位最高时是尚书左丞（相当于副宰相）、资政殿学士。后来被贬出京城，当过多个州的知州，最终死在任上。

蒲宗孟在历史上颇有名气，属于争议人物。他不仅与苏轼、周敦颐等当时的名人交往密切，而且在王安石变法时，是王安石的忠实拥护者和执行者。他为人正直，敢于谏言，在皇帝面前想到什么就说什么。

不过，在为政上，史书批评他"为政惨酷"，还有人把他当成"官逼民反"的反面教材。而且他的个人私生活，居然被惜墨如金的史书罕见地详细记载下来，可谓是一个另类到极致的人物。

蒲宗孟所在的家族，被称为蒲氏清风阁系，他和弟弟蒲宗闵被奉为始祖。蒲氏清风阁系是川东北蒲氏中最大的支系，族人主要分布在今三台、盐亭、绵阳、西充、南充、南部、阆中、广元等地。

为官干练，积极支持王安石变法

南部县宏观乡场对面有座岱城山，据说那里是蒲宗孟的出生地。

蒲宗孟出身于一个官宦世家。他的高祖蒲蒙在唐末时曾任太守，为躲避战乱，迁居到利州（今广元市）青树坝。蒲宗孟的父亲蒲颖士，进士出身，因出任阆州（今阆中市）教谕，定居在阆州新井县大成村，蒲宗孟在这里出生。

皇祐五年（1053），蒲宗孟考中进士，出任夔州（今重庆市奉节县）观察推官，掌管司法事务。这个职务主要是挂个职而已，没有什么实权。

治平年间，全国水灾、地震严重。蒲宗孟坐不住了，提笔给朝廷上疏，谴责有关大臣及宫禁、宦寺对预测灾害和救灾不力。这给后来的宋神宗留下了深刻印象。

宋神宗继位后，把蒲宗孟调进京城，出任著作郎，在馆阁中校正文书档案，制定各种制度。宋神宗见到蒲宗孟时说："你就是那个说水灾地震的人嘛！"

不久，蒲宗孟又被调到集贤殿校勘整理书籍。蒲宗孟在任上认真地干着本职工作，没有别的什么奢望。正因为他的这种工作态度，使得一个很好的机会落到了他的身上。

朝廷在专管财赋的三司新设了一个叫账司的官职，这是财政部门的一个重要职务，待遇丰厚、权势很重。大家都想得到这个肥缺，不少人到处钻营，拉关系，行贿赂，忙得不亦乐乎。

当执掌三司的大臣把任命意见报告给宋神宗后，宋神宗把这个职务交给了蒲宗孟。

蒲宗孟任职期间，曾被派到湖南一带的荆湖北路、荆湖南路察访民情。他了解到，当地连年遭受灾害，农作物收成很差，老百姓生活非常困苦，特别是辰州、沅州的情况更为严重。

蒲宗孟把灾情如实上奏朝廷，请示免去辰州、沅州的役钱和荆湖南路的丁赋，受到当地百姓的赞扬。

蒲宗孟在任账司时，王安石在宋神宗的支持下进行改革，推行新法。蒲宗孟积极支持王安石，参与制定新法手实法。

手实法的内容是：国家把百姓的家产分为五等，每等规定了具体的标准。老百姓根据自己的田地、房屋、牲畜、货物等，申报应占的等级，然后根据财产等级确定应该交纳的赋税。

这个新法，对贫穷人家来说，可以少交一些赋税，但富豪人家就要多交赋税。如果富豪人家隐匿财产不如实申报，就让老百姓检举揭发。这项被称为宋朝时的不动产登记法，对穷苦百姓是有好处的。

蒲宗孟对手实法大加赞美："近制，民以手实上其家之物产，而官为注籍，以正百年无用不明之版图，而均齐其力役，此天下之良法也。"

但保守派以及另外一些变法派官员则批评手实法。时任密州知州的苏轼，甚至抵制手实法在密州推行。他们的理由是，手实法鼓励告密，必会败坏人心，破坏公序良俗。

事实证明，在推行手实法的地方，果然出现官吏扰民、奸人告讦之风。最终，宋神宗下令停止手实法。

正直敢言，开学士佩戴金鱼袋先河

蒲宗孟为人刚正不阿，敢于说话，甚至直接质问皇帝，胆子真够大的。

蒲宗孟后来升任为翰林学士兼侍读。翰林学士主要负责给皇帝起草诏书，相当于皇帝的秘书，侍读是给皇帝讲学的。两个职务都能经常见到皇帝，是皇帝的近臣之一。

北宋重文轻武，朝廷官员中，除宰相外，最荣耀的官职就是翰林学士了，只有最有学问、最有威信的文士，才有资格担当。宋神宗对蒲宗孟的工作很满意："翰林学士是有职无阶的清淡职位，但又很接近君主，是其他官员不能比的。"

于是，宋神宗赏赐蒲宗孟在官服上佩戴金鱼袋。金鱼袋是从唐朝开始的，朝廷官员身上佩戴证明身份的东西。官员那么多，经常在朝中往来，所以用佩戴金鱼袋的方式表明身份。官员受赐金鱼袋，是一件十分荣耀的事情。学士在官服上佩戴金鱼袋，就是从蒲宗孟开始的。

蒲宗孟在任翰林学士兼侍读期间，枢密都承旨（掌管枢密院内部事务，检察枢密院主事以下官吏功过及其迁补等事务的官员）张诚一很放肆专横。

张诚一的地位在学士之上，更加接近宋神宗，经常参与重大政事。所以，张诚一常常假借宋神宗的旨意，威胁其他官员。

蒲宗孟觉察到后，拿张诚一说的话去问宋神宗，究竟有没有这些旨意，结果发现都是假的。宋神宗认为蒲宗孟为人刚正不阿，提拔他为尚书左丞（正二品）。这时的蒲宗孟，在仕途上达到了顶峰。

元丰六年（1083）八月，宋神宗召见大臣王珪、王安礼、蒲宗孟等。交谈中，宋神宗感叹朝廷上下缺乏具有真才实学的人才。

蒲宗孟不加思索地说："现在的人才是很难得啊，已有的人才都被司马光打入朋党，毁掉了一半。如今朝廷内外的人才，都被司马光的异端邪说所迷惑，成为司马光一伙的人才了。"

蒲宗孟这样说是有原因的。当时很多支持王安石变法的人，都在司马光执政后被排挤、贬谪了。但蒲宗孟没想到，他的话一出，惹得宋神宗不高兴了。在座的人都面面相觑，气氛一下子冷清下来。蒲宗孟也发现说错了话，心里很是恐惧。

宋神宗有些愤怒地说："蒲宗孟，只有你对司马光不以为然。司马光自从辞去枢密副使的职务后，从来没有上书言事，也没有向我要求过什么条件。我觉得啊，从我即位至今，只有司马光一个人品行如此高洁。"

还有一次，宋神宗与大臣们谈论古今伟人，蒲宗孟对汉朝的扬雄大加赞扬，惹得宋神宗又不高兴了。

此后，宋神宗对蒲宗孟开始有些反感，眼不见心不烦，想找借口把蒲宗孟赶走。那些善于见风使舵的御史，察觉到宋神宗对蒲宗孟的不满，有人就弹劾蒲宗孟、王安礼违法修缮枢密院办公的房屋。宋神宗找到借口，把蒲宗孟贬为汝州（今河南临汝市）知州。

元丰七年（1084），或许是宋神宗觉得对蒲宗孟的处分有点过头了，给他加了资政殿学士的头衔，让他出任亳州知州。元祐元年（1086），蒲宗孟改任杭州知州。

以暴制暴，严厉打击梁山泊盗贼

在杭州知州任期满后，蒲宗孟调任郓州（今山东郓城县）知州。

郓州境内有个地方叫梁山泊，有一群强盗占住梁山泊一带，危害百姓，非常猖獗。强盗们喜欢把当地老百姓抓去，让他们挖坑，挖好后，强盗就把老百姓推下坑去，填上泥土，让老百姓的双脚露在坑外。强盗头子黄麻胡坐在一旁，以观看受害人的双脚苦苦挣扎为乐。

老百姓为此胆战心惊，盼着新来的知州能把强盗绳之以法，为民除害。蒲宗孟没有让老百姓失望，他采取了以暴制暴的方式。

他发布命令，抓住强盗后，也按同样的方法处死。谁要是抓住了强盗，当天就可到州府大厅领赏。蒲宗孟还带兵攻打贼窝，抓住了一些强盗，先挑去他们的脚筋，然后依法处死。

这样的做法，最初震慑了强盗，但后来不但没有端掉贼窝，反而激起强盗们的激烈反击，对当地的老百姓更是大肆残害。

强盗们盘踞在梁山水泊，难以捕捉。蒲宗孟下令："严禁船只出入水荡。"这一招很有效果，强盗的粮食补给被断绝，不得不离开梁山泊贼窝。

蒲宗孟严厉打击盗匪，终于把盗匪治理得差不多了。但蒲宗孟一点也没有放松对郓州社会治安的治理，那些小偷小摸的人，只要被抓住，蒲宗孟都要将其脚筋割断。

有时，情况没有完全弄清楚，冤枉好人的事情时有发生。因此，史书上批评蒲宗孟"为政惨酷，虽微罪，亦断其足筋"。苏轼在与蒲宗孟的信中，都劝诫他要"慈"。

元祐四年（1089），御史弹劾蒲宗孟"为政惨酷"，蒲宗孟"坐落职"，改任虢州（今河南灵宝市）知州。第二年，蒲宗孟调任河中府（府治在今山西永济县蒲州镇）知府，到任后不久病死在任上，终年六十六岁。

交往名士，与苏轼周敦颐打亲家

蒲宗孟与当时眉山著名的苏氏家族不仅有往来，而且还有姻亲关系。

蒲宗孟的姐姐，嫁给了苏轼的堂哥、二伯父苏涣的儿子苏不欺，生了五个儿子。

苏不欺的女儿，又嫁蒲宗孟的儿子蒲澈。苏、蒲两大家族，可谓是亲上加亲。

"三苏"父子出川，一般都要经过阆中，并在阆中停留，一来在那里探访亲戚、世交，二来也可以得到一些照应。苏洵去世后，蒲宗孟写了《老苏先生祭文》，称赞苏洵是"非众人之才也"。

苏轼在阆中时，曾去过蒲宗孟家，见到了蒲宗孟家修建的清风阁藏书楼，专门写了一首诗《寄题蒲传正学士阆中藏书阁》："朱栏碧瓦照山隈，竹简牙签次第开。读破文章随意得，学成富贵逼身来。诗书教子真田宅，金玉传家定粪灰。更把遗编观得失，君家旧物岂须猜。"

尽管苏轼和蒲宗孟在文学上很谈得来，而且又有姻亲关系，但两人的政见完全不同。据说，蒲宗孟曾被他的小伙伴们推举为兵部尚书，结果让苏辙给奏免了。

苏轼被贬到黄州后，有传言说苏轼病死了。一天，宋神宗在吃午饭时，想起这个消息，心里非常难过。宋神宗知道蒲宗孟和苏轼有亲戚关系，就问在一边的蒲宗孟："听说苏轼已在黄州病故，是真的吗？"

蒲宗孟回答说："近日京中确有此传说，不过真假尚未证实。"宋神宗叹了口气说："难得再有此等人才。"然后再也吃不下饭，离桌而去。

蒲宗孟与北宋著名的理学家周敦颐的交往，也颇有意思。

嘉祐四年（1059），蒲宗孟在夔州观察推官任上回家探亲，路过合州（今重庆市合川区），拜访了合州签署判官代理通判周敦颐。

两人见面后，相谈甚欢，一见如故。蒲宗孟干脆住了下来，两人谈了三天三夜。蒲宗孟感慨地说："世间怎么会有这等高人？"

打听到周敦颐的原配夫人陆氏已经去世一年多，留下一个一岁多的孩子，周敦颐此时四十三岁，蒲宗孟开始合计起来："六妹还没嫁人，平时心性颇

蒲氏三希堂保存的蒲宗孟手迹拓本 （蒲文常供图）

高，这个老周正好合适嘛。"

蒲宗孟把想法告诉周敦颐后，周敦颐也觉得身边的确需要一个女人照料家庭，蒲宗孟的六妹是大家闺秀，这桩婚事不错，就答应了。第二年春，周敦颐前往阆中迎娶了蒲氏。

蒲宗孟的原配夫人陈氏，是阆中著名的"三陈"（陈尧叟、陈尧佐、陈尧咨）的姑母。陈氏去世后，宋神宗追封她为河东太夫人。据说，周敦颐听说蒲宗孟单身后，把妹妹嫁给了蒲宗孟。

蒲宗孟和周敦颐本来就情趣相投，惺惺相惜，加上姻亲关系，始终保持着密切的交往和情谊，经常有书信往来，其中不乏作诗唱和。

周敦颐病逝前，写信给蒲宗孟说："吾独不能补助万分一，不得窃须臾之生，以见尧舜礼乐之盛，今死矣，命也！"

周敦颐病故后，蒲宗孟写了《濂溪先生墓碣铭》，称赞周敦颐"孤风远操，寓怀于尘埃之外，常有高栖遐遁之意"。

生活享受，苏轼曾劝他不要奢侈

蒲宗孟是个非常喜欢奢侈享受的人，他的这个癖好，被《宋史》写进了他的传记里。

蒲宗孟的儿媳，每天只做一个事情，教丫鬟做各式酥花，加糖凝结，做成饭后小吃。蒲宗孟家每天一定要宰杀十只羊、十头猪，给诸亲至友分享。每天晚上，家里要点三百支蜡烛照明。

有人觉得太浪费了，蒲宗孟很不高兴地说："难道你要让我坐在黑黢黢的房子里忍饥挨饿吗？"

蒲宗孟似乎还有洁癖，不分春夏秋冬，坚持每天洗脸、洗脚、洗身各两次，每天洗一个小澡，隔天洗个大澡。洗澡的时候，他要一大群仆人伺候。每洗一次澡，最多要用五斛（相当于二十五斗）热水。蒲宗孟这个令人匪夷所思的洗浴频率与排场，都被《宋史》记上了一笔。

蒲宗孟曾把自己的这个养生之道，通过书信对苏轼说："晚年学道有所得。"苏轼回答说："闻所得甚高，固以为慰。然复有二，尚欲奉劝，一曰俭，二曰慈。"苏轼如此正式劝告，可见蒲宗孟当时享受生活的名气很大。

蒲宗孟还有一个著名的故事。有一次，他碰到一个一百多岁的老人，问老人养生之道。老人说，要清心寡欲，戒酒、戒色、戒贪、戒纵乐。蒲宗孟听后，低头想了想说："如果是这样，即使活到千岁，又有啥用呢？"

据传，蒲宗孟死后，发棺二十四个地方，属于秘葬，至今无人知晓他究竟葬在什么地方。

（本文原载于2016年5月1日《华西都市报》）

赵雄：力主抗金的南宋一代名相

古城资中县以前有九道城门，如今唯一保留完整的只有东边的建春门，当地人俗称大东门。

沿着并不宽畅的下东大街前行，远远地就能看到巍峨耸立的两层城楼。虽经粉刷修葺，仍掩饰不住岁月留下的沧桑。城楼下，行人、车辆在城门洞来往穿行，脚下的成渝古驿道无言地讲述着发生在这里的过往历史。

九百多年前，修建这座城楼的那位可歌可敬的老人，徐徐地从历史深处走来。

他叫赵雄（1128-1193），字温叔，资州（今四川资中县）人，南宋坚定的抗金主战派，最高官拜右丞相。他曾奉命出使金国，与金世宗完颜雍当廷激辩，即使遭到金国大臣起哄喝斥，仍面不改色据理力争，直到金世宗妥协为止。

晚年的赵雄疲于朝争，回乡出任资州知州。他主持修建了建春门城楼，以示"人在楼中，瞭望中原，见其光复"的壮志。但直到去世，他的壮志仍是一个远不可及的愿望。

饭量大又是学霸，考了四川第一名

赵雄的老家在资州文江渡（今资中县重龙镇五里店村境内）。

宋末元初学者周密所著的《癸辛杂识·健啖》中说，赵雄"形体魁伟，进趋甚伟"。赵雄身材魁梧，高大雄伟，走起路来气场十足，地皮子都被震动了。一般来说，这种类型的人，都很吃得。赵雄当然也不例外，而且是非常吃得。

赵雄入朝为官后，宋孝宗听说他很能吃，想看看他到底有多能吃。一次退朝后，宋孝宗请赵雄吃饭。宋孝宗先让赵雄喝酒，喝酒用的器具叫"海"，最大的"海"能装三升酒。赵雄喝掉了六七"海"，差不多十公斤酒。

这还不算啥。赵雄喝完酒后，开始吃主食。宋孝宗叫来一百个馒头，赵雄一口气吃掉了五十个。宋孝宗看出赵雄有点不好意思再吃下去了，笑着说："卿可尽之。"皇帝发话，赵雄就不客气了，又把剩下的五十个馒头吃了。看得宋孝宗目瞪口呆。

赵雄画像 罗乐绘图

赵雄不仅能吃，还是一个学霸。隆兴元年（1163），赵雄参加类省试，夺得第一名。什么叫类省试？这是宋朝的科举制度，顾名思义，即"相当于省试的考试"。唐宋金元时的省试，明清时称为会试。

这里有个渊源。《宋史·选举志二》中说，南宋第一任皇帝宋高宗赵构，曾被封为蜀国公。当上皇帝后，赵构考虑到四川距京城临安府（今浙江杭州市）路途遥远又艰险，四川考生赴京赶考很不方便，就特别关照在四川举行类省试，相当于省试的分赛场。

那么，如何录取认定呢？赵构规定，四川类省试，第一名与殿试第三名（即探花）待遇相同，其余录取人员参照赐进士出身执行。所以，赵雄可以说是当年四川的第一名、全国第三名。

就在十二年前的绍兴二十一年（1151），同为赵姓人的资州人赵逵考中了状元。资州文脉之兴盛，可见一斑。

绍兴三十二年（1162），由赵逵举荐、被任命为中书舍人（起草诏令，参与国家机密事务的官职）的四川仁寿人虞允文，被任命为川陕宣谕使。虞允文在川期间，正好遇到赵雄考取第一名，遂委任赵雄为干办公事（南宋军事官名，协助主官办理相关事务）。

乾道元年（1165），虞允文被召回京城，任参知政事（相当于副相）兼枢密使。虞允文向宋孝宗推荐了赵雄。

乾道五年（1169），宋孝宗召见赵雄。一番面试后，宋孝宗对赵雄"大奇之"，亲写诏书，委任赵雄为秘书省正字（掌管校勘典籍事务）。自此，赵雄算是正式进入了有编制的国家公务员行列。

深夜闯皇宫汇报，出使金国获全胜

乾道六年（1170），时任处州（今浙江丽水市）知州的范成大奉命出使金国。

范成大出发时，上殿辞别。赵雄正好有事上殿，虞允文叫他一起去为范成大送行。赵雄面对宋孝宗和一干文武高官，侃侃而谈，极力主张收复国土。宋孝宗高兴地说："功名与卿共之。"立即封赵雄为右史（即起居舍人，掌管记录皇帝日常言行与国家大事的官职）。

不久，金国派使臣耶律子敬为宋孝宗祝寿，正好碰到过节，赵雄在驿馆全程陪同。席间，耶律子敬透露了一些机密。赵雄听后，连夜直闯皇宫，要求上报宋孝宗。宋孝宗听完赵雄的汇报，决定修改已与金国签订的相关条约。

赵雄又上书宋孝宗，恳请设置恢复局。君臣日夜探讨收复国土大计，所有论述都符合宋孝宗的心意。宋孝宗升任赵雄为中书舍人。

北宋历代皇帝的陵寝在河南，金国占领河南后，让南宋把陵寝迁走。这对南宋王朝来说，是一个难以接受的问题。

宋孝宗派赵雄出使金国，名义上是去庆贺金世宗完颜雍的生日，实际上是与金国谈判两个关键问题：一是"归还陵寝地"（埋葬宋朝历代皇帝的河南洛阳、巩县等地），二是要金国更改"受书仪"（金国使臣到宋朝下达国书，宋朝皇帝必须站立并用双手接住）。

赵雄见到金世宗后，金世宗只同意迁回陵寝和确定"受书仪"。赵雄多次与金世宗当廷争辩，金国大臣在旁多次无理起哄、喝骂赵雄。赵雄无所畏惧，慷慨激昂，据理力争，越说越有理。最后，金世宗理屈词穷，不得不对两国此前签订的盟约进行了多处修订。

金人把赵雄和金世宗的这场廷争称为"龙斗"。

力主抗金当宰相，为韩世忠写碑文

乾道八年（1172），赵母去世，赵雄按例离职回家居丧。淳熙二年（1175），宋孝宗征召赵雄还朝。

赵雄在此后三年多里，开始了火箭般的升迁：礼部侍郎、礼部尚书、端明殿学士、签书枢密院事、同知枢密院事、参知政事。淳熙五年（1178）年底，拜右丞相。

赵雄为何受到宋孝宗如此重用？这是有深厚历史背景的。

宋高宗时期，尤其是后期，宋高宗对收复被金国占领的土地，迎回被掳掠到金国的宋徽宗、宋钦宗等，没有多大兴趣，不断打击岳飞、韩世忠等主战派。

绍兴三十二年（1162），宋高宗让位于赵昚，是为宋孝宗。宋孝宗在位二十七年，平反岳飞冤案，起用主战派人士，志在收复中原失地，被认为是南宋最有作为的皇帝。所以，极力主张收复失地、有勇有谋、有智有略的赵雄，得到了宋孝宗的重用。

宋孝宗为振奋朝野抗金士气，还对已故抗金名将进行改封，韩世忠就是其中之一。

韩世忠在岳飞被害后，心灰意冷，毅然辞职。绍兴二十一年（1151），韩世忠在忧郁中病逝，葬在苏州西郊灵岩山下，但没有立碑。宋高宗追赠他为太师，追封为通义郡王。

乾道四年（1168），宋孝宗追封韩世忠为蕲王，谥号忠武，配飨宋高宗庙廷。宋孝宗还为韩世忠立"韩蕲王神道碑"，亲题字径一尺二寸的"中兴佐命定国元勋之碑"。

淳熙三年（1176），宋孝宗叫时任礼部尚书的赵雄，为韩世忠神道碑撰写碑文。

对皇帝交给自己的这个光荣任务，赵雄是非常乐意接受的。他闭门谢客，反复构思，多次修改，充分发挥文学才华，最终以"宋故扬武翊运功臣太傅镇南武安宁国军节度使充醴泉观使咸安郡王食邑一万八千三百户实封七千二百户进封蕲王谥忠武神道碑"为题，写出了一篇一万三千九百字的碑文。

赵雄在碑文中，详细讲述了韩世忠的成长、战斗历程，刻画了一个勇冠三军、智勇双全，既有指挥谋略又具政治远见的民族英雄形象。

大家知道，古人写文章是写文言文，惜字如金，一篇一千字的文章，都算是宏文巨制了。一万三千九百字是什么概念？以古代书籍中的字体大小，完全可以集成一本厚厚的书籍了。

关键问题是，这一万三千九百字，是写的碑文，要刻在碑石上的。韩世忠的这块墓碑，高五点三三米、宽二点〇二米，文字有八十八行，每行一百五十多字，由名臣周必大书写。

历史上，从来没有谁的碑文字数超过韩世忠的墓碑，故有"天下第一碑"的美誉。大家到苏州游玩的时候，如有兴趣，可以去灵岩山看看。

主张发展农桑事，重视文教保朱熹

得到宋孝宗的重用，赵雄尽心尽力在任上发挥才干。他一方面力主抗金，收复失地，一方面积极主张发展农桑，理财清政。

淳熙二年（1175）的一天，宋孝宗对赵雄说，今年夏天全国收成不错，"蚕麦甚熟，丝米价平可喜"。赵雄回答说，孟子讨论王道，就是从老百姓不饥不寒开始的。

宋孝宗继续说，近世以来，士大夫喜好高谈阔论，觉得说农事可耻，简直有点西晋时的风气了，却不知道《周礼》与《易》里也在谈理财，周公旦、孔夫子也都认为理财是当急要务。

赵雄抓住机会，请求宋孝宗把发展农桑、理财清政作为一项重要国策加大力度施行。

赵雄出任右丞相后，十分重视文教，注意保护知识分子。最为典型的例子，是保护朱熹。

当时朱熹力倡理学、议论时事，朝廷多次征召他出来做官，他都不答应。淳熙五年（1178），赵雄请求让朱熹到地方任职，宋孝宗任命朱熹为南康军知军。

淳熙七年（1180），朱熹上疏议论时事，让宋孝宗非常恼怒，叫赵雄从严处理。赵雄说，朱熹一介书生，心傲口狂，"词穷理短"。您要是加罪于他，不是正好帮他出名吗？我看啊，最好的办法就是不要理睬他。副相周必大也为朱熹说情，宋孝宗这才息怒，没有惩罚朱熹。

赵雄还主张，从金国逃来的人，可以在朝廷为官，还要求裁减冗员。不料，赵雄的这些建议，与枢密使王淮意见相左，两人发生了激烈冲突。

赵雄为相后，朝中高官有十多个四川人。有人散布流言，说赵雄结党营私。这可是一个非常敏感的罪名，宋孝宗对赵雄开始猜疑并疏远。

不久，皇宫直接下达一系列高级人事任免命令。这种人事任免居然绕过了作为右丞相的自己，赵雄深深感受到了宋孝宗对他的不信任。

其实，宋孝宗对赵雄的疏远，这些事情只是表面现象。实质是，宋孝宗改变了执政理念，从锐意收复失地转向了搞国内建设，对金国的政策也发生了改变。仍执意于主战的赵雄，当然跟不上形势的发展，必然成为宋孝宗要疏远的对象。

赵雄也明白朝中没有立足之地了，请求离开京城，到地方为官。几经周折后，淳熙十四年（1187），赵雄出任江陵府（府治在今湖北荆州市）知府。

第二年五月，荆州遭遇连绵大雨，江水泛滥，冲走三千多家民舍，百姓损失惨重。赵雄主持修建十点五公里城防，使得老百姓能够安居乐业。

想见到收复失地，回乡修建台星楼

淳熙十六年（1189），宋孝宗禅位，宋光宗赵惇继位，召赵雄回朝为官。

此时，赵雄已年老多病，上万言书陈述自己的政见，说年老体弱，难以担当重任。宋光宗授任赵雄为宁武军节度使、开府仪同三司，封为卫国公，统领湖北军政大事。但赵雄已病得很重，宋光宗只得改任他为资州知州。

回到家乡任职，赵雄在资州城建春门修建了城楼，取名台星楼。“台”是天上星辰之名，台星连用，比喻此城楼高大巍峨。赵雄修筑此楼，希望能登临楼上，北望中原，见到失地收复，实现一生的心愿。但赵雄直到去世，心愿仍未实现。

不过，台星楼在后来的风雨岁月中，起到了不少作用，见证了发生在资中的多起历史事件。

明朝正德四年（1509），源于汉中的蓝廷瑞农民军进入四川后，沿东大路、顺沱江进攻资县（明朝洪武四年“降州为县”，改资州为资县），攻击点就在建春门。

资县知县陈銮带领军队在建春门列阵以待。农民军进入射程圈后，建春门城楼上的大炮开火，在农民军中炸开了花。陈銮趁势挥军冲杀，农民军败退，绕城撤走。

崇祯十七年（1644），张献忠农民军攻下泸州后，分水陆两路沿沱江往成都进发。前锋马元利的部队来到建春门外，城楼上不但没有挂降旗，反而在知县沈希圣的指挥下，开枪放炮进行抵抗。

马元利兵分三路从北门、西门和建春门一起攻击城池。发生在建春门的战斗尤其激烈。马元利用炮轰击建春门附近的小东门，炸开一个缺口，农民军杀进城里，抓获沈希圣。

张献忠赶到后，叫沈希圣投降，沈希圣叫骂不止。张献忠把沈希圣的家人全部杀死，把沈希圣押解到成都"剐于市"，沈希圣至死"骂不绝口"。

清朝同治四年（1865），台星楼因年久失修受损，按旧貌重修。1911年秋，清政府派大臣端方带两千多名新军入川镇压保路运动。端方从建春门入城驻扎，不久被哗变的新军斩首。

近年来，常有影视剧组取景大东街和建春门城楼及古城墙。2002年12月，建春门城楼及古城墙，被列为省级重点文物保护单位。

赵雄墓石刻浮雕，讲述当年金国行

赵雄在资州没待多久，又相继改任潼川府（府治在今三台县）、隆兴府（府治在今江西南昌市）知府，任上颇有政声。

绍熙四年（1193），赵雄病逝，享年六十五岁。被追赠为少师，谥号"文定"。

赵雄死后，葬在资州城西北的回湾宰相溪官坟滩赵家坟。赵雄墓多次遭到

赵雄墓中，雕刻的赵雄出使金国的《出行图》（部分拓片）

盗掘，墓前的赵雄故里坊、卫国文定公神道碑和石人、石马、石象等被毁没，连墓冢也被夷为菜地，直到1977年才发现墓穴。

由于多次被盗，墓穴中几乎空无一物。墓穴周围石壁上，布满了二十多个或横或竖的不同图案石刻浮雕。浮雕的主要内容，记录了赵雄当年出使金国的壮国之行，专家将其命名为"丞相出行图"。整组浮雕一共刻了一百五十五人、三十八匹马，人物栩栩如生，场面极为恢宏壮观。

俱往矣。

对资中人来说，赵雄是他们心中绝对的名人，资中文庙乡贤祠供奉有他的"宋卫国文定公赵雄之位"牌位，民间关于他的传说故事也很多。

（本文原载于2017年4月30日《华西都市报》）

中国古代奉行"女子无才便是德"，但女子一旦有才，就能惊为天人。

明朝遂宁县出了一个才女黄峨，她出身于有着"诗人世家""官宦门第"美誉的黄氏家族。这个黄氏家族，世代居住在遂宁县西眉镇（今属遂宁市安居区）北六里黄安桥黄榜石。

在一百多年里，这个家族涌现出了许多杰出人物，尚书、布政使、知府、进士、举人、贡生十多个，可谓满门生辉，占尽风光。黄峨出身于这样的家庭中，从小受到家庭熏陶和影响，不仅能写诗、填词，更擅长创作散曲，被称为"曲中李清照""明朝林徽因"，与卓文君、薛涛、花蕊夫人并称为"蜀中四大才女"。

她的丈夫，是明朝状元、著名学者、新都人杨慎（杨升庵）。她与杨慎的爱情故事，一直被传颂至今。

出身官宦门第，对杨慎有好感

黄峨的曾祖父叫黄鉴，生活在元末明初时代。黄鉴是个读书人，擅长写诗。那个时候，有文化，意味着可以去做官。但黄鉴选择做处士。所谓处士，就是善于自处，不求闻达于当世的清高人士。

黄鉴的主要功绩，是把儿子黄宗泗培养了出来。黄宗泗，字遵鲁，在明朝正统六年（1441）考中举人，最后官至云南大姚县知县。大姚县虽然地理位置偏了一些，但能做到知县，相当于现在的县长，正处级干部，真心地说，黄宗泗应该是尽最大努力了。

到了黄宗泗的下一代，黄氏家族显赫起来了，主要体现在黄宗泗的儿子黄珂身上。

黄峨塑像

黄珂，字鸣玉，成化二十年（1484）考中进士，出任龙阳县（今湖南汉寿县）知县。因政绩卓著，黄珂入京升任御史，巡按贵州、畿辅，山西按察使等。

黄珂的第一个夫人张氏，是"清代蜀中第一家"遂宁黑柏沟张氏家族的女子。黄珂的岳父张睿，宣德二年（1427）考中举人，官至福建盐运使。

黄珂后来续娶乐至聂氏家族的女子聂氏。聂氏的父亲聂新，官至湖北黄梅县县尉（相当于县公安局局长）。聂氏知书识礼，俭勤明淑，与黄珂生了黄华、黄峰两个儿子和女儿黄峨。

黄华是黄峨的弟弟，嘉靖十一年（1532）考中进士，历任户部主事、郎中，松江府知府，江西副使，江西布政使等，晋升为光禄寺卿。

弘治十一年（1498），黄峨（字秀眉）出生。聂氏作为黄珂的贤内助，对子女管教严格，因为有文化，又担当了子女的启蒙老师。在书香弥漫的家庭中，聪明好学的黄峨，学到了很多文化知识。

正德四年（1509），黄珂被提拔为右佥都御史，巡抚延绥镇（治所在今陕西榆林市）。延绥是九个重要边镇之一，经常与少数民族发生战争，黄珂把家人留在了京城。

两年后的春天，鞑靼首领亦不剌入侵河套地区。黄珂也不虚火，带兵一举把亦不剌击溃。

就在这时，黄珂的莫逆之交、当朝内阁首辅、新都人杨廷和的儿子杨慎考中了状元。因为黄珂不在家里，杨家给黄家送去一张拜帖。十二岁的黄峨听到杨慎金榜题名的消息后，心里非常倾慕。估计在这时，黄峨对杨慎已经产生了好感。

同年秋，黄珂回京，出任户部右侍郎，很快升迁为刑部左侍郎。正德九年（1514），黄珂再次升迁为南京右都御史，不久当上南京工部尚书。

后来，黄珂有感于朝廷腐败和年岁已高，给朝廷打了辞职报告，带着一家老小回到老家遂宁。

尚书女知府妹，嫁给杨家状元郎

回到遂宁后，黄峨经常回忆起在京城的往事，写了一首散曲《玉堂客》。这首散曲传到了京城，杨慎读到后当场就震惊了：耶，这个黄家的小妹儿果然可以哈！

很快，黄峨出落成一个品才俱佳、相貌端庄的大姑娘，前来提婚的人络绎不绝。但黄珂却高兴不起来，因为黄峨早就说了，她要找的如意郎君，一定是像杨慎那样学识渊博、志趣高尚的人。这不是摆明了非杨慎不嫁么？可人家杨慎已经有老婆了啊！

杨慎的夫人王氏，是平武县赫赫有名的王氏家族女子，王氏的曾祖父王玺，是龙安府宣抚司佥事、平武报恩寺的建造者。

这时的杨慎，在京城过得不好。他看到正德帝不理朝政，成天就只知道贪玩好耍，很是气恼。他请了病假，带着王氏，一拍屁股回到新都，不陪你玩了！

王氏身体不好，回到四川后第二年就去世了。王氏去世后，杨慎陷入悲痛中。要想让陷入悲痛中的人走出来，最好的办法就是转移他的注意力。

一个偶然的机会，杨慎听说遂宁黄家的那个小妹儿黄峨已经二十岁了还没嫁人。那个时代的女子，到二十岁还没出嫁，是货真价实的老姑娘了。

杨慎本来对黄峨就有好感，对黄峨的才情非常钦佩，要是能把她娶了，那真是太好了。杨慎把想法告诉了老爸杨廷和，杨廷和一听，嗯，好事嘛。本来就和黄珂交谊深厚，而且两家人还门当户对，能结成儿女亲家，那是锦上添花的大好事啊！

杨廷和点头同意，杨慎就派人去黄家提亲。黄峨把杨慎等得花儿都谢了，看到杨慎主动提亲，心里自然是乐开了花。黄珂也高兴啊，老天有眼，哎呀呀，这个老姑娘终于嫁出去了！

既然双方都同意，那就赶紧把婚事办了呗。

正德十四年（1519），杨慎带着丰厚的聘礼，一路吹吹打打走到遂宁去迎娶黄峨。这桩婚事震动了当地，有人总结说，黄峨是"尚书女儿知府妹，宰相媳妇状元妻"。彩轿路过之处，大家不用招呼，主动围观，都想看看新娘子是怎样的一个人。

黄峨嫁到新都杨家后，与杨慎如胶似漆，恩爱有加。两人都有才，都爱好文学，结合在一起后，更是切磋诗文，填词作曲，弹琴作画，花前月下，过着幸福又浪漫的生活。

在很多人看来，这样的生活能过一辈子，那当然是极好的事儿。

但黄峨不这么认为，她觉得杨慎应该继续去施展政治抱负，不断鼓励杨慎进京复职。婚后第二年秋天，在黄峨的陪同下，杨慎回到北京，出任经筵展书官（给皇帝上课时，负责展示书籍的官员）。

可惜，美好的婚姻生活仅过了五年，黄峨就因杨慎的遭遇面临着人生的一大转折点。

杨慎谪戍云南，黄峨不离不弃

正德十六年（1521），朱厚照驾崩，他的堂弟朱厚熜继位，是为嘉靖帝。

这种兄终弟及的继承方式，引发了一场大风波。按照明朝皇统继承规则，朱厚熜要承认朱厚照的老爸明孝宗朱祐樘是父亲，自己的生父兴献王朱祐杬只能称本生父或皇叔父。

但朱厚熜不想这么干。即位后第六天，就下诏叫群臣议定他的老爸朱祐杬为父亲，按皇帝的尊号和祀礼对待。这样一来，皇统与家系成了大臣们纷争的议题。

以杨廷和、杨慎父子为首的大臣，与朱厚熜进行了无休无止的斗争，这就是明朝历史上著名的大议礼事件。

嘉靖元年（1522），黄珂在遂宁家中去世，朝廷追赠他为太子少保，谥号为"简肃"。杨廷和、杨慎怀着沉痛的心情，各自为黄珂撰写了《祭黄简肃文》。

黄峨在父亲去世的悲痛中还没缓过来，两年后的嘉靖三年（1524），杨慎出事了。

他因大议礼带头跪门哭谏，触怒了嘉靖帝，"中元日下狱，十七日廷杖之，二十七日复杖之，毙而复苏，谪戍云南永昌卫"。杨慎这次玩大了，是永远充军，不可赦回！

当时快到中秋节了，但嘉靖帝不让杨慎在京城过完节再走。在缇骑兵的押解下，杨慎走出京城，准备坐船南下。黄峨听闻后，连忙收拾行李，带着仆人赶到渡口，坚持要和杨慎一起走。

一路上，黄峨对杨慎精心护理，使得杨慎身上的杖伤逐渐痊愈。一个月后，来到扬州。但他们没有停留，直接到了南京。在南京，杨慎的朋友们为他们接风洗尘，相聚在雨花台上，举杯畅饮，尽抒情怀。

隆冬时节，他们到了江陵（今湖北荆州市荆州区）驿站，那里是去滇入川的分道处。按规定，罪犯不能带家属去戍所。杨慎劝说黄峨从这里沿长江回新都老家，因为他从这里将经湖南、贵州到云南去。

朔风飞雪中，夫妻两人站在江陵古渡，难分难舍，泪流满面。

黄峨回到新都后，孝敬公婆，教育子侄，操持家务。虽然与杨慎相隔遥远，但感情更加深厚。一旦空闲下来，黄峨就抑制不住地思念杨慎。何以解忧？唯有诗词。黄峨写了不少诗词，寄给杨慎。夫妻靠着鸿雁传书，排解相思之苦。

嘉靖五年（1526），杨廷和因担忧国事、思念儿子而病倒。杨慎闻讯后，请假回家探望父亲。杨廷和见到儿子，精神大好，病也很快好了起来。

黄峨决定陪同杨慎去云南戍所。在云南，他们一起饱尝流放之苦，躲避叛军和瘟疫，生活艰苦又淡泊。但黄峨爱心不移，与杨慎同甘共苦，互相体贴，常以词曲唱和，交流心声，成为杨慎讲学、著书的贤内助。

嘉靖八年（1529），杨廷和病逝，杨慎和黄峨回家奔丧。打理完丧事后，杨慎又去云南服刑，黄峨留在新都继续挑起家庭重担。此后，到杨慎去世的整整三十年里，杨慎只回来了五次。

在长年的思念中，黄峨写下了那首脍炙人口的名篇《寄外》："雁飞曾不到衡阳，锦字何由寄永昌？三春花柳妾薄命，六诏风烟君断肠。曰归曰归愁岁暮，其雨其雨怨朝阳。相闻空有刀环约，何日金鸡下夜郎？"

生同心死同穴，徒步迎接灵柩

晃眼之间，杨慎被流放到云南三十多年了，已成为一个白发苍苍的七旬老头，黄峨也步入了花甲之年。

按明朝律例，罪犯年满七十岁就可回家休养，不用再服役了。但杨慎刚回家不久，嘉靖帝听说后，派人把他抓回云南。杨慎悲愤至极，半年后的嘉靖三十八年（1559），在云南一座古庙中含恨离世。

噩耗传来，黄峨一没哭二没闹三没上吊，她的泪在过去的三十多年流得太多了。杨慎被抓回云南，她就知道迟早有一天将面临这样的结局。

黄峨一向体弱多病，她和杨慎没有后代，但她不顾身体羸弱，坚强地徒步赶往云南为杨慎奔丧。走到泸州，她遇到了杨慎的灵柩。

见到灵柩，黄峨再也抑制不住内心的悲痛，仿照南北朝才女刘令娴的《祭夫文》，为杨慎创作哀章，念着念着，放声痛哭，闻者无不掉泪。

黄峨扶送杨慎灵柩回到新都后，大家都主张对杨慎进行厚葬。黄峨这时表现出了罕见的政治远见性，她觉得嘉靖帝还会来找麻烦，所以坚持丧事从简，"藁葬"了杨慎。果然，不久后，嘉靖帝派人来开棺检查，发现杨慎仍穿戴着成卒的衣帽，说明死了还在服罪，这才心满意足。

黄峨为杨家成功地避免了一场灾难，大家都很敬佩她。

嘉靖四十四年（1565），嘉靖帝驾崩，明穆宗朱载垕即位。第二年，明穆宗颁发嘉靖帝遗诏，宽赦议大礼获罪的大臣们。已死去七年的杨慎恢复原官，追封为光禄寺少卿，后又追谥为"文宪"，黄峨也被封为宜人。

隆庆三年（1569），在杨慎死后十年，黄峨病故，享年七十二岁。在中国文学史上，黄峨是继李清照、朱淑贞后又一个成就卓著的女诗人。

黄峨故居在今遂宁市安居区西眉镇黄榜石附近，前面溪上有梳妆台遗址，相传是黄峨梳妆的地方。在遂宁城内，有黄峨的雕像。黄峨居住的新都榴阁，清朝时成为黄夫人祠。

1961年，杨升庵祠与桂湖被列为省级重点文物保护单位。升庵祠对面的沉霞榭，被辟为黄峨馆，馆内塑有黄峨像，与杨慎的塑像隔湖相望，意味深远。

（本文原载于2015年12月13日《华西都市报》）

陈以勤、陈于陛：
明朝唯一的父子宰辅

南充市城区北湖公园东门，有一堵南充明朝文化名人墙，塑有任瀚、黄辉、陈以勤和陈于陛四个著名人物。其中，任瀚和黄辉是师生关系，陈以勤和陈于陛是父子关系。在整个明朝，父子都当过宰辅的，只有陈以勤、陈于陛父子。

2006年3月20日，南充市顺庆区栖乐山南麓修敬老院时，建筑工人挖出一座夫妻合葬的明朝古墓。经文物专家考证，该墓是陈以勤的孙子、陈于陛的儿子和夫人王氏的墓，半截石碑上写着："……陈大策生尔祖以勤大学士，谥文瑞，以勤生尔父于陛……大学士……于栖乐山……祖孙永相依……"

陈以勤和陈于陛父子，是怎样的人？他们是怎么当上宰辅的？有着怎样的传奇经历和故事？

家世渊源深远，北宋宰相陈尧佐后裔

陈以勤（1511-1586），字逸甫，号松谷，别号青居山人，明朝四川南充县水西里（今南充市嘉陵区李渡镇阁老坟村）人。

陈以勤家世渊源深远，是北宋时四川阆中著名的"三陈"之一、宰相陈尧佐的后裔。陈彦良是陈尧佐的后人，至于是多少代的裔孙，至今无法考证。

陈彦良迁到南充后，又传了数代，传到陈兴，此时是元朝至正年间（1341-1368）。陈兴的第九世孙，就是陈以勤。

陈以勤的高祖叫陈纪，经过此前几代人的积累，家境开始宽裕起来。古代崇尚耕读传家，在耕有余之际，自然会让后代去读书。只有通过读书，才有希望入仕做官，光宗耀祖。

所以，陈纪有了读书的珍贵机会。陈纪读书很用功，考上了"博士弟子"，也就是俗称的秀才。对陈氏家族来说，这可是一个了不起的教育成就。可惜的是，陈纪的儿子、孙子两辈人中，都没有人超过他。

陈纪的孙子陈信有四个儿子，老大叫陈大道，老二叫陈大策，陈大策就是陈以勤的父亲。

陈大道可以说是陈氏家族崛起的标志性人物，因为他在读书上不但远远超过秀才曾祖陈纪，考中了进士（一说是贡士），而且还入仕做官了。

陈大道官做得不算大，嘉靖三十二年（1553）出任洵阳县（今陕西旬阳县）知县。据《陕西通志》、光绪版《旬阳县志》记载，陈大道在洵阳任上颇有政绩：为政宽和，公正判案，狠刹婚葬奢侈之风，破除封建迷信等。

更让当地读书人感动的是，陈大道对孔庙的重视。洵阳的孔庙在成化年间被洪水冲垮后，迁到县衙附近重修。弘治年间续修了一次孔庙，到陈大道上任时，已经五十年没维修了，到处破破烂烂的。陈大道倡议维修孔庙，并带头捐款，大家积极响应，孔庙很快得到维修，焕然一新。

在陈大道的影响下，陈大策非常重视对子女的教育，终于培养出了名载史册的儿子陈以勤。

陈以勤当帝师，竭尽全力保护隆庆帝

嘉靖二十年（1541），三十一岁（虚岁，下同）的陈以勤考中进士，被选为翰林院庶吉士。考试合格后，留在翰林院任检讨、修撰，后历任詹事府洗马、太常卿、国子监祭酒（校长）、礼部侍郎、礼部尚书兼文渊阁大学士等，进入内阁，成为宰辅。

陈以勤一生最大的功劳，是教育和保护后来成为隆庆帝的裕王朱载垕。陈以勤在翰林院任职编修时，担任朱载垕的讲官（老师）长达九年时间。

嘉靖帝的大儿子朱载基，只活了两个月就夭折了；二儿子朱载壑，三儿子就是朱载垕，四儿子朱载圳。

嘉靖十八年（1539），嘉靖帝册立朱载壑为太子，朱载垕为裕王，朱载圳为景王。

南充北湖公园东门的陈以勤塑像
黄勇摄影

十年后，十八岁的朱载壑病死。按说，以次序，应该立朱载垕为太子，但嘉靖帝就是迟迟不立。朱载圳平时穿着的服色与朱载垕没有区别，这引起朝野的议论，大家搞不清楚嘉靖帝罐子里装的是什么药。

当时的内阁首辅是严嵩，他和儿子严世蕃权倾朝野。朱载垕很清楚严氏父子贪权揽贿、祸国害民的事情，经常发表对严氏父子的意见。结果，这些话传到了严世蕃的耳中。

严嵩和严世蕃有些不相信，但他们知道，一旦嘉靖帝死了，基本上可以确定是朱载垕继位。朱载垕如果真的对他们不满，今后必然会对他们不利。所以，如果传言是真的，就必须把朱载垕废掉。

严氏父子商量一番后，决定由严世蕃出面，请朱载垕的老师陈以勤和高拱到家里做客，探个虚实。

陈以勤和高拱来到严家，大家吃吃喝喝，好不开心。看看时机成熟，严世蕃对二人说："听说裕王近来受到小人的蛊惑，说了一些不满意家父的话，是不是啊？"

高拱和陈以勤都没想到严世蕃会问出这么一个问题，也都听出了话里带着的恶意。圆滑的高拱随口说了几句笑话，想把严世蕃的这个问题敷衍过去。

但陈以勤心里很清楚，这个问题如果不回答好，朱载垕的地位就有可能不保。陈以勤整肃颜容，严肃地回答说："裕王的太子地位是早就默定了的，只是没有正式册封罢了。"

陈以勤接着说："裕王取名为载垕，垕，从后从土，首出九域，此君意也。""垕"字是"土"字上有"后"字，"后"在远古时期是国君的称谓，"后"在"土"上，表示国君拥有大地。中国在古代被称为九州、九域，所以陈以勤先在朱载垕的名字上做文章。

看严世蕃没吭声，陈以勤又说："其他王子的讲官都是由翰林院的检讨担任，只有裕王的讲官兼用了编修，这表明皇上是把裕王当作太子看待的。我们服侍裕王左右，裕王经常说首辅大人（严嵩）是社稷之臣，治国能臣。不知你是从哪里听到的流言蜚语？"

陈以勤一席话，说得严世蕃默不作声。

陈以勤和高拱走后，严嵩父子商议认为，陈以勤说的话在理。如果根据传闻铤而走险去动朱载垕，万一没成功，反而会引来杀身之祸，就打消了动朱载垕的念头。

陈以勤在给朱载垕当老师的九年里，竭尽全力保护朱载垕。《明史》说，陈以勤为此"焦心瘁志，发为骤白"。

嘉靖四十四年（1565），朱载垕迎来了一个"好消息"，他最大的竞争对手、弟弟朱载圳死了。一年后，嘉靖帝驾崩，朱载垕无可争议地当上皇帝，陈以勤的九年心血总算没有白费。

热心家乡公益，倡议捐资修复西河桥

对陈以勤的无私付出，朱载垕是看在眼里、记在心头的。朱载垕即位后，曾御笔手书"忠贞""启发宏多"赐给陈以勤。同时提拔陈以勤为文渊阁大学士，进入内阁，成为宰辅。

陈以勤本着对明皇室的忠诚和与朱载垕的师生关系，对朱载垕进行了毫不保留的直言进谏。

首先，他上疏《谨始十事》，针对当时的实际情况，讲述了定志、爱民、崇俭、用人、接下、听言及揽权等问题。然后，他又进谏《励精修政》四事疏，针对揽权做了进一步的详细阐述。

陈以勤的忠诚受到了后来的万历帝的表彰。万历八年（1580），万历帝赏赐陈以勤"尚方绮币宝镪"，叫陈以勤的儿子陈于陛带回家去，使得"海内艳之"。

隆庆四年（1570），六十一岁的陈以勤辞官回到南充老家，热心于家乡的公益事业。

嘉陵江上原来有一座桥，但在三十多年前就垮塌了。这座桥是南充到成都和到重庆的重要交通要道，没了桥，不仅老百姓出行困难，经常发生被江水冲走的惨剧，而且也严重制约了南充的经济发展。

陈以勤决定组织重建该桥。在他的倡议、捐资下，当地乡绅积极响应。万历六年（1578），该桥修复，取名广恩桥（即今南充市区老西河桥）。

此外，陈以勤还创建了金泉书院、修建嘉湖（今北湖公园）书院等。

陈以勤还徜徉于山水中，在多个景点留有诗文、手迹。在岳池县团结乡檬子桥村一处崖壁上，至今仍完好地保存着陈以勤在万历元年（1573）三月手书的诗刻《游金田寺》："地险缘罗入，云源风路前。好山逢玉马，古刹到金田。午荫留松柏，春声半杜鹃。前山明日去，相望益飘然。"

万历二年（1574）冬，为表彰四川巡抚曾省吾的平蛮功绩，陈以勤撰写了三千二百多字的《西蜀平蛮碑》。此碑目前保存在兴文县九丝城镇的崇报祠旧址。

万历十四年（1586），陈以勤病逝，被追赠为太保，谥号"文端"，葬在南充市栖乐山。

值得一提的是，陈以勤还有一大功劳：他在担任实录总裁官时，领导了《永乐大典》的重录工作。

忠诚耿介直言，不断上疏劝导万历帝

相比陈以勤来说，陈于陛（1543-1596）显得更优秀。

陈于陛，字元忠，号玉垒山人，嘉靖二十二年（1543）出生在北京。当时陈以勤已经考中进士，在翰林院供职。

在家庭环境的影响下，加上自幼聪颖，勤奋好学，才思敏捷，十八岁那年，陈于陛参加乡试，下笔如神，三下五除二就把试卷做完了，一举考中了第四名。

隆庆二年（1568），陈于陛考中进士，被选为翰林院庶吉士。此后，陈于陛的仕途轨迹与父亲相似，但更为顺畅。

陈于陛先是在翰林院任修撰，万历初年，参与编修正德帝、隆庆帝两朝的实录，担任日讲官。后来调任侍讲学士，万历十七年（1589）晋升为詹事，负责翰林院。

两年后，陈于陛升任礼部右侍郎，掌管詹事府事务。次年升任吏部左侍郎，教导庶吉士。一年后升为礼部尚书。

又过了两年，万历二十二年（1594），内阁首辅王锡爵辞职，陈于陛兼任东阁大学士，进入内阁，成为宰辅，第二年晋升为太子太保。

从考中进士到出任宰辅，陈于陛用了二十六年时间，而陈以勤用了二十五年，父子俩基本上相当。但陈于陛任宰辅时为五十二岁，陈以勤是五十六岁。

陈以勤为官时，最主要的工作是教育和保护隆庆帝，最终取得了胜利；陈于陛是一直不断地与万历帝作"斗争"，屡战屡败，屡败屡战，最终失败，无力回天。

在负责翰林院工作时，陈于陛就奏请万历帝早点册立太子，但万历帝没有理睬他。

南充北湖公园东门的陈于陛塑像　黄勇摄影

当上吏部左侍郎后，陈于陛又操起万历帝的心，上奏说，嫡长子不应该分封为王，希望能及时册立太子，以便开展培养工作；同时，请求万历帝临朝处理政务。

结果，奏折交上去后，万历帝连泡都没有冒一个。

进入内阁后，面对日本入侵朝鲜、女真族在东北崛起、国内贪赃渎职成风的内忧外患的情况，陈于陛向万历帝上疏六条建议：亲近大臣、录用遗老贤士、奖励京城外的官吏、核查边关粮饷、储蓄将才、选任边防官吏等。

最后，陈于陛直言不讳地说，造成内忧外患的原因，是万历帝不勤政。如果还不赶紧图谋更新，今后可咋个办哦。

万历帝看了后，没有沉默了，下诏对陈于陛说，好嘛，好嘛，你说得好，我晓得了。然后，就没有然后了。

万历二十三年（1595），万历帝以军政失察为由，追究言官的罪责，说他们面对问题不积极主动地指出，而是保持"缄默"。由此，处分了两京（南京、北京）三十多个言官，导致"南北台省几空"。

陈于陛和内阁成员都上疏申诉，希望撤销对言官们的处分，万历帝不听。陈于陛又单独上奏说，过去言官们履行职责，说他们是在诬告；现在又追究他们的"缄默"罪，还处分这么多人，真的是"言亦罪，不言亦罪"。这么搞下去，今后谁还敢履行纠察职责？

陈于陛这篇铿锵有力的数百字奏章，还是没有说动万历帝。

后来，陈于陛请求罢免自己的官职，万历帝当然没有答应。陈于陛忧国忧民，一腔热情，却碰了一鼻子灰，伤心得很，叹息不止，然而又无可奈何。

万历二十四年（1596）冬天，陈于陛在京城南郊外患上伤寒病，不治而死，归葬在南充城西火凤山下的桂花坪。万历帝追赠他为少保，谥号"文宪"。

倡议修当代史，推动明后期史学发展

受父亲影响，陈于陛从小就对历史有着浓厚兴趣，也从父亲那里学到不少知识。进入翰林院修撰国史后，陈于陛更是"留意通今之学，国家史乘，无不折衷而讨其至"。

他在研究宋朝历史时发现，史学家写史的方法，纪、表、志、传称为正史。以前，都是隔朝代修史，如元朝修宋朝历史。因为修史必然涉及有关人物的善恶褒贬，当代人修当代史，很多事情摆不平，搞不好还惹来麻烦。

但也有例外。宋真宗祥符年间，王旦等人修撰了宋太祖、宋太宗两朝的正史。宋仁宗天圣年间，吕夷简等人又增补了宋真宗朝的历史，合并称为《三朝国史》。这是当朝君臣修撰当朝正史的案例。

明朝从明太祖朱元璋以来，只有各朝皇帝的实录，没有正史。但其他方面的资料书籍，有数百种之多，如果修正史，是根本没问题的。陈于陛在当礼部尚书的时候，写了三千一百多字的长篇奏折《恭请圣明敕儒臣开书局纂辑本朝正史以垂万世疏》，这是中国历史上非常罕见的关于修史的长篇奏疏。

陈于陛在奏折中指出，如果不赶紧把相关的资料书籍进行搜集整理，时间一长，资料遗失散落，很多史实就会被湮没。因此，陈于陛郑重地提出了修当代正史的建议。

万历帝看后说，好啊，那就修呗！万历帝这次终于听了陈于陛一次。

万历二十二年（1594）三月，陈于陛组织的修史班子正式启动工作，内阁首辅王锡爵任总裁，陈于陛、沈一贯、冯琦任副总裁，黄辉等人为修撰官。没多久，王锡爵辞去首辅职务，修史的重任落在了陈于陛身上。

为了修史，陈于陛对交上来的书稿认真审阅核实，白天忙不过来，晚上加班加点继续工作。

在初期，修史工作在陈于陛的张罗下，进展得很是顺利。不料，万历二十四年（1596），陈于陛去世；第二年，皇城失火，诸多史料付之一炬。再加上修当代史存在的诸多顾忌和困难，这项由陈于陛发起的修史工作最终无果而终，实在可惜。

不过，正因为陈于陛发起的修当代史工作，刺激了明朝私修史的蓬勃发展，出现了《国朝献征录》《名山藏》《副书》《史概》《史窃》《昭代明良录》《国史》《识大录》等七百多卷当代史著。中国民间修家谱，也开始兴盛起来。

有学者评价陈于陛说，他不仅是修当代正史的开创者，也是明朝后期中国史学发展的推动者，是南充继陈寿后的又一个史学功臣。

（本文原载于2016年9月10日《华西都市报》）

赵贞吉:
名列『西蜀四大家』的宰辅

内江城区，沱江之滨，有一个西南地区最大的休闲广场——大洲广场。建成以来，一直是内江市民休闲、娱乐、观光的好去处。

内江别称甜城，城市广场为何取名大洲？热情的内江人会告诉您，这是为纪念内江历史名人赵贞吉而取名的。内江以张大千故乡而闻名世界，但在内江历史上，还有很多名人，明朝隆庆时期的内阁宰辅赵贞吉就是其中之一。

赵贞吉（1508-1576），字孟静，号大洲，内江桐梓坝人（今内江城区）。除在政治上的作为外，他的诗文在当时也有很高的知名度，与杨慎、任瀚、熊过合称"西蜀四大文学家"。《明史·赵贞吉传》说他"学博才高，然好刚使气"，而在更多人看来，赵贞吉的"好刚使气"，更多的是体现了读书人的风骨。

明朝著名大臣、学者、诗人、教育家孙应鳌在《赵大洲墓志》中评价赵贞吉说："屡进不喜，数罢不忧，任劳怨不诎，触权势不惧，真人伦之师表，世儒之筮龟也。"

人称天童，考中进士进入翰林院

五代时期，赵贞吉的先祖迁到今内江市中区四合镇土主山下定居。此后，赵氏家族逐渐兴盛发达，成为当地望族，延续数百年。

赵贞吉的五世祖赵洪曾任都游奕使（军职），镇守驻扎在资州的安夷军城寨。赵洪的这个职务，相当于现在的军分区司令员，管的是骑兵，职责是"维制诸蛮"。

赵贞吉的十世祖赵雄，资州人，一生力主抗金，在南宋宋孝宗时官拜右丞相。

赵贞吉的祖父赵文杰，明朝成化二十二年（1486）考中举人，初任武功县（今陕西武功县）训导（相当于今县教育局副局长），后任云梦县（今湖北云梦县）知县，为官廉正。

赵贞吉的父亲赵勋，号静山主人，有四个儿子，赵贞吉是老大，另外三人是赵蒙吉、赵颐吉、赵复吉。赵贞吉位居高官后，赵勋父因子荣，按例被封为翰林院编修，赠礼部尚书兼翰林院学士、资政大夫，世称资政公。

赵贞吉画像 李潇雪绘图

正德三年（1508），赵贞吉出身于这样一个诗书仕宦家族中。

他"生而神颖"，六岁能对句，看一本书，能说出其中三分之一的内容，再读一遍，就能背诵了。赵文杰在武功县任职时，赵贞吉在武功县的学校读书，一天能看"数卷"，大家称他是天童。

十五岁那年，赵贞吉读着名心学大师王守仁的《传习录》，惊叹地说："我本来怀疑万物的规律是远离本心的，现在才知道真正的归向。"就想去找

赵贞吉考中二甲第二名的"档案"

王守仁学习，但父母没同意。无奈下，赵贞吉只得"遍诵六经自求之"。

嘉靖七年（1528），二十一岁的赵贞吉在四川乡试中夺得第四名，考中举人。

考试前，赵贞吉专门去新都拜谒在嘉靖三年（1524）的大礼议之争中被削籍为民的大学士、内阁首辅杨廷和。杨廷和非常欣赏赵贞吉："是将为社稷器，吾儿慎（杨慎）弗逮也。"赵贞吉这孩子将来是国家社稷的栋梁之材啊，我的儿子杨慎都比不上他。不得不说，老杨先生的识人眼光是很厉害的。

赵贞吉拜在杨廷和门下，并结识了杨慎。

从嘉靖七年（1528）到嘉靖十四年（1535），赵贞吉在杨廷和门下求学，并跟随杨廷和游览了川中不少名山大川，极大地开拓了眼界。

嘉靖十四年，赵贞吉赴京赶考，以第二甲第二名、所有考生第五名的成绩，考取进士，被选为庶吉士，进入翰林院深造学习。毕业考核中，他以优异成绩"留馆",任职翰林院编修。

嘉靖帝当时喜欢"修仙",任用方术之士。赵贞吉看不下去,上疏《乞求真儒疏》,希望任用贤达之士,莫要信奉方士。嘉靖帝很不高兴,赵贞吉赶紧请假回家"休养"避祸。

这是赵贞吉仕途中的第一次挫折。

外敌入侵,廷议上力主抗击蒙兵

赵贞吉的"好刚使气",在此后的仕途生涯体现得最为突出。这个性格是一把双刃剑,有时能办成好事,有时又会给自己带来祸事。

嘉靖二十九年(1550)八月,蒙古俺答汗率兵入侵,劫掠通州后进逼北京。一时之间,"京师戒严,势甚危急"。这就是历史上有名的庚戌兵变。

俺答派人送信,要求明朝开辟通贡贸易。内阁首辅严嵩因为正在家里专心致志地给嘉靖帝写青词(举行斋醮时献给上天的奏章祝文),嘉靖帝叫内阁次辅徐阶召集百官商量对策。

此时,赵贞吉已回朝升任中允(掌管司业事务),也参加了这个会议。会上,除赵贞吉外,大家都很清楚严嵩是求和派,而皇上是什么态度还未知。所以,为避免说错话,保持沉默是最好的办法。

赵贞吉看到大家半天不说话,心里憋得慌,主动发招了。《明史》用"奋袖大言"形容赵贞吉当时的动作,"奋袖"即挥动衣袖的意思,"大言"即高声说话。这两个词语很传神,把赵贞吉当时的言行刻画得入木三分。

赵贞吉情绪激动地说,在京师城下与敌人缔结和约,《春秋》认为是一种耻辱。如果答应通贡贸易,他们就要进城来。到那时,假如他们没完没了地又提出这样那样的要求,又该怎么办呢?

老于世故的徐阶听出了赵贞吉的画外音,乘势追问:"听你的意思,一定是有好主意咯?"赵贞吉也不含糊,说出了自己的想法:

一是请皇上马上到正殿主持大局,下诏检讨自己的过错,以凝聚人心;二是登记并宣扬周尚文的功劳,以激励边防将士,并把沈束从监狱里放出来,广开言路；三是不要过于计较将领损兵折将，对战败的将领减轻刑罚，加重奖赏有功之臣；四是派官员向将领们传达皇上的指示精神，并监督他们奋勇作战。这样一来，打退敌人就很容易了。

赵贞吉说这话的背景需要交代一下。

周尚文原是大同总兵官，长期在大同、宣化一带与俺答汗作战，屡建战功。嘉靖二十七年（1548），周尚文去世。礼科给事中沈束要求给予周尚文以恤典（即给予追封和赠谥），严嵩因周尚文曾在六年前弹劾过儿子严世蕃而加以阻挠。沈束上疏斥责严嵩，惹恼嘉靖帝，被打入诏狱。

赵贞吉说了这么多，最终廷议还是没讨论出个所以然来。但却被另外一个人听进去了，这人是嘉靖帝派来旁听廷议的宦官。

宦官回去如实禀报，本来心里有些慌乱无主的嘉靖帝，似乎从赵贞吉的话里找到了些许勇气，觉得赵贞吉说得有道理，只是不该把周尚文和沈束拿出来趁机说事。

嘉靖帝召见赵贞吉，提拔他为左春坊左谕德兼河南道监察御史，派赵贞吉带五万两白银去军营褒奖有功将士，传达皇上的指示精神，并在前线督战。末了还带一句，叫严嵩拟旨。

在很多人看来，这是一件很好的事情。可结果还是被搞砸了，赵贞吉摔了一个大跟斗，问题出在他的脾气上。

忠心孤胆，单骑押送巨款到前线

话说廷议散会后，赵贞吉见自己的主张并没得到实质性的肯定，心里着急啊，就去找严嵩，希望自己主战的想法能得到严嵩的支持。

赵贞吉找严嵩的情形，《明史》用了"盛气"一词。这个词值得玩味，结合当时的情景，赵贞吉浑身充满了主战的情绪，应该是"豪气"的意思。

严嵩是靠给嘉靖帝写青词起家的，对皇上交给的这个光荣而艰巨的任务，倾注了很大的精力，甚至废寝忘食。赵贞吉这么一个小官来找他，严嵩凭啥接见？更何况廷议上赵贞吉为周尚文和沈束说话，让严嵩心里哪能舒服得了？

严嵩拒绝接见赵贞吉。

按说，严府门人只是传达领导的意见，但赵贞吉却和门人杠上了，指着鼻子破口大骂门人。凑巧的是，严嵩的干儿子、通政使赵文华也来拜见严嵩。赵文华见状，多了一句嘴："公休矣，天下事当徐议之。"老赵啊，你就歇歇吧，天下大事应该慢慢商议才是嘛。

正在气头上的赵贞吉，把枪口转向赵文华："汝权门犬，何知天下事？"我呸，你这个严嵩的走狗，你也配懂什么是天下事？

这下真坏事了。

打狗也得看主人啊，赵贞吉骂赵文华，不也是在骂严嵩吗？严嵩好歹也是内阁首辅，一人之下，万人之上，手里有的是小鞋，随时可以搞批发，赵贞吉主动找严嵩穿上一双了。

嘉靖帝提拔赵贞吉并分派任务，不是叫严嵩拟旨吗？严嵩在诏书中用起了阴招：一是没给赵贞吉督战的权力，二是没说赵贞吉可以带卫士前往军营。这两个问题非常致命：没说明督战，军营将士谁愿听赵贞吉的？没派卫士护送，赵贞吉带五万两银子去军营，万一路上遇到蒙古骑兵，谁来保证安全？

但在赵贞吉看来，这都不是问题。

赵贞吉在街上雇了几辆马车，领取五万两银子后，在三弟赵颐吉（嘉靖二十五年即1546年考中举人）的陪同下，在蒙古骑兵随时可以冒出来的情况下，直奔前线军营。

赵贞吉运气真的好，一路飞奔，居然顺利地把几车巨款送到了军营。然后，赵贞吉情绪激昂地在军营中游走，传达皇上的旨意，发放赏金，"一时将卒感奋"，士气高涨。

第二天，赵贞吉回城，把颁旨发赏过程、应敌方案和增加督战权的请求写成奏疏上报。严嵩又使出阴招，把赵贞吉写的应敌方案和增加督战权压下，只把颁旨发赏过程给嘉靖帝看。

嘉靖帝看了奏疏鬼火冒，认为赵贞吉好大喜功，只管吹嘘自己如何艰巨地完成任务，而不汇报前方军情，甚至连一点应敌措施也没有。再加上廷议上赵贞吉为周尚文、沈束说好话这个让人心塞的事情，嘉靖帝认为赵贞吉在诓骗朝廷。

嘉靖帝下旨，叫锦衣卫把赵贞吉抓起来，打入诏狱，廷杖四十次（《明世宗实录》说是五十次，《明史窃》说是九十次），贬为荔波县（今贵州荔波县）典史（掌管缉捕、监狱事务，没有官阶）。

赵贞吉这个跟斗摔得太大了，由此在京外漂泊了十一年。

直到嘉靖四十年（1561），赵贞吉才在徐阶的帮助下，被召回京城，担任户部右侍郎。嘉靖帝驾崩后，隆庆帝朱载垕继位，赵贞吉出任礼部左侍郎兼翰林院学士。

进入内阁，与高拱争执遭到排挤

隆庆二年（1568），一件偶然的事情改变了赵贞吉的命运。

那天，隆庆帝去视察国子监（中央最高学府）。国子监祭酒（校长）胡杰，因被弹劾罢免，由赵贞吉代理祭酒。

正巧那天是赵贞吉为太学生们上课，讲的是《尚书》中的《大禹谟》。赵贞吉按规矩站着讲课，仪表威严，声音洪亮，引经据典，侃侃而谈。隆庆帝听了一会儿，觉得这个老头很有学问和见地，非常钦佩，特意赐他坐着讲课。

回宫后，隆庆帝下旨，让赵贞吉做自己的日讲官（给皇帝上课，回答皇帝咨询兼记录皇帝言行的官职）。

不久，赵贞吉升任南京礼部尚书。赵贞吉已经出发了，隆庆帝舍不得他走，叫人把他追回来，让他就职不到任，留在北京给自己继续讲课。

隆庆三年（1569）八月，隆庆帝任命赵贞吉为礼部尚书兼文渊阁大学士，参与机要事务，进入内阁，协管詹事府事务。

当时内阁班子为李春芳（首辅）、陈以勤（南充人）、赵贞吉和张居正。同年十二月，高拱再次入阁，内阁班子增为五人。

已经六十二岁的赵贞吉爆发出全新的战斗力。他对隆庆帝说，现在朝廷纲纪、边防事务都废弛了，他想大胆做一些事情，为国尽忠，死而后已，希望陛下能为他做主。隆庆帝当然高兴得很。

俗话说，江山易改，秉性难移，赵贞吉的性格仍像年轻时那样书生意气，而且在职场中处事仍不"圆滑"，动辄就拿辞职说事。

不久，蒙古军队打进大同，总兵官赵岢失职，总督陈其学为掩盖部下过错，反而向朝廷报捷，被御史燕如宦揭发。赵贞吉认为，谎报军情应重罚，而兵部尚书霍冀只想把陈其学贬官就完事。

赵贞吉争不过，打报告说要辞职。隆庆帝没同意，给他加官为太子太保（从一品官衔）。

给事中杨镕（四川人）弹劾霍冀贪污，奏请削去霍冀官职，隆庆帝没采纳。霍冀认为是赵贞吉在背后作怪，上疏弹劾赵贞吉，历数赵贞吉的"罪状"。

赵贞吉非常气愤，再次请求辞职。隆庆帝挽留了赵贞吉，免去霍冀的官职。赵贞吉这两次都赢了。但事不过三，他最终还是栽在了高拱手里。

高拱和赵贞吉都是个性突出、脾气很大的人，两人水火不容。当时赵贞吉掌管都察院，高拱掌管吏部，两人分管的部门在考核官员上有职能交叉。

隆庆四年（1570）十月，御史叶梦雄上疏惹恼隆庆帝，隆庆帝要求都察院与吏部一起考察言官，降职一批人，再提拔一些优秀言官。高拱利用这个机会，想把赵贞吉提拔重用的言官打下去。

赵贞吉要保护那些正直的部下，就以牙还牙，把高拱提拔的官员列入降职名单。高拱弹劾赵贞吉有私心，有舞弊行为。赵贞吉上疏辩解，说高拱做事横行霸道，破坏选拔制度，第三次提出辞职。

没想到，这次隆庆帝同意了赵贞吉辞职的请求，赵贞吉被高拱排挤掉了。赵贞吉从入阁到退出，只干了一年又三个月的宰辅。他的政治生命宣告结束。

值得一提的是，赵贞吉曾在现在的北京东城区购置了一处住宅，民国后成为段祺瑞政府的内阁交通总长兼任财政总长曹汝霖的宅第，人称赵家楼，1919年因五四运动中火烧赵家楼事件而闻名中外。

晚年时光，在内江留下诸多遗迹

赵贞吉回到了故乡内江。

晚年的几年时间，他的主要精力放在致力于家乡的文教事业、结交文友、游历家乡山水和著书立说上。

此前他回乡时，在桐梓坝背后的狮山（今内江师范学院美术系大楼背后）下创办了赵家子弟的学校狮山山房。晚年回乡后，又在今内江市区桂湖街北侧的玉屏山上创办了玉屏书院。

今内江市中区史家镇与四合镇之间，有一座三堆山。赵贞吉在山下搭了一座草庐，闲来无事时，就与三堆铺（今史家镇）著名的高氏家族中的高公韶等人往来，诗文唱和频繁。

他还和当地名士刘望之等交往密切，经常去刘望之家"蹭饭"，刘望之每次都用乡里特色小吃招待他。赵贞吉有一句诗写道："从吾饱吃黄麻饭，五岳峰头好自夸。"

赵贞吉崇信佛教，精通佛理，自号大洲居士。他对心学、释学的研究，在当时是一流水平。后世的归有光、黄宗羲、李贽等人，对他非常崇拜。

他曾遍游内江境内的主要寺庙，留下不少诗文题刻。

万历四年（1576），赵贞吉"端坐而逝"，享年六十九岁。万历帝闻讯后，为他停朝一天，谕祭褒扬，追赠他为少保，谥号文肃。

赵贞吉墓位于内江市中区四合镇三山村的碑亭湾。内江当地为纪念他，曾为他立了五座牌坊。他的后人把他的诗文汇编成《赵文肃公文集》。

（本文原载于2017年5月20日《华西都市报》）